KB161005

삼척, 이사부와 수토 연구

집필자

김규운 | 강원대학교 사학과 교수

김창겸 | 김천대학교 기초교양학부 교수

홍영호 | 하슬라문화재연구소 소장

신태훈 | 한림성심대학교

장정수 | 동북아역사재단 연구위원

이원택 | 동북아역사재단 연구위원

정은정 | 동북아역사재단 독도체험관장

이흥권 | 의암류인석기념관장

삼척, 이사부와 수토 연구

2023년 12월 08일 초판 인쇄
2023년 12월 15일 초판 발행

지 은 이 한국이사부학회 편
발 행 인 한정희
발 행 처 경인문화사
편 집 부 이다빈 김지선 유지혜 한주연 김윤진
마 케 팅 전병관 하재일 유인순
출판번호 406-1973-000003호
주 소 경기도 파주시 회동길 445-1 경인빌딩 B동 4층
전 화 031-955-9300 팩 스 031-955-9310
홈페이지 www.kyunginp.co.kr
이 메 일 kyungin@kyunginp.co.kr

978-89-499-6771-4 93910
값 23,000원

삼척, 이사부와 수토 연구

한국이사부학회 편

경인문화사

| 발간사 |

독도 수호의 길, 삼척, 왜 이사부와 수토인가?

손승철 | 한국이사부학회 회장, 강원대학교 명예교수

신라장군 이사부, 우산국을 복속시키다

『삼국사기』에는 '지증왕 13년(서기 512년) 신라장군 이사부가 우산국을 도모하다'라는 기록이 나온다. 이 기록은 이사부가 우산국을 복속시켜 신라 영토에 편입시킨 역사적 사실을 전한다. 그리고 『세종실록 지리지』에는 우산국은 현재의 '울릉도와 독도'라고 기록했다. 따라서 울릉도 독도는 역사적으로 이미 6세기 초부터 우리의 영토였다. 그래서 한국에서는 이사부의 우산국복속을 독도영유권의 '역사적 권리의 원천'으로 삼고 있다.

그런데 일본에서는 이보다 천년이상이나 지난 1618년에 도토리번의 요나고 주민이 막부로부터 받은 '울릉도 도해면허'를 근거로 일본은 이때부터 울릉도로 가기 위해 독도를 중간 경유지 또는 또는 강치나 전복을 잡기위한 어장으로 이용했으며, 이런 까닭으로 17세기 중엽에 독도영유권을 확립했다고 주장한다. 그러나 '울릉도 도해면허'도 1698년 안용복의 피랍사건 이후 '울릉도쟁계'에 의해 '울릉도 도해금지령'이 내려지면서 효력을 상실하게 된다. 일본은 이미 독도가 조선땅이라는 사실을 선언한 셈이다.

이렇듯 역사 사실로 증명된 독도영유권이 영토문제에 휘말리게 된 것은 고려말부터 왜구가 울릉도를 동해안 침탈의 거점으로 이용하자, 1403년 울릉도 주민의 보호를 위해 전부 육지로 철수시키고 빈 섬으로 만든 것이 화근이 되었다. 빈 섬으로 만들면 먹을 것이 없으니, 왜구가 약탈할 것이 없어 오지 않을 것이라고 생각했다. 소위 공도정책이었다. 그러나 섬을 비웠다고 해서 섬을 포기한 것이 아니고, 이후 삼척에서는 '무릉등처 안무사'나 '삼척영장'들을 수토관으로 파견했다. 수토란 몰래 들어가서 사는 사람이나 왜인들이 있는지를 수색하여 토벌한다는 의미이다.

무릉등처 안무사, 삼척사람 김인우

'무릉등처안무사'의 파견은 두 가지 의미를 가진다. 하나는 왜구 방지를 위한 울릉도 주민의 보호 차원이고 또 하나는 무릉등처의 의미이다. 울릉도만을 대상으로 했다면 등처라는 용어를 붙이지 않았을 것이다. 따라서 울릉도와 주변의 섬과 독도 등을 염두에 두고 붙인 호칭이라고 볼 수밖에 없다.

'무릉등처 안무사' 김인우는 1416년부터 3차례 울릉도에 파견되었다. 김인우는 삼척사람이었고, 남녀 20인을 수색하여 강제로 데려왔다. 1438년에는 다시 '무릉도순심경차관'을 파견하여 울릉도에 숨어 살던 주민들을 잡아서 그 우두머리를 처형하고 무리들을 함경도에 나누어 살게 했다. 그 결과 울릉도에의 거주는 물론 왕래가 불가능하게 되었고, 울릉도가 무인도가 되었다. 울릉도에 사람이 다시 살기 시작한 것은 1883년으로, 1403년 '거민쇄출'이후 480년만이다.

그러나 울릉도와 독도 주변은 오징어, 꼴두기, 대구, 명태 등 수산물이 풍부했다. 동해안이나 일본 오키섬의 어민들이 포기할 수 없는 황금어장이었다. 결국 1693년 울릉도에서는 고기잡으러 갔던 안용복 일행과 일본 오키섬 어부간에 싸움이 벌어졌고, 안용복이 일본으로 끌려가 재판을 받게 된다. 이 과정에서 조선과 일본간에는 '울릉도쟁계'가 시작되었다. 재판결과 '울릉도가 조선영토'이므로 향후 일본인들은 울릉도에 가서는 안된다는 '도해금지령'이 내려졌다.

한편 조선에서는 삼척첨사 장한상으로 하여금 울릉도에 가서 섬의 형편을 살펴보도록 했다. 울릉도에서 돌아온 장한상은 육지에서 몰래 들어가 사는 사람이나 왜인의 불법어로를 경계하기 위해 주기적으로 수토할 것을 건의했다. 조정에서는 이를 받아들여 삼척영장과 월송포만호를 교대로 파견하여 1894년까지 200년간 수토를 했다.

당시 동해안에는 고성, 양양, 강릉, 삼척, 울진. 평해 등 6곳에 수군 만호진을 설치했는데, 규모상으로 삼척이 가장 컸다. 삼척에는 첨사나 영장을 두어 나머지 지역의 만호를 지휘하도록 했다.

삼척이 독도 수호의 구심점이며 메카이다.

울릉도 수토를 실시하는 데는 막대한 비용이 소요되었다. 그동안 울진 대풍헌에 소장된 『수토절목』과 현판을 통해 월송포 주민과 월송만호, 평해군 수등의 비용부담에 대한 연구가 진척되었는데, 최근에 동해시 송정동 강릉 김씨 감찰공파 김자현 후손이 소장하고 있는 『항길고택일기』가 고 배재홍교수에 의해 발굴되었고, 이번에 동북아역사재단 이원택 연구위원에 의해 심도있게 소개되므로, 삼척 주민의 부담 내용은 물론 삼척 후망수직군의 역할에 대해서도 그 진상이 밝혀지는 만큼 기대가 크다.

삼척은 이사부 출항지로서 '독도영유권의 역사적 권원'이며, 삼척영장과 지역민들은 수토를 통해 영토수호를 지속해 왔음을 역사는 증언하고 있다.

이러한 역사적 사실들이 삼척이 독도 수호의 구심점이 될 수 밖에 없는 역사적 당위성을 말해주고 있는 것이며, 그러한 이유에서 삼척에 '이사부독도기념관'을 짓는 것이다. 아무쪼록 삼척 동해왕 역사문화축제가 성공적으로 개최되어, 삼척이 독도수호의 구심점이며 메카가 되기를 기원한다.

2023. 12.

차 례

제1편

이사부와 울릉도

울릉도의 고고학적 연구 쟁점 _ 김규운

조선시대에는 新羅 '異斯夫'를 어떻게 認識하였는가? _ 김창겸

조선시대 삼척지역의 후망처에 대한 고찰 _ 홍영호

울릉도의 고고학적 연구 쟁점

김규운 | 강원대학교 사학과 교수

Ⅰ. 머리말

울릉도에 관한 고고학적 연구는 몇 가지 연구 방향과 연동되어 진행되어 왔다. 최근 해양활동, 섬에 대한 역사학적, 고고학적 관심이 증가하면서 동해의 유일한 유인도인 울릉도에 대한 관심도 증가되었다.[1]

울릉도에 축조된 고분은 지상에 돌로 쌓아 올리고 흙으로 된 봉분이 없는 구조이기 때문에 쉽게 육안으로 관찰이 가능하다. 조선시대에 이미 울릉도에 돌로 만든 무덤이 있음을 인식하였고(〈그림 1〉), 일제강점기에 행해진 고적조사속에서 울릉도 역시 함께 조사되었다. 물론 기록이나 유물들이 명확하지는 않지만 적어도 고분이 있음을 인식하고 유리건판 사진으로 남겨두었다(〈그림 2〉).

이후 1957년과 1963년에 걸쳐 국립박물관에서 지표조사와 일부 발굴조사를 실시하였고, 그 결과 현포리에서 38기, 천부리 7기, 남양리 2기, 태하리 2기, 사동리 1기 등 총 87기의 고분을 확인하였고 통일신라시대의 고분으로 파악하였다.[2] 울릉도에 분포하는 고분을 체계적으로 정리한 것에 큰 의의가 있고, 이후 울릉도의 고고학적 연구의 지표가 된 조사이다.

1997년과 1998년에는 서울대학교 박물관에서 그리고 1998년 영남대학

1 가장 최근 영남고고학회의 『섬의 고고학』, 2022와 고려사학회의 『환동해문화권의 교차로 울릉~독도와 동북아시아』, 2022에서 울릉도에 관한 발표가 있었음.

2 국립중앙박물관, 『울릉도』 1963.

교 민족문화연구소, 2001년 경상북도문화재연구원에서 전반적인 현황에 대해 조사하였고, 이후 최근까지 몇 파례의 발굴조사가 일부 실시되었다. 그 결과 지금까지 약 200여기의 고분이 확인되었고, 선사시대의 유물 여부를 둘러싸고 논란이 되고 있는 유물 등이 확인되었다. 조사 현황에 대해서는 최근에 정리된 연구를 참조하여 다음 〈표 1〉과 같다.[3]

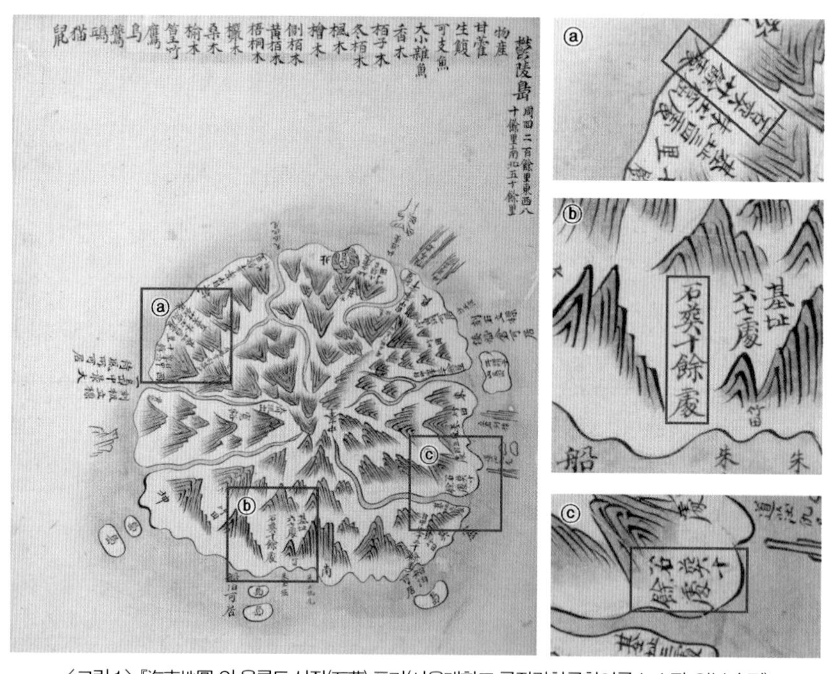

〈그림 1〉『海東地圖』의 울릉도 석장(石葬) 표기(서울대학교 규장각한국학연구소 소장, 일부 수정)

3 고일홍, 「선사·고대 환동해 교류망에서 울릉도의 역할 재고」, 『한국사학보』 제89호, 2022.

남서리 10호분 / 남서리 10호분 입구 / 울릉도 석실분 전경

남양리 1호분 내부 / 남양리 1호분 / 남양리 1호분

〈그림 2〉 울릉도 지역 일제강점기 유리원판 사진(국립중앙박물관 소장, 일부 수정)

〈표 1〉 울릉도 고고학 조사 사례(고일홍 2022 표 정리)

조사연도	조사주체	대표 조사지점	비고
1917	鳥居龍藏, 藤田亮策		
1947	국립박물관	현포리, 천부리, 남서리, 태하리, 남양리, 사동리, 죽암	
1967			
1963			
1997	사울대학교박물관	현포리, 천부리, 남서리, 태하리, 남양리, 사동리 등	선사시대의 전형적인 무문토기(현포동)
1998	서울대학교박물관	현포리, 천부리, 남서리, 태하리, 남양리, 사동리 등	지석묘(저동리 내수전, 현포동, 남서동), 무문토기·홍도 편, 연석봉 및 연석(현포동)
1998	영남대학교 민족문화연구소	울릉도 전역	

조사연도	조사주체	대표 조사지점	비고
2001	경상북도문화재연구원	울릉도 전역(고분 26개소, 유물산포지 5개소)	
2002	영남대학교박물관	현포리	
2008	한림대학교박물관	저동리, 사동리, 현포리, 추산리, 천부리, 태하리, 남서리, 남양리, 평리살강터, 나리	
	영남문화재연구원	태하리	
2009	한국 고대문화 속의 울릉도(독도포함) 토기 문화 연구조사단	울릉도 전역	
	중앙문화재연구원	남양리(685-5번지)	
	중앙문화재연구원	사동리	
	신라문화유산연구원	사동리(684-33번지)	
	한빛문화재연구원	사동리	
2011	동국대학교 경주캠퍼스박물관	저동리 내수전 (지표조사)	지석
2012	신라문화유산연구원	태하리	
2014	동국문화재연구원	저동리 17-3번지 내수전 (시굴조사)	
	동국문화재연구원	저동리 17-3번지 내수전 (발굴조사)	
2017	신라문화유산연구원	태하리 520번지	중국청자편 (통일신라 층위)

이러한 고고학적 조사를 토대로 진행된 울릉도의 고고학적 연구는 크게 4가지의 쟁점으로 정리할 수 있다. 울릉도라는 섬에 과연 언제부터 사람들이 살았을까, 그리고 우산국은 실제 존재하였는가, 이사부의 정벌 이후 울릉도의 상황은 어떠하였는가, 울릉도의 고분은 언제, 어떻게 축조되었는가 라는 관점에 따라 접근할 수 있다. 따라서 이 4가지 쟁점에 대해 검토하는 것으로 울릉도의 고고학적 연구 현황을 정리하고자 한다.

Ⅱ. 연구 쟁점

1. 언제부터 사람들이 거주했는가

언제부터 울릉도라는 섬에 사람들이 거주하였을까. 신석기시대일까 청동기시대일까. 역사 이전이므로 당연히 고고학 자료로 증명을 하여야 한다. 가장 좋은 방법은 선사시대 사람들의 흔적인 유구를 찾는 것이다. 주거지, 무덤, 수혈, 노지 등 사람들이 거주하면서 남겼던 흔적을 찾는다면 언제 사람들이 거주하기 시작하였는지 명확해진다. 그러나 안타깝게도 유적, 유구는 확인되지 않고 몇몇 유물을 선사시대의 것으로 보고되는 경우에 그치고 있다. 출토 정황이 완전하지 않은 유물의 경우 그 인정 여부가 문제가 되지만 어찌되었건 선사시대 유물이 울릉도에서 확인되었다는 점이 인정된다면 그 자체로 적어도 울릉도에 사람들이 선사시대부터 어떠한 행위를 하였다는 것은 분명해진다. 이와 관련 하여 여러 논의가 있어 왔는데 최근 고일홍의 연구가 이를 잘 정리하였고, 관련 유물 연구자들의 견해를 수용하여 합리적인 결론을 도출하고 있어 많은 참고가 된다. 이 연구에서 정리한 선사시대 유물, 그리고 그 검토 결과를 정리한 것은 다음과 같다.[4]

① 1917년 채집 어망추 추정 타제석기 → 신석기시대 어망추로 판단됨

② 1917년 채집 지석 → 향후 비파괴 현미경 분석을 통해 역사시대 지석 여부 확인 가능

③ 1997·1998년 수습 무문토기 (현포리) → 판단 유보

④ 1998년 홍도 수습 (현포리) → 재벌구이 된 홍도는 청동기시대로 소급될 수 없음

⑤ 1998년 조사 지석묘 (저동리 내수전, 현포리, 남서리) → 판단 유보

---

4 고일홍, 앞의 논문, 145~146쪽.

⑥ 1998년 보고 갈돌과 갈판 (현포리) → 전형적인 선사시대 갈판의 형태가 아님

⑦ 2011년 수습 지석 (저동리 내수전) → 지석이 아닌 요석으로 선사시대로 비정할 근거가 없음

⑧ 2011년 수습 무문토기 (현포리) → 판단 유보

이 가운데 신석기시대와 관련 있는 유물은 ①의 타제석기이다. 일제강점기 수습된 것으로 국립중앙박물관에서 재보고[5]를 작성할 때 부록으로 제시하였는데 "일반 어망추에 비해 크나 양쪽에 홈이 형성되어 있어 동일한 기능으로 사용되었을 가능성이 있다."라고 어망추의 가능성을 제시할 뿐 연대에 대해서는 언급하지 않았다. 그러나 선사시대 유물일 가능성을 오히려 부정하고 일제강점기 수습된 단각고배와 독도박물관 소장의 대부완을 근거로 울릉도에 사람이 살고 있었음을 보여주는 고고학적 자료의 상한연대를 6세기 중엽경으로 설정하였다.[6]

이 유물에 대해 노혁진은 양양 지경리유적과 고성 문암리유적 등 동해안 일대의 신석기시대 유적에서 흔히 발견되는 석에 어망추와 비슷해 보이기도 하면서 한편으로는 구석기시대 찍개로 볼 수도 있음을 지적, 찍개와 타제어망추의 가능성을 언급하였다. 그러나 토기 등 다른 신석기시대 유물이 없어 선사시대 석기로 결론 내릴 수 없다고 하였다. 또한 이 타제석기와 함께 수습된 ②의 지석 역시 청동시대부터 조선시대까지 거의 유사한 형태로 이용되고 있기 때문에 오히려 이 일대에서 확인되는 신라토기와 동일한 시기의 것으로 보는 것이 적당함을 지적하였다.[7] 신석기시대 어망추일 가능성은 크

5 국립중앙박물관, 앞의 책, 386쪽.

6 국립중앙박물관, 2008, 207쪽.

7 노혁진, 「울릉도의 고대 유적유물과 고고학적으로 본 우산국」, 『이사부와 동해』11, 2014, 30~31쪽.

〈그림 3〉 일제강점기 채집 타제석기(국립중앙박물관, 2008, 400쪽)

〈그림 4〉 남서리 고인돌(추정), 현포리 채집 무문토기 (서울대학교 소장)(국립중앙박물관, 2008, 207쪽)

지만 공반유물이 검증되지 않아 판단을 유보한다는 입장이다.

이에 반해 고일홍은 신석기시대 이외에는 ①과 같은 대형 어망추를 사용하지 않는 점을 근거로 신석기시대 어망추로 결론짓고 있는 것이다. 이외 ②~⑦에서 확인되는 유물은 청동기시대 홍도 혹은 무문토기일 가능성 보다 삼국시대의 적갈색연질토기일 가능성이 크고, 지석, 갈골 등의 유물은 그 형태만으로 시기를 상정하기 어려운 점을 근거로 판단을 유보하고 있다. 그리고 지석묘는 아직 명확하게 지석묘로 확인된 바가 없기 때문에 역시 확실한 청동기시대 지석묘로 인정하고 있지 않고 있다. 결론적으로 신석기시대 어망추 한 점 이외에는 신석기시대, 청동기시대의 유물로 바로 인정할 수 있는 것은 없다는 결론이다.

신석기시대 어망추임을 인정한 고일홍은 공반 유물이 적은 이유에 대해 울릉도에 통나무배를 타도 도달한 사람들은 작살, 대형 어망 등을 이용해서 해양생물을 포획하거나 해조류를 채집했을 것이나, 울릉도에서 조업기간이 3월부터 9월까지임을 참고하여 신석기시대 집단들은 울릉도에서 정착했다기보다는 계절적으로 점유했을 가능성이 크다고 하였다.[8]

이 단 한점의 석기를 신석기시대 어망추로 인정하느냐 하지 않느냐로 울릉도에 사람이 언제 살았을까 라는 대답에 완전 다른 해답을 제시하게 된다. 물론 어망추를 인정하더라도 계속되는 정주 생활을 그대로 인정하기는 어려울 수도 있으나 적어도 신석기시대 사람들이 울릉도에서 어로 활동을 했다는 점은 명확해진다. 선사시대, 특히 석기 전공자가 아닌 이상 이 유물에 대해 직접적으로 결론 내리기는 힘들다. 다만, 울릉도라는 섬의 존재를 알았다면 이 섬을 이용하지 않을 이유는 없었을 것이다. 울릉도는 지금도 겨울철이면 주민들이 대부분 육지로 이동한다. 많은 적설량에 거주하기가 불편하고, 파도 등으로 인해 배가 상시로 다니기 어렵디 때문에 생활이 용이하지 않기 때문이다. 이 같은 생활을 염두에 두면 조업 기간에 맞추어 계절적으로 점유하면서 해양성 자원을 이용할 수 있다는 지적은 수긍이 된다.

신석기시대 어망추일 가능성이 크다는 전공자들의 견해와 공반 유물이 부재한 현 상황에서 신석기시대 사람들이 거주하였다고 단정할 수는 없지만 울릉도 주민의 거주형태 등을 고려하면 신석기시대 이래 섬을 왕래하면서 이용하였을 가능성은 충분히 있다고 생각된다.

8 고일홍, 앞의 논문, 149~150쪽.

2. 우산국은 증명이 가능한가

이전에 '우산국'에 대한 발표를 진행하면서 도달한 결론은 명쾌했다. 고고학적으로 우산국의 증명은 불가능하다. 물론 문헌 역시 마찬가지 상황이다. 앞서 제시된 선사시대일 가능성이 있는 지석묘, 무문토기, 갈돌 등은 현재 대부분의 연구자가 판단을 유보하고 있는 상황이다. 청동기시대 군장사회, 삼한의 소국 단계 등의 사회복합도를 보여주는 고고학적 자료가 전무한 상황이다.

신라에 병합되는 소국들을 엿볼 수 있는 자료는 목관묘와 목곽묘 단계이다. 대개 이 무덤 유구들의 변화 양상을 통해 소국 단계의 상황을 살펴볼 있다. 그러나 울릉도에서는 애초에 토광을 전제로 하는 목관묘와 목곽표가 축조되기 어려운 지형이다. 섬 전체가 가운데 성인봉을 기점으로 경사를 이루

〈그림 5〉 2011년 채집 토기 편(동국대학교 경주캠퍼스박물관, 2011, 38쪽)

는 지형일뿐만 아니라 흙 자체가 귀하기 때문이다. 이 때문에 이후 축조되는 고분들 역시 돌을 재료로 사용하고 있다. 따라서 일반적인 소국 단계의 목관묘·목곽묘는 축조가 어렵다.

결론적으로 현재 상황으로는 이사부 정벌 이전에 존재하였던 우산국을 증명하기는 어렵다. 이전 시대의 계절성 점유 방식의 생활 모습은 추정할 수 있겠지만 이를 넘어서는 사회를 추정하기는 어렵다. 물론 당시 신라인의 정벌 대상을 '국'으로 표현하였닥도 해서 반드시 소국이 존재해야할 이유가 있는 것도 아니다. 신라인의 입장에서는 새로운 '국', 그리고 '오랑캐'를 통합하는 것이 자신들의 우월함을 강조할 수 있는 수단이 될 수도 있다.

3. 이사부의 정벌과 사람의 이주

울릉도 역사가운데 가장 널리 알려진 것은 512년 여름 6월에 하슬라주(何瑟羅州) 군주인 이사부가 나무로 사자 모형을 만들어 우산국 사람들을 굴복시키고, 해마다 토산물을 바치게 한 내용일 것이다.[9] 울릉도의 고고학적 연구도 이와 관련하여 고분에 집중되어 있다.[10] 표면에 노출이 되어 있고, 정식으로 발굴조사가 된 것 역시 거의 고분에 치우쳐 있다.

울릉도 고분에 관한 논문은 주로 기원과 계통에 관한 내용을 중심으로 다루어졌다. 김원룡은 울릉도 고분의 구조가 낙동강 동안 삼국시대 석곽묘와 유사하기 때문에 가야의 묘제와 연결된다고 주장하였고[11] 서울대학교박물관 보고서에서는 신라 북부지역의 횡구식석실을 모방한 것으로 추정하였

---

9 『三國史記』卷4, 新羅本紀4, 智證麻立干 13年.

10 김규운·김건우, 「울릉도 고분의 출현과 그 배경 검토」, 『영남고고학』94호, 2022 연구사 부분 인용.

11 국립중앙박물관, 1963, 앞의 책, 58쪽.

다.[12] 김하나는 울릉도 석실분의 원류를 경상북도 북부지역의 횡구식석실분과 고구려의 기단식 적석총과의 혼합 양상으로 보기도 하였다.[13] 이성주는 강원~경북 동해안 주민의 이주 등 육지 사람들의 이주에 의해 울릉도에 고분이 조영되었을 것으로 파악한 견해를 제시하였다.[14] 강봉원은 경북 북부지역보다 강원 혹은 경북 동해안 일대의 고분군과 일정한 상관관계 있을 것으로 추정하였다.[15] 배군열은 6세기 전엽 삼척지역에 파견된 지방관과의 관계를 연관 지어 그 기원을 추정하였다.[16] 홍보식은 경북 북부지역과 연결시키는 견해를 부정하고, 육지의 문화 요소를 선택적으로 수용하여 울릉도의 지형·지질·기후환경에 맞추어 축조된 매장시설이라 하였고, 아울러 8세기 후엽 이후의 고분은 신라 왕경인들의 이주에 의해 조영되었다고 하였다.[17] 가장 최근의 발표자와 김대환의 연구가 있었다. 졸고에서는 지표 채집된 토기가 울릉도 고분에서 출토되었을 가능성을 지적하면서도 현재까지의 자료는 이사부 정벌과는 시기적으로 정확하게 일치하지 않는다는 결론을 도출하였다. 결국 기록에 의하면 512년에 정복을 하나, 동시에 사람들을 사민하는 것은 아니라고 하더라도 그와 멀지 않은 시점에 우산국의 지배력을 공고히 하고 동해안의 제해권을 확실하게 장악하기 위해 사람들을 사민한 결과로 인해 울릉도에 고분이 출현하는 것으로 판단하였다.[18] 김대환은 지표 채집된

---

12 서울대학교박물관, 『울릉도 -고고학적 조사연구-』, 1998, 114~119쪽.

13 김하나, 「울릉도 횡구식석실묘의 원류에 대한 연구」, 동아대학교 대학원 석사학위논문, 2006, 79쪽.

14 이성주, 「울릉도 고분문화와 신라토기」, 『한반도 고대문화 속의 울릉도-토기문화』, 동북아역사재단, 2010, 31~32쪽.

15 강봉원, 「울릉도 고분에 관한 일 고찰」, 『역사학연구』48, 호남사학회, 2012, 13쪽.

16 배군열, 「삼척과 울릉도의 신라고분 문화」, 『이사부와 동해』12, 한국이사부학회. 2016.

17 홍보식, 「통일신라시대 울릉도의 고분 구조와 축조 배경」, 『영남고고학』84, 영남고고학회, 2019, 119~121쪽.

18 김규운, 김건우 앞의 논문.

토기가 고분 부장 제기라는 측면을 근거로 6세기부터 고분이 축조된 것으로 이해하고, 일부 토기가 6세기 전반까지 올라간다고 추정하면서 이사부의 우산국 정벌과 동시에 신라 토기가 울릉도에 이입되었다고 논증하였다.[19]

고고학적으로는 울릉도의 고분이 언제 축조되었는지, 그리고 어느 지역의 계보가 이어지는지에 대한 논의가 집중되었다. 세세한 지역은 다르지만 계통은 거의 동해·삼척지역, 울진지역 등 동해안 일대와 연관되고 있다. 다만 이사분 정벌과의 시기가 일치하는지에 대해서는 이견이 있는 상황이다.

정식 발굴조사된 고분에서 6세기 초 혹은 전엽의 유물이 출토된다면 쉽게 해결될 수 있는 사안이지만 홍보식이 지적한바와 같이 현재 발굴조사된 고분은 모두 8세기 이후의 고분으로 6세기대의 고분을 그대로 인정할 수 있는 것은 없는 상황이다. 그러나 앞서 논증한대로 채집된 신라토기는 모두 고분 제의에 사용되는 용기이다. 따라서 신라 방식의 제사법을 따르는 고분이 축조되었다고 보는 것이 합리적일 것이다. 그리고 파편이라 전체적인 상황은 알 수 없지만 6세기 대의 금동관도 확인되고 있기 때문에 5~6세기 신라의 지방 지배 방식과 유사한 방식의 지배가 있었을 것으로 추정할 수 있다.

---

19 김대환, 「울릉도 고분의 고고학적 연구 성과와 과제」, 『한국사학보』제89호, 2022,

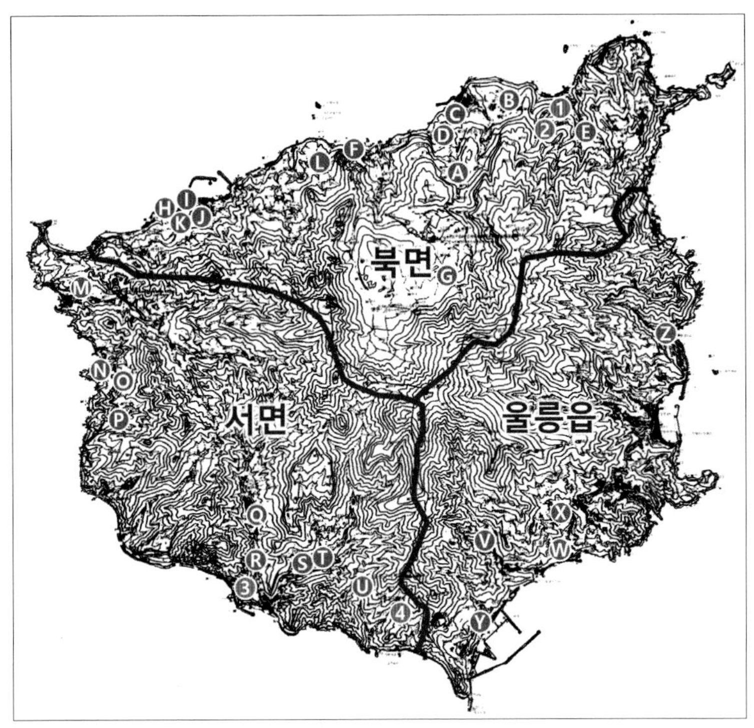

Ⓐ 천부리 고분 1 Ⓑ 천부리 고분 2 Ⓒ 천부리 고분군 1 Ⓓ 천부리 고분군 2 Ⓔ 천부리 고분군 3
Ⓕ 나리 고분 1 Ⓖ 나리 고분 2 Ⓗ 현포리 고분군 Ⓘ 현포리 고분 1 Ⓙ 현포리 고분 2
Ⓚ 현포리 고분 3 Ⓛ 현포리 고분 4 Ⓜ 태하리 고분군 1 Ⓝ 태하리 고분군 2 Ⓞ 태하리 고분군 3
Ⓟ 태하리 고분 Ⓠ 남서리 고분군 1 Ⓡ 남서리 고분군 2 Ⓢ 남양리 고분군 1 Ⓣ 남양리 고분군 2
Ⓤ 남양리 고분군 3 Ⓥ 사동리 고분군 1 Ⓦ 사동리 고분군 2 Ⓧ 사동리 고분군 3 Ⓨ 사동리 고분군 4
Ⓩ 저동리 고분군 ① 천부리 유물산포지 1 ② 천부리 유물산포지 2 ③ 남서리 유물산포지 ④ 남양리 유물산포지

〈그림 6〉 울릉도 고분 분포도(국토지리정보원, 수정)(김규운·김건우 2022, 71쪽)

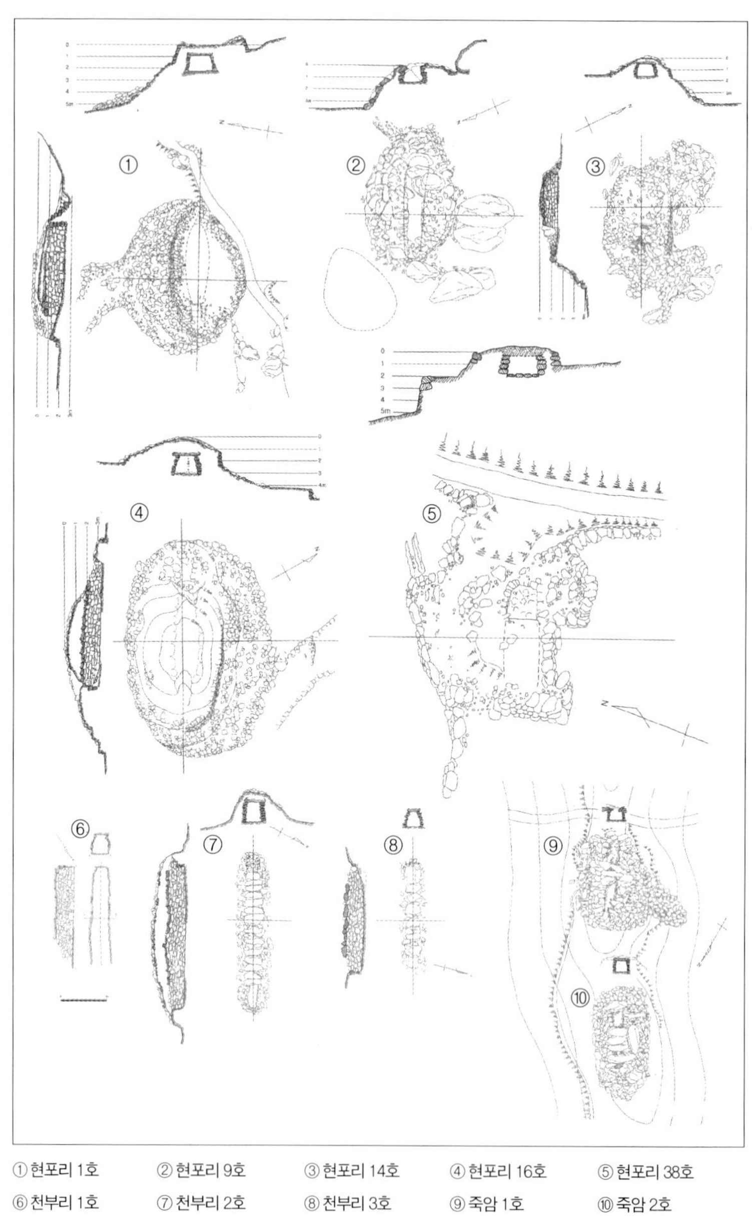

① 현포리 1호 ② 현포리 9호 ③ 현포리 14호 ④ 현포리 16호 ⑤ 현포리 38호
⑥ 천부리 1호 ⑦ 천부리 2호 ⑧ 천부리 3호 ⑨ 죽암 1호 ⑩ 죽암 2호

〈그림 7〉 북면구역 유구 실측도 (국립중앙박물관 2008, 일부 수정, S=1/400)(김규운·김건우 2022, 74쪽)

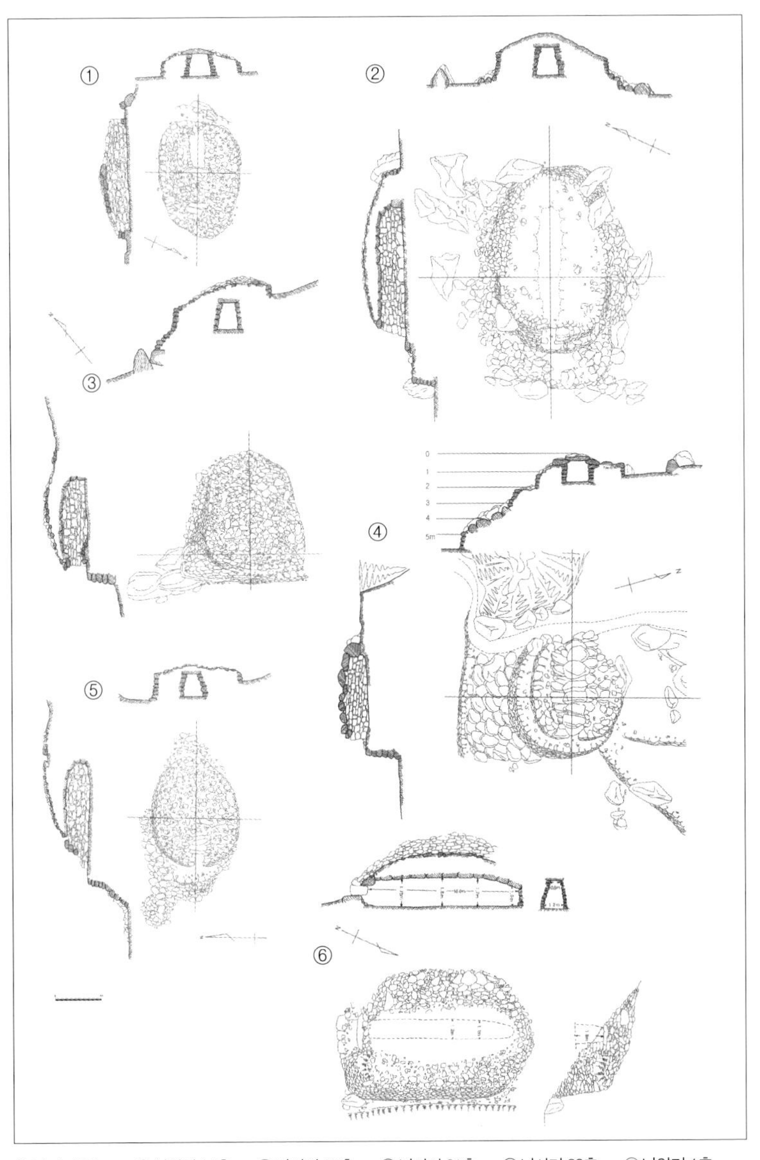

① 남서리 3호 ② 남서리 11호 ③ 남서리 15호 ④ 남서리 21호 ⑤ 남서리 29호 ⑥ 남양리 1호

〈그림 8〉 서면구역 유구 실측도 (국립중앙박물관 2008, 일부 수정, S=1/320)(김규운·김건우 2022, 75쪽)

〈표 2〉 울릉도 주요 고분 현황표[20](김규운·김건우 2022, 79쪽)

(단위: m)

고분번호	장축 방향	봉석		매장주체부					바닥
		형태	규모	길이	최대 너비	최대 높이	면적 (m^2)	평면비	
현포리 1호분	동-서	반원형	10.0	6.5	2.0	·	13.0	3.3	흙·자갈
현포리 9호분	동-서	타원형	10.9	7.0	1.5	1.2	10.5	4.7	흙·자갈
현포리 14호분	북서-남동	·	10.0	5.0	1.5	1.2	7.5	3.3	·
현포리 16호분	남동-북서	반원형	17.5	9.0	2.1	1.4	18.9	4.3	·
현포리 38호분	·	·	·	8.3	2.1	1.5	17.4	4.0	·
천부리 1호분	남서-북동	·	·	6.0	1.3	1.4	7.8	4.6	자갈
천부리 2호분	남서-북동	·	·	9.85	1.4	1.6	13.8	7.0	소석·점토
천부리 3호분	동-서	장방형	9.3×6.1	6.0	1.2	1.4	7.2	5.0	자갈
천부리 4호분	동-서	·	11.0×8.0	5.6	1.4	0.9	7.8	4.0	·
천부리 죽암 1호분	북서-남동	·	·	5.5	1.0	0.8	5.5	5.5	흙
천부리 죽암 2호분	북서-남동	·	·	5.5	1.0	0.8	5.5	5.5	흙
남서리 2호분	북동-남서	방형	·	5.7	1.15	1.15	6.6	5.0	·
남서리 3호분	동-서	타원형	·	6.0	1.4	1.5	8.4	4.3	소석
남서리 11호분	동-서	·	12.0×10.4	9.0	1.6	1.5	14.4	5.6	천석·자갈
남서리 15호분	북동-남서	반원형+방형	·	5.5	1.3	1.6	7.2	4.2	·
남서리 21호분	동-서	타원형	·	5.7	1.3	1.2	7.4	4.4	·
남서리 26호분	북-남	·	·	5.5	1.15	1.05	6.3	4.8	·
남서리 29호분	동-서	타원형	9.0×6.0	6.0	1.2	1.7	7.2	5.0	·
남양리 1호분	북서-남동	·	·	10.0	1.2	1.8	12	8.3	천석
남양리 2호분	북서-남동	·	·	5.0	1.2	·	6	4.2	·
남양리 폐고분	북서-남동	반원형+장방형	11.6×7.75	6.71	1.1	2.17	7.4	6.1	할석·소석
사동리 봉석분	북동-남서	타원형	8.25×645	5.8	1.1	1.75	6.4	5.3	·

20 보고서에 제원이 기록되어 있지 않은 경우, 김하나의 학위논문(김하나 2006), 국립중앙박물관(국립중앙박물관 2008), 중앙문화재연구원의 현황표(중앙문화재연구원 2009)를 참고하여 작성하였다.

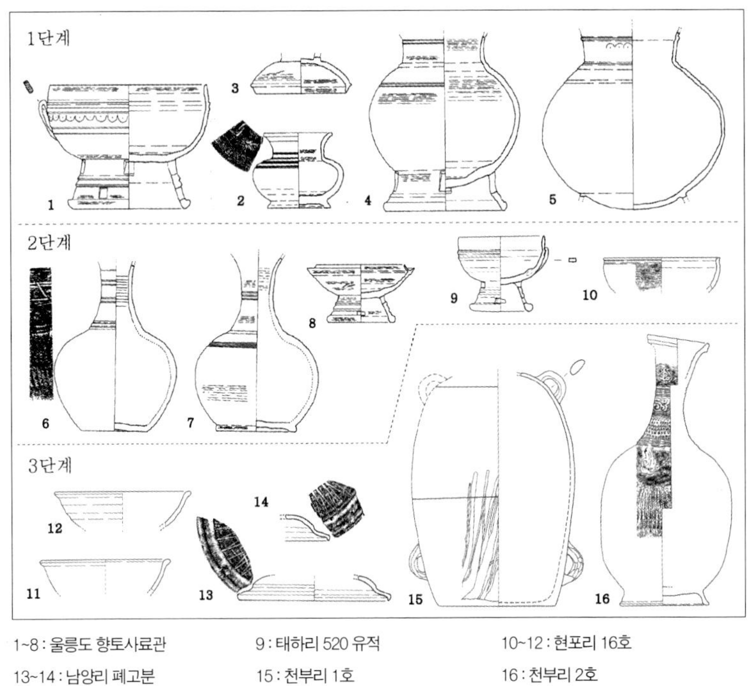

1~8 : 울릉도 향토사료관　　9 : 태하리 520 유적　　10~12 : 현포리 16호
13~14 : 남양리 폐고분　　15 : 천부리 1호　　16 : 천부리 2호

〈그림 9〉 울릉도 출토 토기의 단계(S=1/6)(김규운·김건우 2022, 81쪽)

졸고에서 분석한 1단계를 안정적으로 6세기 중엽으로 설정하여 이사부 정벌 다음 분기에 해당하는 것으로 파악한 반면 김대환은 6세기 전반 즉 이사부 정벌과 연동되는 시기로 파악하였다. 이 시기 신라토기 연대에 대해 이견이 있는 것은 아니나 512년 정벌과 연동이 되려면 6세기 초에 만들어진 토기를 가지고 들어온 상태에서 바로 고분에 부장이 되어야 할 것이다. 이 시기 울릉도 현지에서 바로 신라토기를 생산하는 것은 불가능할 것이고, 토기를 관찰하여도 육지에서 생산된 토기가 들어온 것으로 생각된다. 이사부 정벌과 사람들의 이주, 그리고 고분 축조·매장이 얼마간의 시간폭이 있는지 고민이 필요하지만 현재로서는 그 시간폭을 명쾌하게 설정할 수 있는 자료

가 부족하기 때문에 이사부 정벌 이후 사람들이 이주되었고, 그로 인해 울릉도에 고분이 출현하는 것으로 이해하여도 좋을 것이다. 물론 주민이나 집단의 이주로 해석하는 것에 대해서는 늘 신중한 접근이 필요하다.[21] 그러나 울릉도 고분이 출현하는 시기 직전에 우산국 정벌이라는 문헌기록이 존재하고, 또한 이전에 고분이라는 기념물이 존재하지 않던 곳에 새로이 고분을 출현하기 위해서는 그 피장자가 이주를 하던, 구분 축조 방식을 알고 있는 사람들이 이주하던, 사람의 이동 없이는 불가능할 것이다. 또한 신라토기 부장 방식과 같은 제사법의 실현까지 함께 고려한다면 장례지도를 하는 사람 등의 모습을 상정할 수도 있을 것이다. 결국 신라 사람의 이동 없이는 고대 울릉도에서 고분이 만들어지지는 못하였을 것이다.

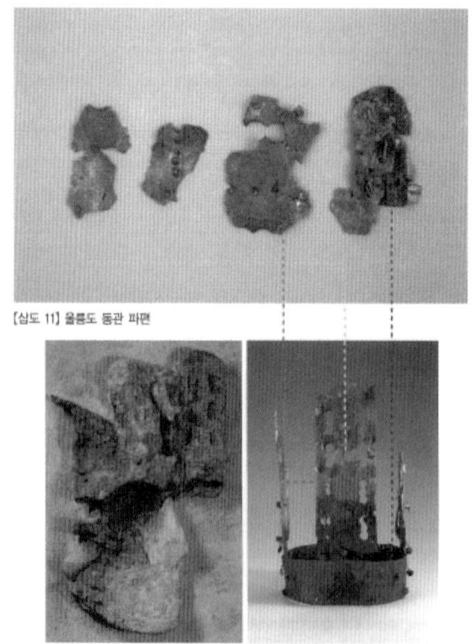

〈그림 10〉 울릉도 동관 파편과 동해 추암동고분·단양 하리 동관(국립박물관 2008, 210쪽)

---

21 김대환, 2022, 218쪽.

신라의 우산국 정벌과 사람의 이주는 결국 신라가 동해안의 제해권을 장악하기 위한 것으로 고구려와 왜 관계에서도 살펴볼 수 있다. 일본서기에 의하면 6세기 후반 고구려 사신이 일본열도에 도착하는 기사가 보인다.

A-1 가을 7월 임자삭(1일)에 고구려 사신이 近江에 도착했다(『日本書紀』 卷19, 天國排開廣庭天皇 欽明天皇 31年 7月 1日).[22]

A-2 이 달에 許勢臣猿과 吉士赤鳩를 보내, 難波津에서 출발하여 狹狹波山까지 배를 끌고 가서 배를 장식하고 근강의 북쪽 산에서 (고구려 사신을) 맞이하도록 하였다. 마침내 산 뒤쪽의 高槭館에 인도하여 들이고 東漢坂上直子麻呂와 錦部首大石을 보내어 지키게 하였다. 또 相樂館에서 고구려 사신들에게 연회를 베풀었다.(『日本書紀』 卷19, 天國排開廣庭天皇 欽明天皇 31年 7月)[23]

A-3 2년 여름 5월 병인삭 무진에 고구려 사인이 越의 해안에 도착하였다. 배가 부서져서 익사하는 자가 많았다. 조정은 빈번히 길을 잃고 헤매는 것을 의심하여 향연을 베풀지 않고 돌려보냈다. 吉備海部直難波에게 명하여 고구려의 사신을 전송토록 하였다.(『日本書紀』 卷20, 渟中倉太珠敷天皇 敏達天皇 2年 5月 3日)[24]

---

22 秋七月壬子朔, 高麗使到于近江.

23 是月, 遣許勢臣猿與吉士赤鳩, 發自難波津, 控引船於狹狹波山, 而裝飾船, 乃往迎於近江北山. 遂引入山背高槭館, 則遣東漢坂上直子麻呂·錦部首大石, 以爲守護. 更饗高麗使者於相樂館.

24 二年 夏伍月丙寅朔戊辰, 高麗使人, 泊于越海之岸. 破船溺死者衆. 朝庭猜頻迷路, 不饗放還. 仍勅吉備海部直難波, 送高麗使.

〈그림 11〉 고구려 사신의 일본열도 추정 이동 경로

여기서 주목되는 것은 고구려 사신이 도착하는 곳이다. A-1 기사의 近江은 현재 滋賀県 大津市로 전통적인 루트로는 세토내해를 통해 難波으로 들어간 후 수로 혹은 육로로 이동할 수 있다. 그러나 고구려 사신을 맞이하는 방식을 보면 難波에서 사신을 맞이하는 것이 아니라 오히려 왜의 인물들만 難波에서 배를 타고 近江까지 이동하여 고구려 사신을 만났다. 이는 고구려 사신이 기나이 지역에 입성하는 전통적인 루트로 이동하지 않고 동해안을 직접 건넜다는 점을 보여 준다. 뒤이어 보이는 A-3 기사의 越지역으로 들어가는 방법 역시 동해안을 건너는 루트이다. 따라서 고구려는 동해안을 따라 줄곧 남하하여 세토내해로 들어가는 것이 아니라 동해안에서 울릉도, 그리고 오키제도(隠岐諸島)를 지나 일본열도에 상륙하였을 것이다. 이와 같은 루

트는 이후 발해 또한 활용한다.[25]

4. 8~9세기 울릉도의 사회

이사부 정벌과 관련된 기록이 유명하기 때문에 고분이 언제 축조되었는지에 대해 많은 연구가 집중되어 왔는데, 실상 현재까지 조사된 울릉도의 유적은 거의 8~9세기의 고분이다. 이 시기 고분의 양상과 의의에 대해서는 홍보식과 김대환의 연구가 주목된다. 홍보식은 앞서 언급한바와 같이 현재 울릉도에서 확인되는 고분은 모두 8세기 후반부터 9세기 전반 사이에 집중 조영된 것으로 보았다. 그리고 출토 신라토기를 왕경의 출토품과 비교하여 왕경인의 이주를 상정하면서 그 배경으로는 9세기 전반 신라 중앙인들이 울릉도의 중요성을 심각하게 고려한 것으로 파악하였다.[26]

김대환 역시 8~9세기 약 100여 년 정도의 시기에 고분이 집중되는 것으로 파악하였고, 특히 이 시기 왕경에서 주로 확인되는 특수용기 중 하나인 사이부일면편병이 울릉도에서 확인되는 점은 당시 왕경과 울릉도가 긴밀하게 교류하고 있었다는 점을 알려주는 것으로 보았다.[27] 나아가 8~9세기 울릉도의 계층성을 파악하였다. 대개 5~6세기 신라 고분은 석실의 규모, 봉분의 규모 등으로 계층성을 파악하기는 하나 울릉도 고분에서 그와 같은 결론을 도출하기 어렵다는 견해들도 있으나 8~9세기 울릉도 내 고분군의 분석을 통해 집단 내서열화나 집단 간 위계화가 어느 정도 있었을 것으로 파악하였다.[28]

---

25 김창석, 「신라의 우산국 복속과 이사부」, 『역사교육』111, 2009, 123~124쪽.

26 홍보식, 앞의 논문.

27 김대환, 앞의 논문, 218쪽.

28 김대환, 앞의 논문 221~222쪽.

8~9세기의 고분 규모가 5~6세기 고분과 같은 양상으로 계층성을 반영하는지에 대해서는 전반적인 검토가 필요하나 울릉도 내에서 고분군 간의 위계를 살피고 사회 구조에 대해서 접근하였다는 측면에서 의의가 크다.

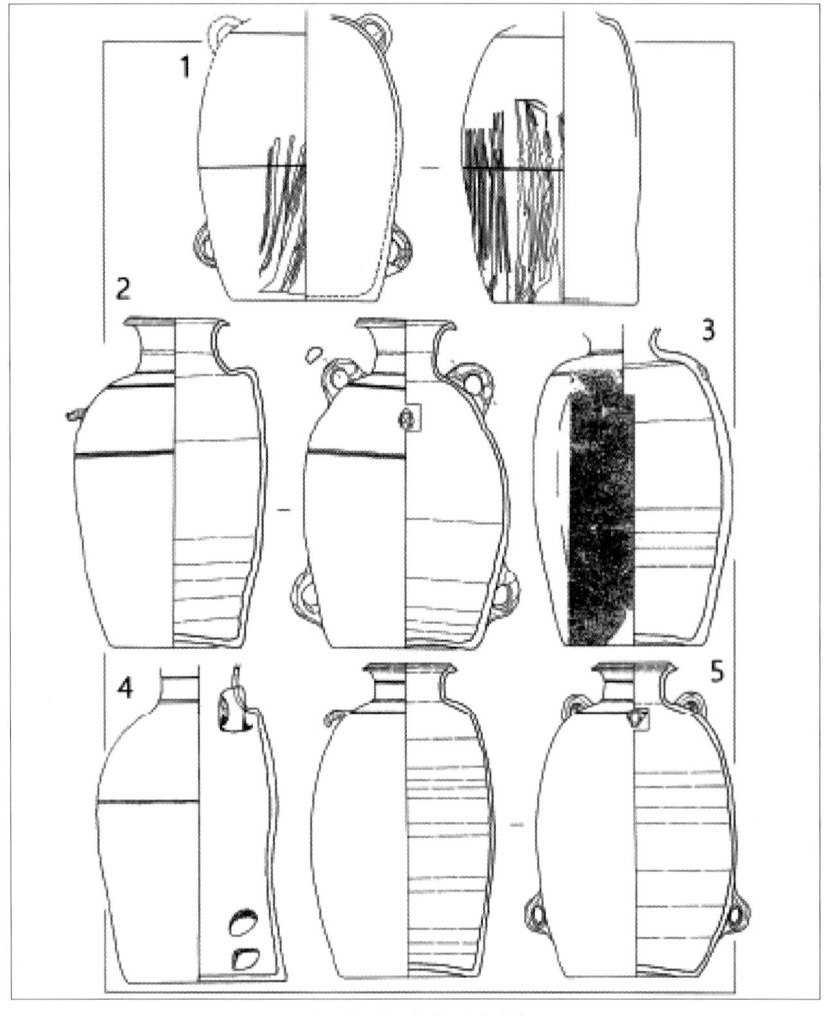

〈그림 12〉 사이부일면편병
(1:천부리1호묘, 2·5:경주 모량·방내리 도시유적, 3:경주 화곡리유적, 4:경주 황룡사)(김대환 2022, 219쪽)

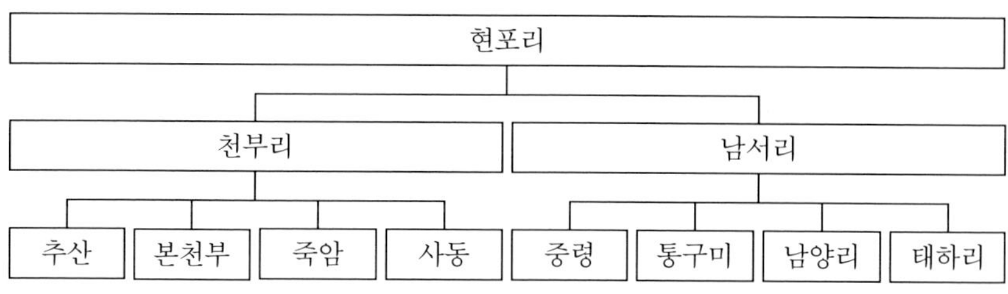

〈그림 13〉 신라 편입 이후 울릉도 집단의 위계 시안(김대환 2022, 221쪽)

결론적으로 8~9세기 울릉도에 대해서는 앞서 6세기대 울릉도에 고분이 축조되기 시작한 것으로 본 연구들에서는 모두 왕경인 경주지역과의 관련보다는 동해안 일대 지역과 연동되는 형태의 고분이 출현하는 것으로 보았다. 물론 중앙의 의도에 의한 정벌이기는 하나 동해안 일대의 군사와 사람들의 이동이 상정되는 반면 9세기 전후한 시점에 왕경인이 직접 이주한 것은 분명 다른 의미가 있을 것이다. 이와 같은 측면에서 제주도의 양상이 참고가 된다.

주지하다시피 제주도는 498년 백제 동성왕의 탐라 정벌 기사 이후 백제와의 관계가 지적되어 왔다. 그 지배 방식에 대해서는 여러 논의가 있으나 백제의 영향력을 무시할 수는 없다. 이후 신라 문무왕대에 신라가 탐라를 경략하는 기사가 보이는 바와 같이 신라의 지배 아래 놓이다. 그러나 다시 801년인 애장왕 2년에 탐라국에서 사신을 보내어 조공하였다는 기사를 근거로 직접지배가 순탄치 않은 것으로 파악하고 있다. 분명 679년 신라가 탐라를 경략하였음에도 불구하고 통일신라토기는 이 기록도바 늦은 8세기대 이후 집중적으로 유통되고 있고, 이와 더불어 신라 제도기술의 영향을 받은 전형적인 고내리식토기가 성행하는 고고학적 물질문화가 보인다고 한다.[29] 즉,

29 김경주, 「문헌과 고고자료로 본 탐라의 대외교류」, 『호남고고학보』제58호, 2018, 39~41쪽.

신라의 지배를 받던 상황에서도 8세기대 이후 본격적으로 직접 지배를 받게 되고 통일신라토기의 직접적인 유통, 그리고 제주도내에서 통일신라토기를 직접 모방 생산까지 하게 되는 양상으로 변해 간다는 것이다.

울릉도 역시 제주도와 유사한 상황은 아닐까. 6세기 이사부에 의해 우산국이 정렴되고, 이윽고 사람들이 이주, 신라의 고분 문화가 정착하지만 계속 직접 지배를 하기에는 어려운 측면이 있다. 결국 6~7세기대는 중앙에서의 관리 파견이 아닌 위세품 사여 체계와 같은 지역의 지배권을 인정하고 조공 등을 받치는 간접지배 방식을 취하였으나 8세기 이후 중앙에서 직접 관리가 파견되는 바와 같이 제해권의 장악이 무엇보다 중요해진 것은 아닐까 한다. 명확하게 두 섬이 같다고는 할 수 없으나 비슷한 지배 방식의 채용, 비슷한 시기의 중앙에서의 영향력이 커지는 양상은 같은 의미를 담고 있는 것으로 봐도 좋지 않을까 한다. 울릉도와 제주도뿐만 아니라 다른 섬에 대한 신라의 지배 방식의 양상을 함께 파악하면 의미 있느 결론을 도풀해 낼 수도 있을 것으로 생각된다.

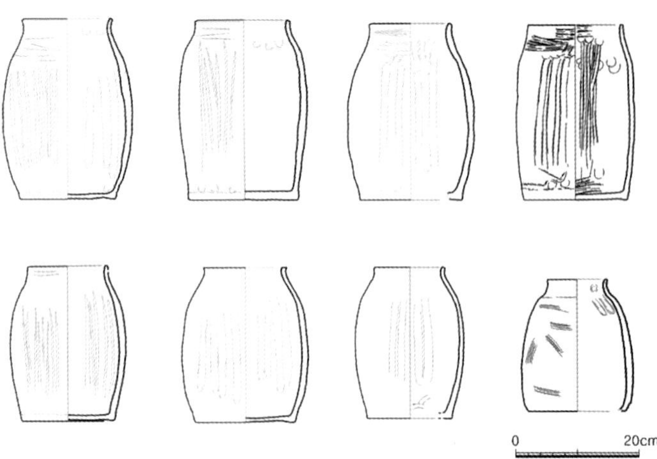

〈그림 14〉 고내리식토기(탐라후기)(김경주 2018, 40쪽)

Ⅲ. 맺음말

이상으로 울릉도에 관한 고고학적 조사, 연구의 쟁점을 살펴보았다. 이를 정리하면 다음과 같다.

① 울릉도에 언제부터 사람이 살았을까

- 신석기시대 어망추 추정. 확실한 유구 공반유물 없어 거주 상정하기는 어려움 다만, 계절성 점유 등 선사시대부터 울릉도에서의 사람들의 활동을 있었을 가능성

② 우산국의 고고학적 증명

- 현재로서는 불가능

③ 이사부 정벌 이후 사람들의 이주

- 이사부 정벌과 연동되거나 혹은 그 다음 단계에 동해안 일대 사람들의 이주

④ 8~9세기 울릉도의 사회

- 왕경 사람들의 이주. 완벽한 직접 지배. 울릉도 사회 내 위계 구조

4가지 쟁점에 대해 그간의 연구를 정리하고 나름의 결론을 도출하였다. 최근 일부 발굴조사가 진행되었고, 섬, 해양활동에 관한 관심과 연동되어 울릉도에 대한 연구 진척이 있었다. 그러나 여전히 8~9세기대 고분, 그리고 극히 일부 신라와 관련되는 건물지 등의 극히 일부의 조사에 그치고 있다. 또한 율릉도 유적은 문화유산으로 제대로 지정도 되고 있지 않아 그대로 방치되고 있는 상황이다. 울릉도에서의 유적 보호가 무엇보다 시급하고, 아울러 울릉도와 독도, 동해안 네트워크의 연구를 위해 앞으로의 조사와 연구가 필요한 상황이다. 이를 통해 거의 추론에 불과했던 앞선 쟁점들에 대한 좀 더 객관적인 증거를 모을 수 있고, 명확한 해답을 찾을 수 있길 바란다.

참고문헌

강봉원, 「울릉도 고분에 관한 일 고찰」, 『역사학연구』48, 호남사학회, 2012.

고려사학회, 『환동해문화권의 교차로 울릉~독도와 동북아시아』, 2022.

고일홍, 「선사·고대 환동해 교류망에서 울릉도의 역할 재고」, 『한국사학보』 제89호, 2022.

국립중앙박물관, 『울릉도』 1963.

국립중앙박물관, 『울릉도』 2008.

김경주, 「문헌과 고고자료로 본 탐라의 대외교류」, 『호남고고학보』제58호, 2018.

김규운·김건우, 「울릉도 고분의 출현과 그 배경 검토」, 『영남고고학』94호, 2022.

김대환, 「울릉도 고분의 고고학적 연구 성과와 과제」, 『한국사학보』제89호, 2022.

김창석, 「신라의 우산국 복속과 이사부」, 『역사교육』111, 2009.

김하나, 「울릉도 횡구식석실묘의 원류에 대한 연구」, 동아대학교 대학원 석사학위논문, 2006.

노혁진, 「울릉도의 고대 유적유물과 고고학적으로 본 우산국」, 『이사부와 동해』11, 2014.

동국대학교 경주캠퍼스박물관, 『경상북도 울릉군 일주도로 건설구간 내 문화유적 지표조사 보고서』, 2011.

배군열, 「삼척과 울릉도의 신라고분 문화」, 『이사부와 동해』12, 한국이사부학회. 2016.

서울대학교박물관, 『울릉도 -고고학적 조사연구-』, 1998.

영남고고학회, 『섬의 고고학』, 2022.
이성주, 「울릉도 고분문화와 신라토기」, 『한반도 고대문화 속의 울릉도-토기 문화』, 동북아역사재단.
중앙문화재연구원, 『울릉 남양리고분』, 2009.
홍보식, 「통일신라시대 울릉도의 고분 구조와 축조 배경」, 『영남고고학』84, 영남고고학회, 2019.

조선시대에는 新羅 '異斯夫'를 어떻게 認識하였는가?

김창겸 | 김천대학교 기초교양학부 교수

Ⅰ. 머리말

한국인이 즐겨 부르는 노래로 '독도는 우리땅'이 있다(정광태). 우리가 잘 알듯이 이 노래는 독도가 무엇이고, 이것이 왜 한국의 영토임을 밝히고 주장하는 내용이다. 그런데 이 노래의 가사 중에는 "신라 장군 이사부"가 나온다. 또 다른 노래 '한국을 빛낸 100명의 위인들'(박문영 작사·작곡, 최영준과 노사사) 1절 가사에 "신라 장군 이사부"가 언급되어 있다.[1]

이처럼 오늘날 이사부는 한국의 역사와 동해 그리고 영토 수호와 관련하여 절대적 위상을 가진 인물로 인식되고 있다. 이러한 연유로 독도에 근접한 '이사부해산'에 그의 이름이 붙었으며, 더욱이 경상북도 울릉군 독도에 '독도이사부길'과, 강원도 삼척시에는 '이사부길'을 비롯하여 '이사부 사자공원'과 삼척항에는 '이사부 광장'과 '이사부 사자바위'가 있으며, 이에 더해 전남 여수시에는 대형유람선 '이사부크루즈호'를 운항하고 있다.

그러면 신라시대 인물인 이사부가 어떻게 전승되고 인식되어서 오늘날에도 이렇게 기리어지고 있을까? 다시 말해 이사부가 사망한 이후로부터 무려 약 1500년에 걸친 기간에 후대인들은 어떻게 그를 잊지 않고 기리어 왔

1 비록 이 노래의 가사가 4차례(1882년판, 1983년판, 2001년판, 2012년판) 걸쳐 개사 되었지만, 그럼에도 5절 마지막 가사는 한결같이 "신라정군 이사부 지하에서 웃는다."이다.

는가가 궁금하다.

이 글에서는 조선시대 편찬된 문헌자료들을 통해서 그것에 대해 살펴보겠다.[2] 그 방법은 조선시대 이사부에 대한 인식의 변화를 시간적으로 이해하기 위하여 편의상 해당 문헌의 편찬 순서로 검토하며, 대상 문헌은 官撰은 물론 개인 저술을 함께 하고, 또 지리서의 내용도 포함한다.

그리하여 조선시대에 있었던 신라시대 인물 이사부에 대한 인식을 검토해 보겠다.

Ⅱ. 조선 전기의 문헌과 이사부 인식

1. 관찬 지리지

1) 세종실록 지리지

우리가 잘 알듯이, 世宗實錄 地理志란 『세종실록』에 실린 지리지이다. 『세종실록』은 1454년(문종 2) 편찬되었으며, 총 163권이다. 이 중 제148권부터 제155권(8권 8책)에 지지리가 수록되어 있으며,[3] 여기에는 각 道의 沿革·古蹟·物産·地勢 등이 상세하게 기록되어 있다.

『세종실록』권153 지리지의 강원도 三陟都護府 蔚珍縣에는 이사부에 대

2 이사부가 죽은 뒤인, 그에 대한 신라시대 문헌 기록은 전하지 않는다. 고려시대에 있었던 이사부에 대한 인식은 삼국사기와 삼국유사에 비교적 자세히 서술되어 있어, 이에 대해서는 많은 연구가 있으므로 여기서는 생략한다. 그리고 근현대에 이르러 이사부는 다양한 문화콘텐츠로 재창출되고 표현되었다. 이것에 대해서는 다음 기회에 별도로 살펴보기로 한다.

3 그 후에 나온 『동국여지승람』의 연원이 되었다. 1938년 조선총독부 중추원에서 『校正世宗實錄地理志』라는 제목으로 출판하였다.

한 언급이 보인다.

> A. 본래 고구려의 于珍也縣인데, 신라에서 지금의 이름으로 고쳐서 郡으로 하였고, 고려에서 울진현이라 일컬었으며, 본조에서도 그대로 따랐다. 현의 사람들이 전하기를, "옛 이름은 半伊郡 또는 仙槎郡이었다." 한다. ....
> 于山과 武陵 두 개 섬이 현의 正東의 바다 가운데 있다. 두 개 섬이 서로 거리가 멀지 아니하여, 날씨가 맑으면 가히 바라볼 수 있다. 신라 때에 于山國 또는 鬱陵島라 하였는데, 땅은 사방이 100리이며, 사람들이 지세가 험함을 믿고 복종하지 아니하므로, 智證王 13년에 異斯夫가 何瑟羅州 軍主가 되어 이르기를, "우산국 사람들은 어리석고 사나와서 위엄으로는 복종시키기 어려우니, 가히 꾀로써 하리라." 하고는, 나무로 사나운 짐승을 많이 만들어서 여러 戰船에 나누어 싣고 그 나라에 가서 속여 말하기를, "너희들이 항복하지 아니하면, 이 짐승을 내려놓아 잡아먹게 하리라." 하니, 그 나라 사람들이 두려워하여 와서 항복하였다.[4]

이에서 보건대, 『세종실록지리지』에서 울진현의 지세를 기술하는 내용 중에, 울진현의 정동쪽 바다 가운데에는 于山과 武陵 두 개 섬이 있다고 하면서, 이에 대하여 매우 자세한 주석을 달아놓았다.

그 내용 중에는 신라시대 于山國 또는 鬱陵島 사람들이 지세가 험함을 믿고 복종하지 아니하므로, 智證王 13년(512)에 異斯夫가 何瑟羅州 軍主가 되어, 우산국 사람들을 복종시키고자 꾀를 내어 나무로 사나운 짐승을 많이

4 蔚珍縣 知縣事一人 本高句麗 于珍也縣 新羅改今名爲郡 高麗稱蔚珍縣 本朝因之[縣人諺傳 古名半伊郡 又仙槎郎] .... 于山武陵二島 在縣正東海中 二島相去不遠 風日淸明 則可望見 新羅時 稱于山國一云鬱陵島 地方百里 恃險不服 智證王 十二年 異斯夫爲何瑟羅州軍主 謂于山人愚悍 難以威來 可以計服 乃多以木造猛獸 分載戰舡 抵其國 誑之曰汝若不服 則卽放此獸 國人懼來降 .

만들어 여러 戰船에 나누어 싣고 가서 말하기를, 항복하지 아니하면 이 짐승을 내려놓아 잡아먹게 하겠다고 하니, 그 나라 사람들이 두려워하여 항복했다고 기록되어 있다.

이 기록은 『삼국사기』권44 이사부열전에 있는 내용을 전재한 것이다.[5] 즉, 『세종실록지리지』의 울진현편에서 울릉도에 대해 서술하면서 이사부를 언급하고 있다. 내용은 『삼국사기』의 기록을 따랐으며, 이사부를 뛰어난 지략과 용맹을 겸비한 인물로 평가하였음을 볼 수 있다.

다만, 특이한 것은 신라시대 이사부가 울릉도를 복속한 역사적 사실을 何瑟羅州의 주치였던 강릉이나 悉直州의 주치였던 삼척이 아니라, 이사부와 직접적인 관련성이 없는 울진현에 기록하였다는 것이다.

2) 신증동국여지승람

조선 성종대 편찬된 지리서로서『東國輿地勝覽』이 있다. 이것은 『세종실록지리지』를 계승한 것이다. 성종이 盧思愼 등에게 세종대의 『新撰八道地理志』를 대본으로 지리서를 편찬케 하여, 이들이 성종 12년(1481)에 50권을 완성하였고, 성종 17년(1486)에 增刪·修正하여 35권을 다시 완성해 간행하였다. 이후 연산군 5년(1499)에 改修를 거쳐, 중종 25년(1530)에 李荇 등이 증보하여『신증동국여지승람』이라 하였는데, 총 55권 55책으로 구성되어 있다.

이사부에 대해 가장 먼저 기록은 『신증동국여지승람』제21권 慶尙道 慶州府에 있다.

> B-1 [인물] .... 異斯夫는 내물왕의 4대손이다. 江陵府 인물조에 자세히 나와 있다.

---

5 異斯夫或云苔宗 姓金氏 奈勿王四世孫 智度路王時 … 爲阿[何]瑟羅州軍主 謀幷于山國 謂其國人 愚悍 難以威降 可以計服 乃多造木偶師子 分載戰舡 抵其國海岸 詐告曰 汝若不服 則放此猛獸踏殺之 其人恐懼則降,

.... 진흥왕이 異斯夫에게 伽倻國을 정벌하도록 명할 때에 斯多含이 종군하기를 청하여 드디어 그 나라를 멸망시켰다. 왕이 그의 공을 策錄하고, 가야국 사람들을 노비로 하사하니 받고서 모두 풀어주었다. 또 전지를 하사하니 사양하였다. 왕이 강권하니 閼川의 불모지를 받기를 청하였다.

위의 인용문에서 보면, 경주부조에서는 이사부에 대해 같은책의 강릉부 인물조에 나와 있다고 하면서, 그에 대한 구체적인 서술을 하지 않았다. 다만 사다함의 활동을 소개하면서 그가 가야국 정벌의 우두머리였음이 언급되어 있다.

그러면 경주부에서 말한 江陵府 인물조의 이사부에 대한 기록을 살펴보자. 『신증동국여지승람』제44권 江原道 江陵大都護府에서 이사부에 대한 기술은 다음과 같다.

B-2 [명환] 신라 異斯夫는 奈勿王의 4代孫이다. 智度路王 때 何瑟羅 軍主가 되어 于山國을 합병하기로 꾀하였다. 그 나라 사람이 어리석으나 사나워서 위세로 항복 받기가 어려우니, 계략으로써 항복받는 것이 옳다 하여, 나무로 가짜 사자를 많이 만들어서 戰船에 나누어 싣고 그 나라 해안에 가서 속이기를, "너희들이 만약 항복하지 않으면 이 짐승을 풀어놓아 밟아 죽이겠다." 하였다. 그 나라 사람들이 두려워하여 곧 항복하였다.[6]

이사부가 지증왕대 하슬라 군주가 되어 우산국을 정복한 내용이다. 즉 우산국 사람들이 사나워서 꾀를 써서 나무로 가짜 사자를 만들어 전선에 싣고

6 新羅 異斯夫 奈勿王四世孫 智度路王時 爲何瑟羅軍主 謀幷于山國 人愚悍 難以威降 可以計服 多造木偶獅子 分載戰船 抵其國海岸 詐告曰 汝若不服 則放此獸踏殺之 其人恐懼卽降.

가 이 짐승을 풀어놓아 죽이겠다고 하니, 우산국 사람들이 두려워서 항복하였다는 것이다. 내용상으로는 『세종실록지리지』의 서술과 대동소이하다. 그러므로 이 기사 역시 『삼국사기』 이사부열전을 따르고 있다고 보겠다.

이러한 기사는 『신증동국여지승람』 제45권 江原道 蔚珍縣에도 있다.

> B-3 [산천] ... 于山島·鬱陵島는 武陵이라고도 하고, 羽陵이라고도 한다. 두 섬이 고을 바로 동쪽 바다 가운데 있다. 세 봉우리가 곧게 솟아 하늘에 닿았는데 남쪽 봉우리가 약간 낮다. 바람과 날씨가 청명하면 봉우리 머리의 수목과 산 밑의 모래톱을 역력히 볼 수 있으며 순풍이면 이틀에 갈 수 있다. 일설에는 우산·울릉이 원래 한 섬으로서 지방이 100리라고 한다. 신라 때에 험함을 믿고 항복하지 않았는데 智證王 12년에 異斯夫가 阿瑟羅州 軍主가 되어, 于山國 사람들은 어리석고 사나워 위엄으로 항복받기 어렵고, 꾀로써 복종시켜야 한다고 하면서 나무로 만든 사자를 많이 戰艦에 나누어 싣고, 그 나라에 가서 속여 말하기를, "너희들이 항복하지 않으면 이 猛獸들을 놓아서 밟아 죽이리라." 하니, 나라 사람들이 두려워하여 와서 항복하였다.[7]

이처럼 『동국여지승람』에서도 울진현편에 이사부가 우산국을 정벌한 역사적 사실을 아주 자세하게 기록하였음을 볼 수 있다.

또 『신증동국여지승람』 제44권 江原道 三陟都護府에 이사부에 대한 기록이 있다.

7 于山島鬱陵島一云武陵一云羽陵 二島在縣正東海中 三峯岌嶪撑空 南峯稍卑 風日淸明則峯頭樹木及山根沙渚 歷歷可見 風便則二日可到 一說于山鬱陵本一島 地方百里 新羅時 恃險不服 智證王十二年 異斯夫爲何瑟羅州軍主謂 于山國人愚悍 難以威服 可以計服乃多以木造獅子 分載戰艦 抵其國 誑之曰 汝若不服 則卽放此獸 踏殺之 國人恐懼來降.

B-4 [명환] 신라 異斯夫는 智證王 6년에 이 州의 軍主가 되었다.[8]

비록 매우 간단하지만, 이사부가 삼척 지역에 지방관을 역임한 사실이 기록하고 있다. 이것은 매우 중요한 기록이다. 앞서 『세종실록지리지』에서는 없던 내용을 『동국여지승람』에서 언급하고 있다.[9]

그러므로 조선시대에 편찬된 문헌에서 이사부와 삼척을 연계한 기록은 『동국여지승람』에서 비로소 시작되었다고 보겠다.

2. 사찬 문헌

1) 佔畢齋集

『점필재집』은 조선 전기의 문신 김종직(1431~1492, 호 佔畢齋)의 詩·序·記·跋 등을 수록한 시문집으로 25권 7책이다. 김종직이 죽은 다음해인 1493년(성종 24) 그의 처남이며 제자인 曺偉가 편집하였다. 1494년에 성종이 원고를 모으라고 명하였으나 성종의 승하로 간행하지 못하였다. 1497년(연산군 3) 鄭錫堅에 의하여 처음 간행되었다. 그러나 이것은 김종직이 戊吾士禍로 처벌받음으로써 전해지지 못했다. 그리하여 1520년(중종 15) 김종직의 甥姪 康仲珍이 본가에서 불태우다 남은 원고를 수습하여 善山에서 간행하였다.[10]

---

8 新羅 異斯夫 智證王六年爲州軍主

9 『세종실록지리지』 권153 지리지의 江原道 三陟都護府에는 "본래 悉直國인데, 신라 婆娑王 때 來降하였다. 智證王 6년에 州로 하였고, 景德王이 지금 이름으로 고쳐서 郡으로 하였다."고 하였다.

10 『점필재집』은 '선산본' 이후에도 몇 차례에 새롭게 간행되었다. 1649년(인조 27) 밀양 禮林書院에서 경상감사 李曼이 새로 판각하여 간행한 '예림서원 초간본', 그리고 1869년(고종 6) 김종직의 13대손 金埴이 간행한 '禮林書院重刊本', 1892년에 14손 金

이 책은 상당 분량이 시편들로 구성되어 있는데, 이 시들은 소재를 역사적 장소나 유적, 그리고 당시 풍속 등에서 골라 취하였다.[11]

『점필재집』시집 제5권에 수록된 詩 중에 '「羽陵行」 진사 김상간을 울진에 보내다. 이때 진사의 아버지 金博이 현령이 되었다(羽陵行 送金進士尙簡之 蔚珍 時進士之父博爲縣令)'가 있다.

C. 하나 점 우산도가 큰 바다 가운데 있으니 于山一點滄溟中

날개 달린 사람 아니면 어찌 다다를 수 있으리오 若非羽人那可到

백 길의 큰 파도가 천둥과 비를 일으키니 洪波百丈激雷雨

망상과 천오도 스스로 거꾸러지고 만다오 象天鳴自顚倒

지금까지도 괴이한 것은 이사부가 至今怪殺異斯夫

나무 사자 싣고 들어가 위엄을 떨침일세 木獅載入羅威稜

그리고 객성이 견우와 직녀성 범했다는 말도 乃知客星犯牛女

황홀한 일이긴 하나 증빙할 만함을 알겠네 事縱慌惚猶能徵

신라 이후로 천 년 동안 다시 통하지 못하여 繼羅千載不復通

생사를 무릉 도원 사람처럼 스스로 하니 生死自作桃源民

춥고 덥고 잎 피고지는 것이 곧 책력이거늘 寒暄榮落是曆日

황금이나 자패를 어찌 보배로 여기리오 黃金紫貝寧爲珍

그대 부친이 부절 갖고 동쪽 해협에 계시니 尊公剖竹在東溠

정히 다른 경계와 멀리 서로 바라보리라 正與異境遙相望

昌鉉에 의해 간행된 '禮林書院修完本'이 있다(서상선, 「『점필재집』의 판본계통 연구」 『서지학연구』 57, 한국서지학회, 2014).

11 『점필재집』 영인본은 1977년 성균관대학교 대동문화연구원에서 『李朝名賢集』으로 간행하였으며, 이 책은 예림서원초간본과 수완본을 합하여 재편집하고, 여기에다 『彝尊錄』을 합철하여 저작 전부를 가장 완전한 형태로 간행하였다.

어떻게 하면 그대를 따라 원유편을 짓고 安得隨君賦遠遊
높고 큰 배를 타고 바람 날개를 능가하여 軻峩大艑凌風翮
지척인 봉래 영주에서 뭇 신선들을 불러 蓬瀛咫尺招群仙
대추 먹으며 외딴 섬에서 마음껏 노닐어 볼까 啖棗絶嶼同聊浪
붉은 먼지가 나를 당겨 조용치 못하게 하니 紅塵挽我不從容
그대 보내매 내 꿈은 풍악산 동쪽에 가 있네 送君夢落楓岳東
인간의 해 바퀴는 서쪽으로 거의 저물어 가는데 人間羲馭幾濛汜
산 위의 반도는 응당 열매를 맺었으리라 山上蟠桃應結子

이 시는 도교적 색채가 매우 강하다. 여기서 蝄象과 天嗚는 海神의 이름이다. '원유편을 짓고'는 仙人과 함께 天地를 두루 돌아다니고자 하는 것을 의미하는데, 이는 楚나라 屈原이 참소를 입고 쫓겨난 이후 어디에도 호소할 곳이 없자, 선인들과 함께 유희하면서 천지를 두루 돌아다니는 뜻을 붙여 원유편을 지은 데서 비롯된 것이다. 또 무릉도원 사람이라 한 것은 울릉도가 神仙의 땅임을 말하고, 3000년만에 한 번씩 꽃을 피우고 열매를 맺는 仙境에 있다는 蟠桃(복숭아 나무)를 이야기하고 있다. 그러므로 김종직은 도교적인 관념에서 우산도를 무릉도원이요 신선의 땅으로 인식하고 있었다.

그리고 "지금까지도 괴이한 것은 이사부가 나무 사자 싣고 들어가 위엄을 떨침일세."라 하여, 신라시대 이사부의 우산국 복속에 대해 언급하고 있다.[12]

결국 『점필재집』에 이르러서야 이사부가 울릉도를 정복한 사실을 현전하는 개인 문집에서 처음으로 기록된 것이 보인다.

---

12 특히 김종직은 우리의 국토지리에 대한 인식이 매우 높았다. 이와 관련한 주요 작품으로 洛東謠, 東都樂府 등을 비롯하여, 遊頭流錄과 跋松都錄, 輿地勝覽跋, 慶尙道地圖誌, 善山地圖誌 등은 조선왕조의 국가체제가 정비될 당시 嶺南士林이 가졌던 국토의식의 일면을 보여주는 것이다.

Ⅲ. 조선 후기의 문헌과 이사부 인식

1. 관찬 사료

1) 承政院日記

『승정원일기』는 조선시대 대표적인 관찬 사서이다. 『승정원일기』영조 46년 1월 23일 신축, 즉 乾隆(淸 高宗) 35년(1770년)에는 다음과 같은 기록이 있다.

> D-1 庚寅正月二十三日申時 上御集慶堂 大臣備局堂上引見入侍時 領議政金致仁 左議政韓翼 … 命進春官誌 賤臣承命持入 使李潭讀 高麗時異斯夫伐鬱陵島事 上曰 此書誰作 致仁曰 李孟休所作上曰 孟休有晩節 予今思之 致仁曰 臣稟質虛弱 眩氣尤甚 實難任事 聖恩優渥 義不敢辭 今雖黽勉趨命 而實無可强之勢 乞賜鐫遞 置之於樞府閑散之地 是所望也 上曰 過矣 何其急也 大臣備堂先退 得讓進讀北伯漂海人問情開市等狀啓及海伯歲饌狀啓 仍退出

위 인용문에서 보듯이, 『승정원일기』에서는 영조 46년(1770)에는 고려 때 이사부가 울릉도를 정벌한 일이라고 하였다.

그리고 『승정원일기』정조 17년 10월 1일 辛酉, 즉 乾隆(淸 高宗) 58년(1793년)에는 다음과 같은 기록이 있다.

> D-2 癸丑十月初一日辰時 上御熙政堂 輪對官入侍時 同副承旨鄭東愼 … 上曰 令判堂稟處 可也 已上出擧條 福休曰 兩昏朝私家設享 不合於禮 臣意則博採衆議 立廟享祀 似好矣 上曰 曠古未行之典 何可輕議乎 福休曰 臣按本曹謄錄中 蔚陵列島 其名松島 卽古時于山國也 新羅智證王時 異斯夫 以木獅子 恐嚇島人而受降

今若立碑於松島 而述異斯夫舊蹟 則其爲我國土地 可以驗矣.

여기서는 신라 지증왕 때 이사부가 나무 사자로서 섬사람들을 두려움에 떨게 하여 우산국을 항복받았다고 하면서, 松島에 비석을 세워 이러한 옛일을 기술하여, 우리 영토임을 증명해 두자고 하였다.

이처럼 조선 후기, 즉 영조와 정조대에는 일본인들이 자주 울릉도 근체에 자주 출몰함에, 이 문제에 대비하는 방법으로 신라 지증왕대 이사부가 우산국을 정복한 역사적 사실을 소환하여 울릉도와 松島가 조선의 영토임을 증명하고자 하였다.

2) 日省錄

이와 같은 사실은 조선시대 또하나의 관찬 사서인 『일성록』에도 보인다. 『일성록』은 조선 후기의 대표적인 정부 공식 문헌의 하나이다. 이것은 1760년(영조 36) 1월부터 1910년(융희 4) 8월까지 151년간의 국왕의 동정과 국정에 관한 제반 사항들이 기록된 정무일지로서, 필사본이며 총 2,329책이다.[13] 『일성록』은 국왕이 국정을 파악하는 데에 매우 중요한 구실을 하였다.

『일성록』정조 17년 계축(1793) 10월 1일(辛酉)조에 이사부에 대한 기록이 보인다.

E-1 熙政堂에서 輪對官을 소견하였다. 禮曹 正郎 李福休가 아뢰기를 … "신이 예조의 謄錄을 살펴보니 蔚陵 外島는 그 이름이 松島로, 바로 옛 于山國입니다. 신라 智證王 때 異斯夫가 섬사람들을 나무로 만든 獅子로 겁을 주어 항복을

13 책의 구성은 「천문류」, 「제향류」, 「임어소견류」, 「반사은전류」, 「제배체해류」, 「소차류」, 「계사류」, 「초기서계별단류」, 「장계류」, 「과시류」, 「형옥류」 등이다.

> 받았습니다. 지금 송도에 비를 세우고 이사부의 옛 자취를 기술한다면 송도가 우리나라 땅임을 증빙할 수 있을 것입니다." 하였다.

위의 인용문에서 보듯이, 輪對官 李福休는 정조에게 울릉 외도인 松島가 우리의 영토임을 증빙하는 방안을 제시하고 있다. 그 내용인즉슨 송도에 이사부의 옛 자취를 기술한 비석을 세우자는 것이다. 이것은 바로 앞에서 살펴본 『승정원일기』에도 기록되어 있는 내용으로, 신라 지증왕 때 이사부가 우산국 사람들을 나무로 만든 사자로 겁을 주어 정복한 역사적 사실을 기록함으로써 송도가 조선의 땅임을 증빙해 두자는 것이다.

그러므로 이것은 송도가 이미 정조대에 조선의 영토로 정부에서 공식적으로 확인한 기록이기에 매우 의미가 있다. 더구나 『일성록』의 기사는 매일매일 있었던 일을 당시에 기록한 것이다. 그러므로 이것은 편찬자나 집권세력의 입장에 따라 상당한 정도의 취사선택과 첨삭이 이루어졌던 조선왕조실록보다 더 기초적인 기록으로서 가치가 있다.

그리고 『일성록』에서는 朴伊宗이 아니라 異斯夫라 하여 『삼국사기』권44 이사부열전의 기록을 따르고 있다. 이것은 『일성록』이 유교국가인 조선왕조의 공식 문헌이기에, 불교사관에 기초한 사찬인 『삼국유사』를 따르지 않고, 고려시대 관찬인 『삼국사기』를 따른 것이라 하겠다.

이상에서 살펴보았듯이, 조선 후기의 관찬 사서들은 여전히 편찬 목적과 의도가 통치자료의 정리와 근거 확보에 있었기에, 행정적이고 공인된 사실을 기준으로 서술되었다고 본다. 이런 이유로 이사부의 우산국 복속을 언급하였기에, 울릉도가 행적구역상 소속되었던 울진현을 중심으로 언급되었고, 내용도 『삼국사기』의 이사부 열전을 계승한 것으로 보겠다.

2. 사찬 문헌

1) 記言

『기언』은 조선 후기의 문신 학자인 許穆(1595~1682, 호:眉叟)의 시가와 산문을 엮어 1689년(숙종 15) 간행한 시문집으로, 전체 93권 25책이며,[14] 흔히 '眉叟記言'으로 통칭된다. 이 책은 허목이 직접 편찬한 것인데, 1689년 왕명에 의하여 간행되었다.

내용 중에 권32~36은 東事 17편, 권37은 陟州記事 36편, 권38~40은 東序記言 9편이 수록되어 있다. 동사는 檀君을 비롯해 箕子·肅愼·衛滿·夫餘·三韓·新羅·高句麗·百濟·穢貊·靺鞨·駕洛·地乘 등으로 구분하여 기술하였으며 동서기언은 우리 역사상 유명한 인물들의 행적을 약술하였다.[15]

『기언』제33권 외편 東事2의 新羅世家 中에는 이사부를 언급한 기록이 여럿 있다.

F-1 지증왕이 즉위하여 국호를 새로 정하여 新羅라고 하고, 처음으로 왕이라고 일컬었다. 喪服제도를 확립하고 殉葬을 없앴다.

州郡縣의 제도를 정하였다. 有司에게 명하여 때맞추어 얼음을 보관하게 하고, 소로 밭 가는 법을 가르치게 하고, 배를 만들게 하였다. 于山國이 항복하고 토산물을 바쳤다. 우산과 悉直谷은 東海 가운데의 작은 나라로 鬱陵이라고 한다. 왕이 죽고, 태자 原宗이 즉위하니, 이이가 法興王이다. 왕이 즉위하여 처음

14 원집 46권, 속집 16권, 拾遺 2권, 自序 2권, 자서속편 1권, 별집 26권.

15 특히, 허목이 삼척부사로 재직할 때 심한 해일의 피해를 막기 위해 지었다는 「東海頌」(일명 「陟州東海碑」)은 허목의 친필로, 이것을 집에 간직하면 재앙을 면한다는 속설이 있다. 「陟州記事」는 당시 삼척지방의 지리·풍속·생활사를 살펴보는데 매우 주요한 기록이다(배재홍, 「삼척부사 허목과 척주지」 『조선사연구』 9, 2000).

으로 兵部令을 두었으며, 律令을 반포하고, 官制를 확립하고, 服色을 7등급으로 정하였다. … (생략) …

가락국의 군주 仇衡이 항복하니, 가락이 망하였다. 이때는 천하가 분열된 시기로 비로소 연호를 칭하여 '建元'이라고 하였다. 왕이 죽고, 동생 立宗의 아들 三麥宗이 즉위하니, 이이가 眞興王이다. 나이가 겨우 7세였으므로 母太后가 대신 정사를 처리하였다. 연호를 '開國'으로 고쳤다. 어질고 착한 어린 남자아이를 뽑아 孝弟와 忠信을 가르쳤다. 異斯夫를 병부령으로 삼아 군사의 일을 다스리게 하였다. 居柒夫를 보내 고구려를 정벌하여 10개 고을을 취하였다. …(생략)…

異斯夫가 또 대가야를 멸망시켰다. 이에 앞서 가야의 정치가 혼란에 빠지자, 樂師 于勒이 악기를 가지고 도망왔다. 國原에 관사를 정하여 머물게 하고, 知法, 階古, 萬德에게 명하여 가야 12曲을 전수받게 하였다. … (생략) … 연호를 '弘濟'로 고쳤다. 異斯夫의 건의로 왕이 대아찬 거칠부에게 명하여 文學하는 사람들을 초빙하여 國史를 저술하게 하였다.

허목은 삼척부사를 역임하였다. 이런 이유로 『척추기사』에서 보듯이 삼척에 대한 관심이 매우 높았고 많은 정보와 지식을 가졌으며, '東海頌'을 비롯하여 삼척과 관련한 언급이 많다.

『기언』의 '東史'에서도 실직국과 함께 이사부의 치적에 대하여 상세하게 기술하였다. 그리고 이사부가 병부령에 임명되어 兵馬使를 관장하였고, 또 大伽倻를 정복하였으며, 國史를 편찬한 일까지 언급하였다.

다시 말해, 조선 후기의 허목에 이르러 삼척과 이사부 및 울릉도를 포함하는 매우 구체적인 역사적 사실을 기록한 것이 보인다. 여기에는 허목의 독자성이랄까 개별성을 중시하는 역사 인식은 물론 南人의 실증적 관점 등이[16] 서술에 영향을 받은 것이라 하겠다.

2) 無名子集

『무명자집』은 조선 후기에 편찬된 尹愭(1741~1826, 호:無名子)의 시문집으로 전체 20권 20책이며 필사본이다.[17] 시집 권1~6에 시 3,277수가 수록되어 있어 매우 방대한 분량이고, 伍言·七言의 絶句와 律詩, 近體와 古詩 등 시의 형식은 물론 소재와 내용도 매우 다양하다. 觀燈賦 80수, 詠史 400수, 泮中雜詠 220수를 비롯하여 詠東史 600수는 대단한 장편의 작품들로서, 여기에는 역사·풍속·생활·제도 등에 관한 내용이 많이 담겨 있다.[18] 이 중에서 우리의 역사를 읊은 詠東史 중에는 이사부를 언급한 것이 여럿 있다.

G-1 『무명자집』시고 제6책 詩 詠東史159(其一百伍十九)

소가야가 멸망하고 울릉도가 항복했으니 小伽倻滅欝陵降
계책으로 위엄 보이자 절로 두려워서였네 以計威之敵自慢
지증왕이 인재를 쓴 것이 이와 같았으니 智證用人能若此
아니면 어떻게 먼 나라 복속시켰으리오 不然何得服遐邦
신라의 異斯夫가 또 小伽倻國을 취하였다.

이 시에서 보면, 무명자는 지증왕의 인재 용인술이 뛰어남을 말하면서, 이사부가 지증왕 6년(505) 小伽倻를 취하고 울릉도를 항복받았다고 노래하

16 한영우, 「허목의 고학과 역사인식-'동사'중심으로」『한국학보』 40, 일지사, 1985.
17 편자와 편년을 알 수 없고, 1977년 성균관대학교 대동문화연구원에서 영인 간행하였다.
18 김병건, 『무명자 윤기 연구 : 진실로 시대를 풍자한 독서인』, 성균관대학교 출판부, 2012.

였다. 그러면서 이사부가 계책으로써 먼 곳에 있는 울릉도(우산국)를 복속시켰음을 칭송하였다.

하지만 '小伽倻'는 가야연맹의 하나로서 지금의 경남 固城지역에 있었던 것으로 비정되는 나라이다. 소가야를 이사부가 멸망시켰다는 기록은 『三國史記』는 물론 『東國史略』·『東史綱目』에는 보이지 않는다. 그럼에도 무명자는 이사부가 소가야를 취했다고 하였다. 그리고 이것은 『修山集』의 『東史』와 『與猶堂全書』의 『我邦疆域考』에도 계승되었다.[19]

G-2 『무명자집』시고 제6책 詩 영동사 166(其一百六十六)

성을 항목받고 나라를 멸망시킨 이사부　　降城滅國異斯夫
병부의 군대 담당 그대 아니면 누가 있을까　兵部治兵舍爾誰
문사 초치를 청하여 『국사』를 편수하니　　文學請招修國史
비로소 알았다. 장수로만 뛰어난 것 아님을　始知不獨將才奇

신라의 異斯夫가 兵部令이 되어 군대 일을 담당하였다. 이사부가 왕에게 건의하여 왕은 大阿飡 居柒夫에게 文士들을 초치하여 『國史』를 편수하도록 명하였다.

이 시에서 무명자는 이사부를 뛰어난 장수이면서 兵部令을 맡아 군무를 총괄하였고, 게다가 훌륭한 문사들을 불러 모아 신라의 역사서인 國史를 편찬하도록 한 것을 극찬하였다.

---

19 『여유당전서』我邦疆域考 其一 弁辰考. "新羅史云 眞興王二十三年[陳文帝天嘉三年] 秋九月 加耶叛 王命異斯夫討之 … 鄭麟趾 地理志云 高靈古大伽耶國 縣南有宮闕遺址 傍有石井 俗傳御井 小加耶者 卽弁辰古資國 今之固城縣也 新羅智證王滅之 東史略云 智證王六年[梁武帝天監四年] 遣異斯夫 取小加耶國 新羅史 異斯夫傳云 智證王時 爲沿邊官襲居道 權謀以馬戱誤加耶[或云加羅國取之 馬戱所以滅于尸山國詳見居道傳] 鏞案 于山國之來降 在智證王十三年 則小加耶之伐取 當在其後 東史略 六年之說誤矣."

다시 말해 무명자는 이사부를 문무를 겸비한 탁월한 인물로 묘사한 것이다.

G-3 『무명자집』시고 제6책 詩 영동사 173(其一百七十三)

신라 장군 이사부 멸한 나라 많았으니	羅將異夫滅國多
소가야를 멸하고 대가야도 멸하였다오	小伽倻又大伽倻
그런데 사다함은 나이 겨우 열여섯에	可是多含年十六
공으로 받은 상을 집에 두지 않았구나	策功受賞不留家

신라의 異斯夫가 또 大伽倻를 멸망시켰다. 이때 斯多含이라는 자는 나이 16세였는데, 자신의 무리 천여 명을 이끌고 從軍을 청하더니 마침내 대가야를 멸망시켰다. 전공을 책록할 때 사다함을 으뜸으로 쳤다. 왕이 良田과 포로 300명을 상으로 주었는데, 사다함은 그 양전을 전사들에게 나누어주고 포로는 풀어주어 良人이 되게 하여서 하나도 남기지 않았다. 國人이 이를 아름답게 여겼다.

무명자는 이사부가 소가야를 멸망하고 또 대가야도 멸망시켰다고 말하였다. 앞에서 살펴보았듯이, 무명자는 영동사158과 159에서 이사부가 小伽倻國을 멸하고, 또 于山國을 정복하였음을 노래하였다. 그리고 '영동사 173'에서는 대가야를 멸망시켰다고 하였는데, 대가야는 지금의 경상북도 고령에 있었던 가야연맹의 중심국가였다.

신라는 진흥왕 23년(562) 9월에 대가야를 멸망시켰다. 『삼국사기』의 기록에 의하면, 이때 斯多含이 화랑의 신분으로 낭도 1000여 명을 이끌고 貴幢裨將으로 참가하여 큰 공을 세웠다.[20] 이러한 사다함의 공훈을 무명자는 이사부의 업적으로 대가야를 멸망시킨 역사적 사실과 함께 노래한 것이다.

무명자가 悉直國을 언급한 시도 있다.

---

20 『三國史記』 권44 斯多含列傳.

G-4『무명자집』시고 제6책 詩 영동사 72(其七十二)

공검 농상 힘쓰고 재해까지 진휼하니 恭儉務農又恤灾

파사왕의 치국이 참으로 훌륭하다오 婆娑御國亦賢哉

월성으로 이거 후 음즙벌국 병탄하니 月城移後呑音汁

실직이 내항하자 압독도 내항하였다오 悉直旣降押督來

신라 婆娑王은 농경과 蠶桑을 권장하고 근검절약에 힘썼다. 큰물이 져서 백성들이 굶주리자 사방에 사자를 파견하여 창고를 열어 진휼하였으며 蝗蟲이 곡식을 해치자 산천에 두루 제사하여 기도하니 황충이 없어지고 풍년이 들었다. 月城을 쌓아 移居하였다. 音汁伐國을 멸하자 悉直과 押督 두 나라가 來降하였다. '음즙벌'은 지금의 慶州로, 安康縣에 속한다. '실직'은 지금의 三陟이며, '압독'은 지금의 慶山이다.

이 시에서는 무명자가 신라 파사이사금의 치적을 다루면서 실직국이 신라에 항복한 사건을 언급하였다.

婆娑尼師今이 朴氏로서 즉위하였는데, 검소하고 백성을 사랑하여 인망을 얻었다. 그리고 파사이사금 5년(108) 5월에 큰물이 나서 백성들이 굶주림에 사방에 使者를 보내어 창고를 열어 진휼하였으며, 파사이사금 30년(109) 7월에는 蝗蟲을 물리쳐 풍년이 들었던 것과, 파사이사금 22년(101) 금성 동남쪽에 月城을 쌓아 7월에 移居하였음을 나열한 뒤에, 영토분쟁을 일으켰던 音汁伐國이 항복하고 파사이사금 23년(102) 8월에는 실직국과 압독국이 항복한 역사적 사실을[21] 시로 읊었다. 그런데 무명자가 이 시에서 이러한 역사적 사건을 소재로 취한 것은『삼국사기』의 기록을 자료로 답습한 것이다.

결국 무명자는 '영동사 72'에서『삼국사기』의 내용을 답습하여, 신라 파사

21 『三國史記』 권1 婆娑尼師今本紀 참조.

이사금대에 오늘날 삼척지역에 있었던 실질국을 복속한 것을 시로 나타내었다.

3) 東史綱目

조선 후기에 安鼎福이 편찬한 『東史綱目』은 단군조선부터 고려 말까지의 역사를 다룬 通史書로서, 본편 17권과 부록 3권(총 20권 20책)으로 이루어졌으며, 체재는 편년체이나 朱子의 『資治通鑑綱目』형식에 의해 綱과 目으로 서술하였다. 안정복이 1756년(영조 32)부터 편찬을 시작해 3년 만에 초고를 완성하고, 이후 22년간에 걸쳐 수정 보완하여 1778년에 완성하였다.

본문의 내용은 강목형식으로 서술했는데 중요한 사건을 綱으로 표시하고, 그에 관련된 기사는 줄을 낮추어 目으로 서술하였다. 그리고 자신의 견해를 붙여야 할 곳에는 '살핀다.'는 뜻의 '按'자를 붙여 두 줄로 쓰고 있으며, 주석도 두 줄로 썼다.

조선 후기에 安鼎福이 편찬한 『東史綱目』은 이사부에 대해 많고도 자세한 기록을 가지고 있다. 그 중에서 특별한 것을 소개하면 다음과 같다.

H-1 6월 于山國이 신라에 항복하였다.

우산국은 阿瑟羅州의 동해 가운데 있고, 혹은 鬱陵島라고도 하며, 지방은 100리인데 『三國遺事』에는 亐陵島라고 되어 있다. 지금의 羽陵島이며, 동해안 가운데 있다. 順風이면 이틀 길이고 주위는 2만6730보이다. 지세의 험함을 믿고 복종하지 않았다.

[按]『拾遺記』에 이르기를 '蓬萊山 동쪽에 蔚夷國이 있다.' 하였고, 또 王維가 일본의 晁監을 송별하는 序文에 '扶桑은 냉이[薺]와 같고 蔚島는 마름[萍]과 같다.'고 한 것은 모두 鬱陵島를 가리킨 것이다. 지금은 우리나라 땅이 되었는데, 고기잡이의 유리함이 많으므로 倭人이 늘 와서 고기를 잡는다고 한다.

군주 異斯夫는 奈勿王의 손자인데 用兵을 잘하고 智略이 많았다. 이사부가 생각하기를, "우산국 사람들은 어리석고 사나워서 위력으로 오게 하기는 어렵지만 꾀로 설복시킬 수는 있다." 하고, 곧 나무로 사자를 많이 만들어 戰船에 나누어 싣고, 그 나라 해안에 이르러 속여 이르기를, "너희들이 만일 항복하지 않으면, 이 짐승을 풀어놓아 죽이겠다."하니, 그 나라 사람들이 두려워하여 곧 항복하고, 해마다 토산물을 조공하였다.

[按] 이사부는『三國遺事』에 朴伊宗으로 되어 있으나, 어떤 말이 옳은지 미상이다(『동사강목』제3상 임진년 신라 지증왕 13년).

H-2 춘3월 신라가 金異斯夫를 兵部令으로 삼았다. 내외 병마의 일을 관장하게 하였다(『동사강목』제3상 신유년 신라 진흥왕 2년).

위의 인용문에서 보듯이, 여기서는 『삼국사기』의 기록을 기본으로 하여 기술하면서도 『삼국유사』의 기록을 참고로 인용하였음이 특이하다. 특히 이사부의 이름을 『삼국유사』에서 朴伊宗이라 한 것을 소개하면서도 처음으로 그의 이름을 '金異斯夫'라고 하여 성을 金氏로 확정적으로 표기하였다.

이것은 『동사강목』이 편찬될 당시, 즉 18세기(영조대)에 부계친족이 강조되던 조선사회의 관념이 반영된 것이다. 또 이 무렵에 울릉도 부근에 倭人들의 조업으로 야기된 영토문제를 신라시대 이사부의 우산국 복속으로 우리 땅이 된 것을 밝히고 있다.

그리고 『동사강목』에는 이사부의 실직주 군주 임명(『동사강목』제3상 을유년 신라 지증왕 6년조), 이사부와 國史 편찬(『동사강목』제3상 을축년 신라 진흥왕 6년 추7월조), 이사부와 道薩城·錦峴城 공략(『동사강목』제3상 경오년 신라 진흥왕 11년 춘정월조), 이사부와 大伽倻 멸망(『동사강목』제3상 임오년 신라 진흥왕 23년 추9월조) 등의 기록이 있지만, 이것들은 단지『삼국사기』의 기록을 연대기적으로 전제한 것에 불과하다.

4) 星湖僿說

『星湖僿說』은 조선 후기 李瀷(1681~1763, 호:星湖)의 문답집을 엮은 저술이다. 이익이 40세 전후부터 독서하다가 느낀 점이나 제자들의 질문에 답한 내용을 기록해두었던 것을 그의 나이 80세 되던 해에 집안 조카들이 정리해 편찬한 책이다. 총 30권 30책으로 구성되어 있다. 구성은 제1~3권 天地門, 제4~6권 萬物門, 제7~17권 人事門, 제18~27권 經史門, 제28~30권 詩文門으로 되어 있다.

『星湖僿說』제15권 人事門에는 '動動曲'조에는 매우 흥미로운 기록이 있다.

I. 動動은 무엇을 가리킨 것인지 모르나 생각건대, 지금 광대들이 입으로 북소리를 내며 춤추는 것이 그것이니, 동동은 鼕鼕과 같은 뜻이다.

新羅의 鄕樂에 다섯 가지가 있으니, 金丸·月題·大面·束毒·狻猊이다

금환은 옛날 이른바 熊宜僚의 弄丸이니, 지금 사람들이 혹 4~5개의 알[丸]을 연달아 공중으로 날리되, 한 개는 항상 손에 있고, 나머지는 모두 공중에 있는 것이요,

월제는 옛날 이른바 광대 놀음인 듯하니, 假面의 이마가 달처럼 둥글다는 뜻이요,

대면은 佛像과 같은 황금 가면이요,

속독은 또한 귀신의 모양과 같은 가면이다.

狻猊는 異斯夫의 木獅子로부터 시작된 듯한데, 지금 중국 사신을 맞이할 때 아직도 그 놀음이 있다.

이는 崔致遠의 시를 보더라도 상상할 수 있다. 그 속독시에,

쑥대 머리 귀신 형용 사람과 달랐는데 蓬頭藍面異人間
무리 거느리고 앞뜰에 와서 난조춤을 추누나 押隊來庭學舞鸞
북소리 둥둥 울리고 바람은 쓸쓸한데 打鼓鼕鼕風瑟瑟
남북으로 뛰고 달려 그칠 줄 모르누나 南奔地躍也無端

라고 하였으니, 동동의 곡조는 반드시 이런 종류일 것이다.

이에서 보면, 李瀷은『삼국사기』에서 말한 신라 향악 5곡 중 산예의 유래를 이사부가 우산국을 정복할 때 나무자를 만들어 섬사람들을 위협하여 항복 받은 것에서 시작되었다고 주장하였다. 그렇다면 사자 탈춤놀이의 시원을 이것으로 볼 수도 있겠다.

5) 燃藜室記述

『연려실기술』은 조선 후기에 李肯翊(1736~1806, 호:燃藜室)이 조선시대의 정치·사회·문화를 기사본말체로 서술한 역사서이다.[22] 이 책의 찬술연대는 저자의 연보가 구체적으로 전해오지 않아 확실하지는 않으나, 1776년(영조 52) 이전에 일단 완성된 듯하다. 이 책은 조선왕조의 국사를 원집과 속집에 넣고, 國朝·祀典·事大·관직·政敎·문예·천문·지리·邊圉·역대 고전 등을 별집에 수록하였다.

이 책에서는 이긍익의 개인적인 견해는 찾아볼 수 없으며, 오직 先學들의 기술을 그대로 옮겨놓은 뒤, 그 기사의 말미에 반드시 인용한 서목을 기록해 놓았다.

『연려실기술』별집 제17권 邊圉典故의 '諸島'에 다음과 같은 기록이 있다.

J. 고려 辛禑 14년에 서해도 관찰사 趙云仡이 상서하기를, "우리나라 지경이 서해

22 이 책은 이미 이긍익의 생존시부터 傳寫本의 수효가 여럿이라 특정한 정본이 없이 전해져오고 있다. 더구나 책의 범례에서 밝힌 바와 같이, 이긍익이 본문에 여백을 두어 새로운 자료를 발견하는 대로 수시로 기입하고 보충하는 방법을 취하고, 다른 사람들에게도 같은 방법으로 보충하게 하기를 희망하였으므로, 종래의 전사본 중에는 서로 내용이 일치하지 않는 것도 있다.

로부터 楊廣道에 이르기까지와, 전라도에서 경상도에 이르기까지 海道가 거의 2000여 리인데, 바다 가운데의 섬으로 살 만한 곳은 大靑·小靑·喬桐·江華·絶影·南海·巨濟 등 큰 섬이 20여 개이며, 작은 섬은 이루 다 기록할 수 없으나 모두 기름진 토지와 고기며 소금이 풍부한 곳인데, 지금은 폐지하여 개발하지 않으니 한탄스러운 일입니다. 마땅히 伍軍將帥와 八道 軍官에게 각각 虎符와 金牌를 주어 작고 큰 섬들로써 食邑을 삼아 자손에게 전하게 하면 사람들이 누가 각기 스스로 나라를 위해 싸우지 않겠습니까. 戰艦을 스스로 갖추게 하고 兵粮을 스스로 저축케 하여 遊擊兵으로 삼아 불의에 나가 공격하게 하면, 적이 감히 엿보지 못할 것이고 백성이 넉넉해질 것입니다." 하였다.

…

· 鬱陵島는 일명 武陵 혹은 羽陵이니, 동해에 있으며 蔚珍縣과 마주보고 있다. 섬 안에 크고 작은 산이 있고 지방이 100리이며, 배편으로 이틀이면 도착할 수 있다.『芝峯類說』

· 신라 智證王 때에는 于山國이라 불렀는데, 신라에 항복하고 土貢을 바쳤다.『芝峯類說』

· 신라 속국 우산국조에 상세하게 보인다.

섬이 울진현의 바로 동쪽 바다 가운데에 있다. 날씨가 청명하면 봉우리 끝이며 산뿌리를 역역히 볼 수 있다. 지역이 넓고 땅이 비옥하며 대나무를 생산하므로 竹島라고 이르고, 세 봉우리가 있으므로 三峯島라고도 하며, 우산·우릉·울릉·무릉·礒竹 등은 모두 訛音으로 그렇게 된 것이다.『春官誌』…

· 광해 갑인년(1614)에 倭가 배 두 척을 보내 장차 의죽도의 행세를 탐색하겠다고 하고 또 그 섬이 경상과 강원 사이에 있다 하였다. …

신라 때 異斯夫가 위협으로 굴복시킨 후로 우리나라에 예속되었음은 역사서에 밝게 나타나 있다.『芝峯類說』에 이르기를, "근자에 들으니, 왜가 의죽도를 점거했다고 한다. 혹 의죽은 바로 울릉이라고 이른다." 하였으므로 왜인이 이를 잡

> 고 말썽을 삼아 萬曆 甲寅年(1614) 이후에 떠들어 마지아니하였다. 그러나 사실은 關白의 뜻이 아니라, 단지 對馬島의 왜가 울릉도에서 나는 고기며 대[竹]를 탐내고 또 왜국 사신의 풍성한 환대를 받으므로 書契를 가지고 내왕하기를 그치지 않은 것 뿐이다. 『춘관지』

또 『연려실기술』 별집 제19권 歷代典故의 新羅에는 "眞興王의 이름은 … 國史를 편찬하도록 명하니, 伊飡 異斯夫의 청을 따른 것이다."라는 기록도 있다.

『연려실기술』에는 이외에도 이사부에 대한 보다 다양한 기록이 있다. 하지만 이것들은 앞선 문헌들에 보이는 기록을 전제 또는 채록하여 편집한 것들에 불과하다. 이것은 앞에서 살펴본 『동사강목』과 마찬가지로 『연려실기술』이 편찬될 당시, 즉 18세기(영조대)에 울릉도 부근에서 倭人들의 조업으로 야기된 영토문제를 이사부의 우산국 복속으로 우리 땅이 된 것을 밝히고 있다. 이사부 관련한 다른 기사들은『삼국사기』의 기록을 연대기적으로 전제하여 편수한 것이다.

6) 青莊館全書

『청장관전서』는 조선 후기 李德懋(1741~1793, 호:青莊館)의 저술을 모아 엮은 문헌으로, 모두 33책 71권이었다.[23] 『청장관전서』제62권 西海旅言에 흥미로운 기록이 있다.

> K. 19일(계유) 이른 아침에 출발하여 郡馬里에서 아침밥을 먹고 金光川에서 자다.

---

23 권정원, 「청장관전서를 통해 살펴본 조선후기 서얼문인들」 『석당논총』 80, 석당학술원, 2021 ; 김균태, 「이덕무 『청장관전서』 소재 인물 일화 연구」 『고전문학과 교육』 15, 한국고전문학교육학회, 2008

…

어떤 이가 말하기를, 蘇定方이 白馬江에서 龍을 낚았다는 것은 진짜 용이 아니라, 무늬 있는 비단으로 용을 만들어 肢節이 꿈틀거리도록 하고 속을 비게 한 다음 수십 명의 헤엄 잘 치는 자를 그 속에다 넣어 이리저리 꿈틀꿈틀하게 했던 것을, 百濟 사람들이 멀리서 바라보고 진짜 용으로 알았던 것이라고 하는데, 그 말이 사실일 것이다.
新羅 異斯夫가 于山國을 정벌할 때 나무로 獅子를 만들어 속이기를 너희들이 만약 항복하지 않으면 즉시 이 짐승을 풀어놓아 밟아 죽이게 하겠다고 하여, 그 나라 사람들이 무서워서 항복하였다 하니, 바로 이런 것과 비슷한 유이다.[24]

위의 인용문에 의하면, 이덕무는 신라 이사부가 우산국을 정벌할 때 사용한 나무사자의 모습을, 백제 멸망시에 소정방이 비단으로 용을 만들어 그 속에 사람을 넣어 꿈틀거리게 하여 백제 사람들을 속인 것이랑 비슷하다고 하였다. 이것에서 유추하면 이덕무는 이사부가 만든 나무사자의 속을 비게 하여 사람을 그 속에 들러가 꿈틀거리게 해서 우산국 사람들을 속인 것이라고 생각한 것을 알 수 있다.

한편 이상에서 살펴본 문헌 외에도 조선 후기의 여러 글에서 이사부에 대하여 기술하였다. 成海應(1760~1839)의 『研經齋集』, 韓鎭書의 『東史綱目續』, 李圭景의 『伍洲衍文長箋散稿』, 李裕元이 지은 『林下筆記』를 비롯하여 金正喜의 『阮堂集』, 1898년 간행된 조선 후기의 학자 柳徽文의 시문집인 『好

24 十九日 癸酉 平明發 朝食郡馬里 宿金光川 … 或曰 蘇定方之釣龍於白馬江 非眞龍也 以綵錦製龍 肢節蠕蜒 空其中 藏善泅水者 數十輩 使動轉伸曲 百濟人遠望之以爲眞龍也 此言近是新羅異斯夫 伐于山國 以木造獅子 誑之曰 汝若不服 卽放此獸踏殺 國人懼乃降 此其類也.

古窩文集』에도 이사부에 대한 기록이 있다.[25]

또 조선 후기의 학자 허훈의 시가와 산문을 엮어 1910년에 간행한 시문집인 『舫山先生文集』에는 "新羅訥祗王 以伊飡異斯夫 爲何瑟羅州軍主 伐于山國"이라 하였으며,[26] 또 조선 말기와 일제강점기에 활동한 盧相稷(1855~1931)의 문집인 『小訥文集』에도 異斯夫가 悉直州軍主가 된 사실이 기록되어 있음이 확인된다.[27]

결국 조선 후기에 이르러 조선의 위정자들과 사대부들에게 종래 절대적인 사대의 대상이었던 明이 망하고 靑이 중국의 지배자로 등장함으로써 격변하는 동아시아의 국제정세와 이에 수반된 사회문화적 충격은 18세기 조선 사회 내부에도 새로운 자각과 인식이 대두하였고, 이것은 서적 편찬과 보급의 활성화, 더욱이 지식인들의 문집 편찬과 함께 우리 역사에 대한 시각과 이해도 달라짐으로써, 그들의 정치 사회적 입장에 따라 다양화되었다고 보겠다.

이런 이유로 영토 관념의 확대로 당시 일본인의 한반도 근처 해양에 대한 침탈 행위는 민감하게 인식되었으며, 그 대표 사례가 울릉도와 송도 문제

---

25 『好古窩先生文集』 권1 詩 [北遊錄] 江陵府 "千里江陵驛路分 秋風瑤海蕩無垠 山河縹緲南閭國 艫舳微茫何瑟軍 地近扶桑先日出 天連雪嶽遠生雲 吳家此界遊三世 目見何如耳素聞 南閭穢君名 新羅時金異斯夫爲何瑟羅州軍主 伐于山國"

26 『舫山先生文集』 권5 詩 臨瀛館. 與主倅鄭聖章 憲時 共賦. "遠客憑欄一把觴 南閭城外水茫茫 彭鳴古道浮雲杳 何瑟前塵過鳥忙 海上千峯初廣野 關東九郡此名鄉 風流太守詩爲政 題遍樓臺倍動光 江陵 古薉國 南閭 薉王名 漢武帝遣彭鳴 開牛頭大關嶺路 春川有彭鳴碑 江陵一名何瑟羅州 新羅訥祗王 以伊飡異斯夫 爲何瑟羅州軍主 伐于山國"

27 『小訥先生文集』 권24 雜著 歷代國界攷. "東國通鑑曰 … 溟州 新羅本紀曰 婆娑王二十三年 永光十四年 悉直國來降 魏志 齊王正始六年樂浪太守劉茂 帶方太守弓遵 以嶺東濊貊屬句麗 興師伐之不耐 濊侯等擧邑降 高句麗本紀曰長壽王伍十六年 宋泰始四年 取悉直爲郡 新羅本紀曰 智證王八年 梁天鑑六年 以異斯夫爲悉直州軍主 眞興王二十九年 陳廢帝二年 以達忽爲州 巡北邊至今咸興府 善德主置溟州 武烈王以溟州爲都督府"

이고, 여기에서 영토 복속의 역사적 증거 제시로써 이사부의 울릉도 정복 사실이 언급되는 빈도수가 종전에 비해 상대적으로 많아진 것이라 하겠다.

그 결과, 조선 후기에 저술된 사찬 사서에서 이사부에 대한 기술에는 『삼국사기』는 물론 『삼국유사』를 비롯하여 여러 가지 자료를 취합하고 활용하였고, 아울러 편찬자의 이사부에 대한 인식을 피력하였다. 그러다 보니 내용이 다양화된 것은 사실이지만 미확인되거나 불확실한 전승과 추측이 포함되기도 했다. 즉, 나무사자에 대한 또다른 해석을 비롯하여, 이사부를 삼척과 연계하여 적극적으로 기술하기도 했다. 한편에서는 이사부가 소가야를 정벌했다거나, 이사부의 밀양지역 출병과 관련한 유적 전승, 울릉도에 대한 불교와 도교적 성격이 반영되기도 하고, 金異斯夫라고 성씨를 병기하는 후대적 표현이 나타났다.

3. 지리지

1) 東國輿地誌

『동국여지지』는 1656년 실학자 柳馨遠이 편찬한 우리나라 최초의 사찬 전국지리지로, 9권 10책이며, 1660년대 후반까지 추보하였다. 내용은 권1 京都·한성부·개성부, 권2 경기, 권3 충청도, 권4 상·하 경상도, 권5 상·하 전라도, 권6 황해도, 권7 강원도, 권8 함경도, 권9 평안도로 편재되어 있다.[28]

『동국여지지』권7 강원도편에는 이사부와 우산국 정복에 대한 기록이 실려 있다.

---

28 박인호, 「유형원의 동국여지지에 대한 일고찰-역사의식과 관련하여-」 『청계사학』 6, 1989 ; 양보경, 「반계 유형원의 지리사상-동국여지지와 군현제의 내용을 중심으로-」 『문화역사지리』 4, 1992 ; 한지영, 「『東國輿地志』를 통해 본 柳馨遠의 '東史' 인식」 경희대학교 석사학위논문, 2012.

L-1 鬱陵島一云武陵一云羽陵二島在縣正東海中 三峯岌業撑空 南峯稍卑 風日淸明則峯頭樹木及山根沙渚 歷歷可見 風便則二日可到 一說于山鬱陵本一島 地方百里 新羅時 恃險不服 智證王十二年 異斯夫爲何瑟羅州軍主 謂于山國人愚悍難以威服 可以計服 乃多以木造獅子 分載戰艦 抵其國 誑之曰 汝若不服 則卽放此獸 踏殺之 國人恐懼來降(『東國輿地誌』권7 江原道 蔚珍縣).

L-2 新羅 異斯夫 智證王時 以伊飡爲何瑟羅軍主 于山國負險不服 異斯夫謂其人愚悍 難以威降 可以計服 乃多造木獅子 分載戰船 抵其國海岸 誑之曰 汝若不服 則放此獸 蹂殺之 其人恐懼卽降(『東國輿地誌』권7 江原道 江陵大都護府 名宦).

L-3 新羅 異斯夫 智證王六年 爲悉直州軍主(『東國輿地誌』권7 江原道 三陟都護府 名宦).

이처럼 『동국여지지』의 강원도 울진현과 강릉대도호부편에는 이사부가 우산국을 정벌한 기사를 나란히 수록하였다. 내용은 거의 같다. 그리고 삼척도호부편에는 이사부가 실직군주를 역임한 사실을 수록하였다.

비록 『동국여지지』에는 이사부의 활동에 대하여 세 곳에 기술하였지만, 특별한 내용은 없고 여기서도 『삼국사기』의 그것을 전제한 것에 불과하다.

2) 輿地圖書

『여지도서』는 1757년~1765년 전국 각 읍에서 편찬한 邑誌를 모아 묶은 것으로, 흔히 '邑誌'라고도 하며, 55책이다.[29] 이것은『신증동국여지승람』이 편찬되고 200년이 지나, 내용을 개편하고자 왕명으로 지방의 각 읍에 읍지를 올려보내도록 해서 편찬되었다.[30]

---

29 전국 295개 邑誌, 17개 營誌, 1개 鎭誌 등 총 313개의 지지가 수록되어 있다. 그러므로 당시 행정구역 중 39개 읍의 읍지가 누락되었다.

30 양윤정, 「18세기 「여지도서」 편찬과 군현지도의 발달」 『규장각』 43, 2013 ; 이재두,

여기에는 이사부 관련 기록이 세 번 보인다.

M-1 州, 古悉直氏之國 漢永元十四年 新羅婆娑王二十三年壬寅 降新羅 梁天監四年 智證王六年己酉 初置悉直州 以金異斯夫爲軍主 唐乾元二年 景德王十九年己亥 改三陟郡 或曰 唐貞觀中 新羅善德王 置眞珠都督府(『輿地圖書』上 江原道 三陟府 建置沿革).

M-2 島嶼 德山島 在府南二十三里 萬弩島 在府東九里海中 鬱陵島一云羽陵島 在府東南海中 三峯岌嶪撑空南峯稍卑風日淸明則峯頭樹木山狼沙渚歷歷可見風便二日可到 或云 于山鬱陵一島方百里在海中 蔚珍之東 新羅時 恃險不服 智證王十二年 異斯夫爲何瑟羅州軍主 王謂于山國人愚悍難以威服 可以計取 乃多以木造獅子 分載船艦 抵其國誑之 曰汝若不服 則放此獸踏殺之 國人恐懼來降 … (『輿地圖書』上 江原道 三陟 古跡).

M-3 異斯夫 奈勿王四世孫 詳江陵府(『輿地圖書』 慶尙道 慶州府 人物 新羅)

『여지도서』에서의 이사부 관련 기록은 기존과는 크게 다르다. 여기서는 삼척에다가 울릉도를 편재하고, 그 내용에서 이사부가 우산국을 정복한 사실을 기술하였다. 구체적인 내용은 다른 문헌들과 마찬가지로 삼국사기를 답습하였다. 그럼에도 이사부의 우산국 정복을 삼척에 직접 연결하여 서술한 것이 특색이다.

3) 輿圖備志

金正浩와 崔瑆煥이 1851(철종 2)~1856(철종 7)에 편찬한 것으로 추정되는 『輿圖備志』 는 20책으로, 『동여도지』와 『대동지지』에 빠져 있는 평안도편

「『여지도서』의 편찬시기와 항목구성 및 신설항목의 유래」 『민족문화연구』 82, 2019.

이 수록되어 있다.[31] 이 책에 수록된 각 州縣의 편목은 建置 沿革 등 20여 개 항목으로 되어 있다.

N-1 본디 悉直國인데, 신라 婆娑王 23년 복속되었다. 자세한 것은 悉直國을 보라. 慈悲王 11年 高句麗가 차지하였다. 智證王 6년 悉直州를 설치하고 金異斯夫를 軍主로 삼았다. 武烈王 5년 北鎭이 되고 悉直停이라 불렀다. 文武王이 고쳐서 摠管을 두고 元聖王이 고쳐서 都督이 되었으며, 景德王이 三陟郡으로 고쳐 溟州에 속하였다(輿圖備志 권15 江原道 三陟都護府 右營, 三陟浦鎭, 平陵道 建置).[32]

N-2 신라 智證王 13년 于山國이 지세가 험함을 믿고 복속하지 않음에 何瑟羅州 軍主 金異斯夫를 보내어 쳐서 항복받았다(輿圖備志 권15 江原道 蔚珍縣 鬱陵島 典故).[33]

『輿圖備志』는 울릉도를 당시 행정구획에 따라 울진현에 소속시켰다. 그리하여 울릉도에 대해 기술하면서 이사부가 우산국을 정복한 사실을 울진현에서 기록해 놓았다.

그런데 특이한 점은 이사부의 성을 김씨라고 확정하고 '金異斯夫'라고 표기하였다. 이것은 『동사강목』을 따른 것이라고 보겠다.

---

31 이상태, 『한국 고지도 발달사』. 혜안. 1999, 185~242쪽.

32 本悉直國 新羅婆娑王二十三年來降 詳悉直國 慈悲王十一年 爲高句麗所取 智證王六年 置悉直州 以金異斯夫爲軍主 武烈王伍年爲北鎭 稱悉直停 文武王改置摠管 元聖王改都督 景德王改三陟郡 隷溟州.

33 新羅 智證王十三年 于山國恃險不服 遣何瑟羅州軍主金異斯夫擊降之.

4) 大東地志

『대동지지』는 조선 후기에 목판본의『大東輿地圖』22첩을 간행한 1861년 이후부터 1866년경 사이에 金正浩(1804~1866)가 편찬한 전국을 대상으로 한 역사지리서로서, 32권 15책이다. 『대동지지』의 가장 앞쪽에 참고한 자료가 일목요연하게 정리되어 있는데, 조선 자료 43종, 중국 자료 22종이다. 목차 다음 부분에는 대표적인 순수 우리말의 지명유래에 대한 소개와 한자로의 표기에 대해 기록해 놓았다. 이것은 김정호가 참고한 상당수 한자지명이 원래는 순우리말 이름을 한자의 소리나 뜻을 따서 표기한 것임을 알려주고자 했기 때문이다.[34]

O-1 新羅眞興王二十三年 加耶叛 命金異斯夫討之 副將斯多含領伍千騎 先馳入栴檀門 立白旗 城中恐懼 不知所爲 異斯夫引兵臨之 一時盡降(『大東地志』 권9 慶尙道 高靈 典故)

O-2 本辰韓之悉直國 一云悉直谷國 新羅婆娑王二十三年來降 智證王六年 置悉直州軍主 以金異斯夫爲軍主 後置悉直停 武烈王伍年罷停 爲北鎭 文武王元年改摠管 元聖王元年稱都督 景德王十六年 改三陟郡 隸溟州都督府 領縣四(『大東地志』권16 江原道 三陟 沿革)

O-3 鬱陵島 在本縣正東海中 古于山 一云武陵 一云羽陵 一云芋陵 周二百餘里 東西七十餘里 南北伍十餘里 三峯岌嶪聳空 純是石山 自本縣 天晴而登高望見 則如雲氣 便風二日可到 倭人謂之竹島 與日本隱岐州相近 倭船漁採者時到 自中峯至正東海濱三十餘里 正西海濱四十餘里 正南海濱二十餘里 正北海濱二十餘里 川溪六七 竹田伍六 居址數十 有楮田洞 孔巖 朱土窟 石葬古址 船泊處 待風所

34 국립중앙도서관 도서관연구소, 『김정호의 꿈, 대동여지도의 탄생』, 2011 ; 대동여지도 150주년기념학술사업준비위원회, 『대동여지도에 길을 묻다 1861~2011』, 2011.

島之南有四伍小島 島中皆石壁 石澗 洞壑甚多 有狙鼠極大 不知避人 亦有桃李桑柘 菜茹之屬 珍木異草不知名者甚多 新羅 智證王十三年 于山國 恃險不服 遣何瑟羅軍主金異斯夫擊降之 高麗太祖十三年 芋陵島遣白吉 土豆貢方物 顯宗九年 以于山國被東北女眞所寇廢農業 遣李元龜賜農器 十年 于山國民曾 被女眞虜掠來奔者 悉令歸之(『大東地志』卷16 江原道 蔚珍 島嶼).

O-4 悉直國 一云悉直谷國 婆娑王二十三年來降 二十伍年復叛 討平之 徙其餘衆於南部 今三陟府 … 于山國 智證王十三年 遣何瑟羅軍主金異斯夫擊降之 今蔚珍縣東海中鬱陵島 … 大加耶國 自始祖伊珍阿豉王至道設智王 凡十六世共伍百二十年 新羅眞興王二十三年滅之 置大加耶郡 今高靈縣 小加耶國一云古自國 新羅智證王六年 遣金異斯夫取之 今固城縣(『大東地志』권29 歷代志 方輿總志1 新羅所幷諸國)

위의 인용문에서 보듯이『대동지지』는 조선 후기에 편찬된 지리서 중에서 이사부에 대하여 가장 자세한 기록을 가지고 있다. 이사부가 대가야를 멸망시킨 일, 이사부가 실직주군주에 임명된 것, 또 이사부가 우산국을 복속한 사건, 그리고 이사부가 小伽倻(古自國)를 공취한 일이 기록되어 있다.

『대동지지』에서도 김정호는 울릉도를 강원도 울진 소속으로 편재하고 이사부의 우산국정복을 여기에 기술하였으며, 또 그를 '金異斯夫'라고 표기하여 安鼎福의 『동사강목』을 따랐다. 그러면서 소가야를 이사부가 공취한 것으로 기록하여 尹愭의 『無名子集』을 따랐다.

이와 더불어 앞에서 살펴본 지리지들 외에, 1893년에 鳴弦默이 編纂한 『輿載撮要』의 삼척부 인물조에는 이사부를 智勇을 兼備하였다고 평가하면서, 이사부가 우산국을 복속한 사실을 기록한 것이 있어[35] 참고가 된다.

---

35 "新羅 異斯夫 智勇兼備"(『輿載撮要』 권8 江原道 三陟府 人物). "鬱陵島 于山島在三陟

이상에서 살펴보았듯이, 조선시대에 편찬된 지리지에서 이사부 관련 기술은 기본적으로는 『삼국사기』이사부열전의 내용을 계승하고 있다. 그러면서도 조선 후기에 편찬된 지리서는[36] 전기에 편찬된 관찬 지리서와 마찬가지로 지방통치의 기초자료로서 성격을 가지면서도, 이에 더하여 지리 자체에 대한 중요성이 강조되는 역사지리 연구가 유행하면서 海島의 숫자나 양상 변화를 상세히 기술하려 했고, 중앙정부의 海島 관할 정책 등을 다루고 있는 측면이 있다.[37] 『新增東國輿地勝覽』의 三陟都護府편에는 "신라 異斯夫는 智證王 6년에 이 州의 軍主가 되었다."라고 해서 소략하게 기술한 것에 비해, 조선후기 지리지에서는 우산국 정벌이나 우산국으로 출항하는 三陟의 沿革을 상세히 기술하고 이사부의 역할을 강조한 것도 조선 후기에 나타난 해도 인식의 변화와 관련이 있는 듯하다.

사실 이긍익의 『연려실기술』에서 조운걸의 상서문에서 '우리나라 지경에 서해로부터 양광도에 이르기까지, 전라도에서 경상도에 이르기까지 해도가 거의 2000여리인데 바다 가운데 살만한 큰 섬이 20여개이고 작은 섬은 수많이 많다. 모두 기름진 토지와 고기이며 소금이 풍부한 곳이니 개발해야 하고 전함을 갖추고 군량을 저축하여 지켜야 한다'고 한 것을 인용하면서, 도서의 중요성을 강조한 것에서 보듯이, 조선 후기는 해양과 도서에 대한 관심과 인

東 鬱陵島在平海東 六日程 長百餘里 廣六十里 四面石角嵯峨 多寺刹古址 土壤膏沃 多珍木 海錯 竹大如椽 鼠大如貓 桃核大於升 凡物稱是 古于山國 新羅智證王時 恃險不服十二年 異斯夫爲何瑟羅州軍主 謂于山國人愚悍 難以威服 乃以木獅子載船 誑之曰 不服 則放此獸踏殺之 國人恐乃降"(『輿載撮要』권8 江原道 蔚珍縣 山川).

36 강서연·윤인석, 「조선시대 도시연구를 위한 地理志의 기초연구 : 『東國輿地志』·『輿地圖書』·『輿圖備志』·『大東地志』를 중심으로」 『건축역사연구』 21권5호(통권84), 한국건축역사학회, 2012

37 윤은숙, 「김창겸, 조선시대 사람들은 신라 이사부를 어떻게 인식하였는가? 토론문」 『역사 속 삼척과 울릉도, 그리고 미래의 삼척과 울릉도』, 삼척 동해왕 이사부 독도축제 2023 학술대회 자료집, 2023.10.6. 191~192쪽.

식이 높아진 것에 연유한 것이라 하겠다.

결국 조선 후기의 지리지 중에서 지방에서 제작된 邑誌들을 바탕으로 편찬된『여지도서』를 제외하고는, 중앙에서 간행된 지리지들은 여전히 이사부의 울릉도 정복을 당시 행정구획상 울릉도가 소속된 울진현을 매체로 하여 기록하였다. 그리고 종래의 것에 새로운 자료들을 추가하여 그 내용이 풍부해졌다.

Ⅳ. 맺음말

이상에서 조선시대 저술, 편찬된 문헌을 통하여 이사부에 대한 기록을 검출하고, 그 내용을 분석하여 조선시대에 이사부의 전승 과정과 그에 대한 인식의 흐름을 살펴보았다 그 내용을 정리하면 다음과 같다.

조선시대 문헌에서 이사부에 대한 기록은 관찬 사서인『세종실록 지리지』에 처음으로 보인다. 현전하는 개인 저술에서는 金宗直의『佔畢齋集』에 이사부가 울릉도를 정복한 사실을 처음으로 보인다. 그러나 이들 문헌에서는 이사부를 울진현에서 언급하였다. 이것은 당시 지방행정구획의 편재에서 울릉도가 울진현에 속했던 것에서 이유가 있겠다. 그럼에도 삼척과 이사부를 연계한 기록은『동국여지승람』에 이르러 비로소 시작된 것이 확인된다.

조선 후기의 문헌에서는 이사부관련 기록이 여러 곳에 보인다. 그 이유는 역사적으로 조선 후기, 즉 영조와 정조대에는 일본인들이 자주 울릉도에 출몰함에, 이에 대비하여 이사부가 우산국을 정복한 역사적 사실을 소환하여 울릉도와 松島가 조선의 영토임을 증명하고자 하였기 때문이다. 이것은 울릉도와 독도 연구에 매우 중요한 기록이다. 송도가 이미 영조대와 정조대에 조선의 영토로 정부에서 공식적으로 확인한 기록이기에 매우 의미가 있다.

더구나 『승정원일기』와 『일성록』의 기사는 매일의 일을 그 당시에 기록한 것이다.

그리고 『일성록』에서는 朴伊宗이 아니라 異斯夫라 하여 『삼국사기』권44 이사부열전의 기록을 따르고 있다. 이것은 유교국가인 조선왕조에서 편찬된 공식 문헌이기에 불교사관에 의한 사찬인 『삼국유사』를 따르지 않고, 고려시대 관찬인 『삼국사기』를 따른 것이라 하겠다. 또 이사부라고만 기록되던 것이 『東史綱目』에서 '金異斯夫'라고 하여 父系를 金氏로 한 이름을 표기한 이래로 柳希汶의 『好古窩先生文集』, 尹愭의 『無名子集』을 비롯하여, 『여지도서』, 『여도비지』, 『대동지지』 등 대부분의 조선 후기의 지리지에서는 김이사부라고 기록하였다.

한편 조선 후기에 저술된 개인 문집으로는 許穆의 『記言』이 매우 중요하다. 허목은 삼척에 대한 관심이 매우 높았고 많은 정보와 지식을 가졌다. 그는 『東史』에서도 悉直國과 함께 이사부의 치적에 대하여 상세하게 기술하였다. 그리고 이사부가 兵部令에 임명되어 병마사를 관장하였고, 또 대가야를 정복하였으며, 국사를 편찬한 일까지 언급하였다. 다시 말해 조선 후기의 허목에 이르러 삼척과 이사부 및 울릉도를 포함하는 매우 구체적인 역사 사실을 기록이 보인다.

이사부에 대한 보다 흥미로운 내용은 尹愭의 『無名子集』에 수록되어 있다. 윤기는 신라 지증왕의 인재 용인술이 뛰어남을 말하면서, 이사부가 지증왕 6년(505) 小伽倻를 취하고 울릉도를 항복받았음을 노래하고, 또 이사부가 계책으로써 먼 곳에 있는 울릉도(우산국)를 복속시켰음을 칭송하였다. 하지만 소가야는 가야연맹의 하나로서 지금의 경상남도 고성지역에 있었던 것으로 비정되는 나라이다. 지증왕 6년(505) 소가야를 이사부가 멸망시켰다는 기록은 『三國史記』는 물론 『東國史略』·『東史綱目』에는 보이지 않는다. 그럼에도 윤기는 이사부가 소가야를 공취하였다고 한 이래, 이종휘의 『동사』와 정약용의『아방강역고』, 그리고 金正浩의『大東地志』도 따르고 있다.

한편 이익은『星湖僿說』에서 '動動曲'이라는 음악을 설명하면서 신라 鄕樂의 5곡 중에서 '狻猊'는 유래를 이사부가 우산국을 정복할 때 나무사자를 만들어 섬사람들을 위협하여 항복 받은 것에서 시작되었다고 주장하였다.

그리고 李德懋는『靑莊館全書』에서 당나라 蘇定方이 白馬江에서 龍을 낚았다는 것은 진짜 용이 아니라, 무늬 있는 비단으로 용을 만들어 속을 비게 한 다음 수십 명의 헤엄 잘 치는 자를 그 속에다 넣어 이리저리 꿈틀꿈틀하게 했던 것에 비유하면서, 신라 이사부가 우산국을 정벌할 때 나무로 사자를 만들어 속인 것도 바로 이것과 비슷한 것이라 하였다.

이처럼 조선시대 사람들은,『輿載撮要』三陟府의 인물조에서 "異斯夫 智勇兼備"라고 말하듯이, 신라 이사부를 훌륭한 장수이면서 재상이요 관인으로 평가하였고, 더욱이 조선 후기에 일본과의 울릉도 소유문제에 대비하여 이사부가 우산국을 정복한 사실은 더욱 강조되어졌다. 다만 洪良浩가 지은『海東名將傳』에는 이사부가 수록되지 않은 점은[38] 특이하다.

38 권1에는 신라인 金庾信·張保皐·鄭年·沈那·素那, 고구려인 扶芬奴·乙支文德·安市城主, 백제인 黑齒常之, 고려인 庾黔弼·姜邯贊·楊規·尹瓘이 수록되어 있다.

참고문헌

1. 원전류

삼국사기, 삼국유사, 세종실록지리지, 신증동국여지승람, 승정원일기, 일성록, 점필재집(金宗直), 기언(許穆), 동강유집(申翊全), 무명자집(尹愭), 동사강목(安鼎福), 성호사설(李瀷), 연려실기술(李肯翊), 청장관전서(李德懋), 해동역사속(韓鎭書), 완당전집(金正喜), 오주연문장전산고(李圭景), 임하필기(李裕元), 연경재집(成海應), 방산선생문집(許薰), 호고와선생문집(柳徽文), 여제촬요(鳴弦默), 동국여지지(柳馨遠), 여지도서, 여도비지, 대동지지(金正浩)

2. 연구논저

강서연·윤인석, 「조선시대 도시연구를 위한 地理志의 기초연구: 『東國輿地志』·『輿地圖書』·『輿圖備志』·『大東地志』를 중심으로」 『건축역사연구』 21권5호(통권84), 한국건축역사학회, 2012

국립중앙도서관 도서관연구소, 『김정호의 꿈, 대동여지도의 탄생』 -대동여지도 간행 150주년 기념 학술심포지엄, 2011

권정원, 「청장관전서를 통해 살펴본 조선후기 서얼문인들」 『석당논총』 80, 석당학술원, 2021

김균태, 「이덕무 『청장관전서』 소재 인물 일화 연구」 『고전문학과 교육』 15, 한국고전문학교육학회, 2008

김병건, 『무명자 윤기 연구 : 진실로 시대를 풍자한 독서인』, 성균관대학교 출판부, 2012

김채식, 「『이규경의 『오주연문장전산고』 연구」, 성균관대학교 박사학위논문, 2009

김태수, 「신라 나무인형사자 고찰: 토론문」 『이사부와 동해』 1. 한국이사부학회, 2010

대동여지도150주년기념학술사업준비위원회, 『대동여지도에 길을 묻다 1861~2011』 - 대동어지도 150주년 기념 종합학술대회 자료집, 2011.

박인호, 「유형원의 동국여지지에 대한 일고찰」 『청계사학』 6, 청계사학회, 1989

배재홍, 「삼척부사 허목과 척주지」 『조선사연구』 9, 조선사연구회, 2000

서상선, 「『점필재집』의 판본계통 연구」 『서지학연구』 57, 한국서지학회, 2014

앙보경, 「반계 유형원의 지리사상-동국여지지와 군현제의 내용을 중심으로-」 『문화역사지리』 4, 한국문화역사지리학회, 1992

양윤정, 「18세기 「여지도서」 편찬과 군현지도의 발달」 『규장각』 43, 서울대학교 규장각 한국학연구원, 2013

윤은숙, 「김창겸, 조선시대 사람들은 신라 이사부를 어떻게 인식하였는가? 토론문」 『역사 속 삼척과 울릉도, 그리고 미래의 삼척과 울릉도』-삼척동해왕이사부독도축제 2023학술대회자료집, 2023

이상태, 『한국 고지도 발달사』. 혜안. 1999

이재두, 「『여지도서』의 편찬시기와 항목구성 및 신설항목의 유래」 『민족문화연구』 82, 민족문화연구원, 2019

천진기, 「신라 나무인형사자 고찰」 『이사부와 동해』 1. 한국이사부학회, 2010

한영우, 「허목의 고학과 역사인식-'동사' 중심으로」 『한국학보』 40, 일지사, 1985

한지영, 「『東國輿地志』를 통해 본 柳馨遠의 '東史' 인식」 경희대학교 석사학위논문, 2012

조선시대 삼척지역의 후망처에 대한 고찰

홍영호 | 하슬라문화재연구소 소장

Ⅰ. 머리말

후망(候望)은 망을 보아 특별한 상황을 파악하고 이를 상급 기관에 전달하는 관방유적이다. 후망을 척후(斥候)라고도 하는데, 사실상 이 두 용어는 그 성격이 일치하여 혼용되는 것 같다. 실제 『세종실록』의 기사에서는 '후망'이 나오고, 『신증동국여지승람』과 『만기요람』 등에서는 '척후' 항목으로 등장한다. 이 글에서는 조선후기의 사료 및 자료 등에서 '후망수직군(候望守直軍)', '후망군관(候望軍官)', '후망감관(候望監官)'이라는 명칭이 보인다는 점에서 '후망'으로 통일하고자 한다. 다만 『신증동국여지승람』, 『만기요람』 등의 '척후'조를 언급할 때에는 '척후'로 사용하겠다.

조선시대 삼척지역의 후망은 지리지와 읍지에서부터 보이고 조선말기의 『각사등록』에서도 관련 내용을 찾을 수 있으며, 지역의 개인 일기에서도 나타난다. 이 글은 이들 사료와 자료에서 보이는 삼척지역의 후망에 대하여 그 역사성을 분석한 후, 후망처를 찾아 그 위치와 입지를 고찰해보는 것을 목적으로 한다.

조선시대 삼척지역의 '후망'을 찾아보면 『신증동국여지승람』과 『척주지(陟州誌)』(허목, 1662)가 주목된다. 『신증동국여지승람』에서는 '봉수'와 구별되는 '척후'조가 별도로 언급되어 있는데, 삼척의 척후로 장오리포가 등장한다. 또한 삼척부사로 재임하였던 미수(眉叟) 허목(許穆, 1595~1682) 선생이 편찬한 『척주지(陟州誌)』에도 '해정후망(海汀候望)' 5곳이 보여 바닷가에

'후망'을 설치하여 운영하였음을 알려주고 있다. 아울러 『각사등록』과 개인 일기에 등장하는 단편적인 '후망' 기록도 있다. 그러므로 이들 책과 사료에 등장한 후망들을 살펴보고, 그 역사성과 위치 및 입지를 고찰해 보고자 한다.

Ⅱ. 삼척지역 후망의 역사성 분석

1. 『신증동국여지승람』의 삼척 후망

조선전기의 대표적인 관찬지리지인 『신증동국여지승람』을 보면 강원도 동해안 지역에는 봉수와 구별되는 척후가 설치되어 있다. 그런데 조선후기의 대표적인 관찬지리지인 『여지도서』에는 강원도 동해안 지역의 척후 기사가 전혀 나오지 않는다. 즉 『여지도서』를 보면 강원도 동해안의 진보(鎭堡)와 수군포진(水軍浦鎭)과 같은 관방유적은 그 설치 및 폐지의 유무(有無)가 소개되어 있을 뿐만 아니라, 봉수(烽燧)도 소개되어 있지만 모든 지역에서 당시 폐지(今廢)된 것으로 나온다. 하지만 『여지도서』에는 척후 또는 후망이 독립된 조항이나 관련 항목속에도 들어 있지 않는다. 그런데 『신증동국여지승람』에 수록된 강원도 동해안 지역의 '척후'가 조선후기·말기의 자료인 『연려실기술』(초고: 1776년, 영조 52년)·『만기요람』(1808년)에 거의 유사하게 다시 등장하고 있다.〈표 1〉

이와 같이 〈표 1〉로 보면 조선전기의 대표적 지리지인 『신증동국여지승람』부터 등장한 척후가 조선후기·말기의 여러 지리지와 자료에서도 나오는데, 그 사이에 있는 『여지도서』에서 보이지 않는 점은 매우 의아하다. 그러므로 이들 강원도 동해안에 분포한 후망(척후)은 그 존재의 유무(有無)와 역사적 실체에 문제가 있는 것이 아닌지 궁금하다.

이러한 기록들의 차이가 발생한 이유를 몇 가지 상정할 수 있다.

우선, 조선전기부터 후망(척후)이 이미 존재하였는데, 조선후기의 관찬 지리지인 『여지도서』에 나오지 않는다는 점을 중시하여 이 당시 후망(척후)이 존재하지 않은 것이 역사적 실제일 가능성을 높다고 보는 것이다. 즉 어느 시기에 후망(척후)이 폐지되었지만 조선이 망할 때까지 여러 책자에 거의 그대로 수록되었다고 보는 것이다. 이러한 추정은 『신증동국여지승람』의 편찬부터 『연려실기술』·『만기요람』 편찬까지라는 긴 세월의 시간적 전개와 역사의 변화 속에서도 척후의 위치가 변화하지 않았고, 척후의 숫자에 증감이 없으며, 강릉, 삼척, 평해 지역 외에 다른 지역에 척후가 새롭게 출현하지도 않는다는 점에서 뒷받침된다.[1]

다음은, 『여지도서』에 후망(척후)이 나오지 않으므로 실제 폐지되었지만, 『연려실기술』(초고: 1776년, 영조 52년)과 『만기요람』(1808년)의 척후를 신뢰하여 다시 조선후기·말기에 설치되어 운영되었을 가능성도 있다.

마지막으로, 『여지도서』에서 후망(척후) 기사가 없는 이유가 척후(후망)가 존재하지만 수록을 안하였다고 본다면, 이들 후망이 단속적으로나마 조선시대 전 기간 동안 운영될 가능성도 배제할 수 없다.

아울러 『신증동국여지승람』을 비롯한 여러 지리지에는 나오지 않지만, 허목이 편찬한 『척주지』에 갑자기 등장하는 '해정후망(海汀候望)'은 그 실체를 어떻게 이해하고 해석해야 하는가 하는 문제도 있다, 이들 문제들에 대해서도 관련 사료와 자료를 분석하여 그 실체와 위치 및 입지를 찾아보겠다.

---

1 홍영호, 「조선시대 평해·울진 지역의 후망(候望) 고찰」, 『울진, 수토와 월성포진성 연구』, 경인문화사, 2023, 252쪽.

〈표 1〉『신증동국여지승람』의 봉수·척후와 조선후기 주요 지리지의 척후

지역	『신증동국여지승람』 (1530)		『여지도서』 (1757~1765)	『연려실기술』 별집17권 邊圉典故 鎭·堡 (18세기 말)	『만기요람』 (19C초)	『대동지지』 (1860년대)
	[봉수]	[산천] (척후)				
고성	포구산봉수					
	영진산봉수					
	구장천봉수					
간성	수산봉수					
	정양산봉수					
	죽도봉수					
양양	덕산봉수					
	수산봉수					
	초진산봉수					
	양야산봉수					
강릉	주문산봉수	연곡포 오진 주문진		연곡포 오진 주문진		연곡포 오진 주문진
	사화산봉수					
	소동산봉수					
	해령산봉수					
	오근산봉수					
	어달산봉수					
삼척	가곡산봉수	장오리포			장오리포	장오리포
	임원산봉수					
	초곡산봉수					
	양야산봉수					
	광진산봉수					
울진	전반인산봉수	없음				
	죽진산봉수					
	죽변곶봉수					
	항출도산봉수					

지역	『신증동국여지승람』(1530)		『여지도서』(1757~1765)	『연려실기술』 별집17권 邊圉典故 鎭·堡 (18세기 말)	『만기요람』(19C초)	『대동지지』(1860년대)
	[봉수]	[산천](척후)				
평해	후리산봉수 표산봉수 사동산봉수	구며포 정명포 후리포		구며포 정명포 후리포	구며포 정명포 후리포	구진포 정명포 후리포

위의 〈표 1〉을 통해 알 수 있는 점은 우선, 봉수의 위치와 척후(후망)의 위치는 상관 관계가 그다지 보이지 않는다는 것이다. 척후(후망)의 명칭과 장소가 봉수와 일치하는 것이 강릉의 주문진(산), 평해의 후리포(산) 등 극소수이기 때문이다.

또한 위의 〈표 1〉에 보이는 것처럼 『신증동국여지승람』에서 척후가 나온 지역은 『여지도서』에서는 보이지 않지만, 이후 『연려실기술』과 『만기요람』 등에서도 계속 동일하게 나오고 있음을 알 수 있다. 그러므로 이 척후(후망)가 조선후기·말기에 다시 운영되었는지, 아니면 단순히 『여지도서』에서 후망(척후)을 수록하지 않았을 뿐 지속적으로 운영되었는지 확인할 필요가 있으며, 그 운영 배경도 역사적 상황에 맞게 해석할 필요가 있다.

이를 위하여 강원도 동해안에 척후가 있다고 언급된 강릉, 삼척, 평해 지역을 대상으로 조선후기의 주요 지리지와 읍지류에 보이는 후망(척후) 자료를 제시하면 다음 〈표 2〉와 같다.

〈표 2〉 조선후기 주요 지리지의 강릉·삼척·평해 지역 후망(척후)

구분	강릉	삼척	평해
『동국여지지』 柳馨遠 (생몰:1622~1673)	[山川] 連谷浦, 梧津 注文津, 已上三浦舊有斥候	[山川] 藏吾里浦 … 皆東海泊船處 有斥候	[山川] 仇彌浦, 正明浦, 厚里浦, 已上三浦 斥候

구분	강릉	삼척	평해
『여지도서』 (1757~1765)	척후(후망) 없음	척후(후망) 없음	척후(후망) 없음
『만기요람』 군정 4/海防, 강원도 (18C말~19C초)	척후(후망) 없음	[東海] 藏吾里浦, 東海船泊處 有斥堠	[東海] 越浦, 仇珍浦, 正明浦, 厚里浦, 右三浦仇有斥堠
『관동지』 (1829~1831)	[鎭堡] 連谷鎭, 梧耳津, 注文津, 以上三津浦有斥候今廢	[鎭堡] 三陟浦鎭 ·	[鎭堡] 越松浦有萬戶 ·
『대동지지』 (1862~1866) (김정호)	[鎭堡][防守] … 連谷浦, 注文津, 梧津, 右三處斥候	[鎭堡][防守] 藏吾里浦,… 舊有斥候	[鎭堡][防守] 仇珍浦, 正明浦, 厚里浦, 右三浦俱有斥候
『관동읍지』 (1871)	[鎭堡] 連谷鎭, 梧耳津, 注文津	허목의 『척주지』 煙臺五 …. 海汀候望 ….	[鎭堡] 항목 없음
『여도비지』 김정호·최성환 (생몰:1813~1891)	[古戍] … 連谷浦, 梧津, 注文津 右古斥候處	[古戍] … 藏吾里浦 (… 舊有斥候 …)	[古戍] 仇珍浦, 正明浦, 厚里浦 右, 古有斥候
『여재촬요』 (1893) 오횡묵 (생몰:1834~1906)	·	[山川] 藏吾里浦(… 東海泊船處 有斥候)	[山川] 正明浦, 厚里浦(… 有斥候) * 필자: 구진포 없음

위의 〈표 2〉의 양상을 두 가지 관점에서 생각해 볼 수 있다. 우선, '有, 舊, 古' 등의 표기를 신뢰하여 이 표현이 역사적 변화가 반영되었다는 관점이다. 즉 편찬 당시에 척후(후망)가 실제 존재하거나(有), 현재 폐기되었거나 없다는 의미(舊, 古)로 사용된 것으로 보는 것이다. 또 다른 관점은 '有, 舊, 古' 등에 의미를 두지 않고 편찬자가 옛 자료를 그대로 전재하면서 혼란스럽게 나타났다고 보는 것이다. 이러한 관점들을 염두에 두고 각 지역을 검토해 보겠다.

강릉의 척후(후망)는 『동국여지지』에 이미 '舊'로 표기되어 있어 척후 3곳(연곡포, 오이진, 주문진) 모두 폐기된 것 같고, 그 폐기 시기는 더 앞선 시기일 가능성이 높다. 다만 『대동지지』에만 "右三浦俱有斥候"라고 되어 있지만 그 전후의 모든 지리지와 읍지에서는 '今廢', '古' 등이 표기되어 있어 사실상 지속적으로 폐기된 상태로 파악된다.

삼척의 척후는 장오리포가 단속적으로 운영되었을 가능성이 있다. 지리지의 내용을 그대로 받아들여 『동국여지지』 편찬 시기부터 『만기요람』 편찬 시기까지는 운영되었으나, 이후 폐기(『대동지지』·『여도비지』 시기)되었다가 오횡묵의 『여재촬요』 편찬 시기인 19세기 말에 다시 운영되었을 가능성이 있다. 특히 장오리포는 1693년(숙종 19) 안용복의 일본 渡海 사건 이전에 간행된 『동국여지지』와 이후에 간행된 『만기요람』에 모두 '有斥候'로 나오는데, 『만기요람』을 정부에서 편찬한 것을 중시하면 신뢰할 만하다. 여기에 장오리포가 울릉도 수토와 관련된 기사가 있으므로 조선후기·말기에 실제 장오리포가 후망처(척후처)로 운영되었다고 볼 수 있다.

평해의 척후는 『동국여지지』를 편찬한 시기에는 " … 已上三浦斥候"로 되어 있어 三浦(구미포, 정명포, 후리포)가 모두 운영되었을 가능성이 있고, 이후에도 三浦가 상당 기간 운영되었을 것으로 추정된다. 이 점은 『만기요람』과 『대동지지』에서도 '舊, 古, 今廢'라고 언급되어 있지 않고 '有, 俱有'라는 표기가 있어 알 수 있다. 그러다가 『여도비지』 편찬 시기에는 " … 古有斥候"로 기록되어 있어 三浦가 폐기되었던 것으로 보인다. 그러나 그 직후인 『여재촬요』 편찬 시기에는 구진포 척후는 폐기되었지만 정명포와 후리포 척후는 운영되었을 가능성이 있다. 더구나 구진포만 폐기되고, 정명포와 후리포는 그대로 운영된 것으로 기술된 변화는 이 기사가 실제의 역사성을 반영할 가능성이 높다고 생각된다.

2. 『척주지』(허목)의 삼척 해정후망

『여지도서』를 간행한 시기보다 약 100여 년이나 앞서 허목(許穆, 1595~1682)이 삼척부사로 있을 때 편찬한 『척주지』(1662)에는 봉수 즉 연대(煙臺)와 함께 '해정후망(海汀候望)' 다섯 곳이 있다고 기록되어 있어 흥미롭다.[2] 또한 19세기 중반에 허목의 『척주지』를 증보하여 김종언이 편찬한 『척주지』에도 거의 흡사한 내용이 기록되어 있어 주목된다.[3] 이를 정리하면 다음 〈표 3〉과 같다.

〈표 3〉 허목의 『척주지』의 연대와 해정후망 및 김종언의 『척주지』의 연대와 해정후망과 봉수

<table>
<tr><td rowspan="2">『척주지』 上
(허목)</td><td>[煙臺五] 一介谷(沃原西南八里) 二臨院(龍化東二十五里) 三草谷(龍化北五里) 四陽野(交柯東三里) 五廣津(府東北六里)</td></tr>
<tr><td>[海汀候望五] 一介谷(府南一百五里) 二宮村(府南四十里) 三馬頭(府南二十里) 四窟岩(府北十五里) 五龍場(府北二十五里) 自平海至襄陽無島嶼府境置海岸候望</td></tr>
<tr><td rowspan="2">『척주지』 上
(김종언)
1848년 이후</td><td>[煙臺五] 一介谷(沃原西南八里) 二臨院(龍化東二十五里) 三草谷(龍化北五里) 四陽野(交柯東三里) 五廣津(府東北六里)</td></tr>
<tr><td>[海汀候望五] 一介谷(府南一百五里) 二宮村(府南四十里) 三德山(一云馬頭, 府南二十里) 四屈岩(府北十五里) 五冷泉(府北二十五里) 自平海至襄陽無島嶼府境置海岸候望</td></tr>
<tr><td>『척주지』 下
(김종언)</td><td>[烽燧] 可谷山烽燧(府南一百六里南應蔚恒尙道山北應臨院山) 臨院山(府南八十里北應草谷山南應柯谷山耳) 草谷山(府南五十四里 北應陽野山南應臨院山) 陽野山(府南二十五里北應廣津山南應草谷山) 廣津山(府東三里北應江陵羽溪山南應陽野山) 天啓丙寅皆廢</td></tr>
</table>

이 삼척의 해정후망 5곳은 이후의 기록인 『여지도서』, 『관동지』, 『대동지지』 등에서 보이지 않는다. 다만 『관동읍지』(1871)와 심의승이 편찬한 『삼척군지』(1916)에는 허목의 『척주지』의 내용과 한자어도 동일하게 나오므로 허목의 『척주지』를 그대로 옮겨 적었을 가능성부터 생각해 볼 수 있다.

그런데 허목의 『척주지』에 수록된 삼척지역의 연대(煙臺), 즉 봉수 5곳은 조선전기에 편찬된 『세종실록』 「지리지」와 『신증동국여지승람』부터 이미 등

2 허목(許穆, 1595~1682), 『陟州誌』, 煙臺 및 海汀候望條.

3 김종언(金宗彦, 1818~1888), 『陟州誌』(上).

장한 봉수와 사실상 동일하다.[4]

- 봉수(烽燧): 可谷山, 臨院山, 草谷山, 陽野山, 廣津山.(『세종실록지리지』, 『신증동국여지승람』)
- 연대(煙臺): 介谷, 臨院, 草谷, 陽野, 廣津.(허목의 『척주지』, 김종언의 『척주지』)

즉 『척주지』(허목, 김종언)의 '개곡'(연대)이 『세종실록』「지리지」와 『신증동국여지승람』에는 '가곡산'(봉수)로 나오는 차이가 있지만 '개곡'과 '가곡산'은 동일한 지명으로 판단할 수 있다. 그 이유는 다른 네 곳의 연대와 봉수의 명칭이 일치하기 때문이다. 그러므로 삼척지역의 연대와 봉수는 동일하다는 것을 알 수 있다.

한편 허목의 『척주지』에 '연대(봉수)'와 '(해정)후망'이 모두 보이므로 둘의 관계를 검토할 필요가 있다. 더구나 허목의 『척주지』에는 연대(봉수) 중에 '개곡'이 나오는데, 해정후망 중에도 '개곡'이 나오므로 서로 동일한 명칭임을 알 수 있다. 그러므로 우선 생각해 볼 수 있는 것이 『세종실록』「지리지」와 『신증동국여지승람』에 수록된 가곡산(봉수)가 『척주지』(허목)의 개곡(산)과 동일하다면, 바닷가의 연변봉수가 폐기된 후 바다와 교통로에 대한 후망(척후)을 위하여 기존의 봉수지를 후망처(척후처)로 운영하였을 가능성이다. 즉 삼척지역의 후망이 '해정후망(海汀候望)'이라는 명칭처럼 바닷가에

4 『세종실록지리지』(1454), 153권 강원도 삼척도호부, 烽火伍處, 可谷山(在府南 南准蔚珍亘出道山 北准臨院山), 臨院山(北准草谷山), 草谷山(北准陽也山), 陽也山(北准廣津山), 廣津山 (北准江陵府內羽溪縣於乙達山).
『신증동국여지승람』(1530) 제44권, 三陟都護府, 烽燧, 可谷山烽燧(在府南一百六里 南應蔚珍恒出道山 北應臨院山), 臨院山烽燧(在府南八十里 北應草谷山 南應可谷山), 草谷山烽燧(在府南伍十四里 北應陽野山 南應臨院山), 陽野山烽燧(北應廣津山 南應草谷山), 廣津山烽燧(北應江陵羽溪縣於達山 南應陽野山).

서 망을 보는 곳이므로 바닷가의 곶(산)이나 바닷가의 산에 입지할 것으로 판단되는데, 강원도 영동지방의 연변봉수도 그 목적과 기능을 위하여 바닷가의 곶(산)이나 바닷가의 산에 입지하기 때문에 그 가능성이 있는 것이다. 아니면 봉수와 후망이 동시기에 공존하면서 일부 겹치는 곳(두 기능을 겸하거나, 부근의 장소에 입지하거나 등)이 있었을 가능성도 고려해 볼 수 있겠다.

이 문제를 해결하기 위하여 강원도 동해안의 연변봉수가 폐지된 시기를 파악해 보고자 한다. 물론 국가적인 차원에서 전국의 봉수 제도를 공식적으로 폐지했던 시기는 1894년 갑오개혁이다.[5]

동해안의 연변봉수가 폐기되는 시기는 『여지도서』에 수록된 관련 기사가 도움이 되는데, 이를 정리하면 다음과 같다.[6]

· 『輿地圖書』 江陵鎭管所屬襄陽府, 烽燧
  - 水山烽燧, 德山烽燧, 草津山烽燧, 陽野山烽燧, 以上烽燧皆新羅時所設今廢.
· 『輿地圖書』 江陵鎭管所屬平海郡, 烽燧, 古有而今廢.
· 『輿地圖書』 江陵鎭管所屬蔚珍縣, 烽燧, 내용 없음.
· 『輿地圖書』 江陵鎭管所屬三陟府, 烽燧
  - 可谷山烽燧, …, 臨院山烽燧, …, 草谷山烽燧, …, 陽野山烽燧, …, 廣津山烽燧, …, 並今廢
· 『輿地圖書』 江陵鎭管所屬高城郡, 烽燧, 내용 없음.
· 『輿地圖書』 鎭管江陵府, 烽燧,
  - 注文山, 沙火山, 所同山, 海靈山, 吳斤山, 於達山, 今廢 有遺址.

5 『高宗大皇帝實錄』 卷32, 32년 5월 9일, "命各處烽臺 烽燧軍 廢址 軍部奏請也".
6 『輿地圖書』(1757~1765), 江原道.

앞의 『여지도서』의 기록 내용은 봉수가 지금 폐지된 상태라는 것을 말해 줄 뿐, 봉수의 정확한 폐지 시기는 알려주지 않는다.

『여지도서』보다 늦게 편찬된 『관동지』에서도 봉수가 모두 폐지되었거나, 봉수 항목이 없어 강원도 동해안의 연변봉수가 사실상 폐지되었음을 알 수 있는데, 『관동지』의 일부 지역에서 봉수의 정확한 폐지 시기와 관련한 중요한 기사가 다음과 같이 보인다.[7]

· 『關東誌』 高城, [烽燧], 烽燧鎭古有之而壬辰亂後革罷云.

· 『關東誌』 襄陽, [烽燧], 水山烽燧, 德山烽燧, 草津山烽燧, 陽野山烽燧, 以上烽燧皆新羅所設今廢.[8]

· 『關東誌』 杆城, [烽燧], 三處, 初屬襄陽大浦堡 癸亥反正後廟議以關東絶倭警畢大浦堡 所屬烽燧戍卒皆罷.[9]). 一竹島烽燧, 一正陽山烽燧, 一戍山烽燧.

위의 기사 중 『관동지』의 간성 봉수조에는 계해반정, 즉 인조반정(1623) 이후 강원도 동해안의 연변봉수가 폐지되었다고 나와서 주목된다. 그 내용이 동해안의 연변봉수 폐지 시기의 상한을 알려주기 때문이다.

강원도 동해안의 연변봉수의 더 구체적인 폐지 시기는 김구혁이 편찬한 『척주선생안』과 김종언이 편찬한 『척주지』, 심의승이 편찬한 『삼척군지』에서 찾을 수 있다.[10]

---

7 『關東誌』(1829~1831).

8 『峴山誌』 烽燧조에서도 유사하게 나온다("… 沿海諸邑皆有烽臺 鷄林古都之事 今皆廢之.")

9 간성의 읍지 『水城誌』(택당 이식 편찬)에서는 罷가 아니라 破로 나온다. 또한 양양 大浦堡의 戍卒도 없앴으므로 이때 양양 大浦營도 철폐된 것으로 보인다.

10 삼척 지역의 봉수와 그 폐지 시기에 대해서는 김도현, 「三陟지역의 烽燧 연구」, 『博物館誌』 11, 강원대학교 박물관, 2005, 29~93쪽 참조.

· 『陟州先生案』, 府使 柳時會(1625~1629): … 丙寅年(1626: 인조 4) 남한산성을 쌓고, 영동지방의 烽臺를 폐지하였으며 ….[11]

· 『陟州誌』(김종언) 烽燧, … 天啓 丙寅年(1626)에 모두 폐지하였다.[12]

· 『三陟郡誌』(심의승), 柳時會(1625~1629): 봉화를 폐지함(비고란).[13]

위의 기록들은 앞에서 살펴본 여러 지리지의 봉수조 내용과 비교해 보거나, 『관동지』의 간성 봉수조에 실린 인조반정 이후에 관동지방의 봉수를 폐했다는 기록으로 볼 때 매우 신뢰가 된다. 따라서 강원도 영동지방의 연변봉수는 위의 기록들로 보아 천계(天啓) 병인년(丙寅年) 즉, 1626년에 공식적으로 폐지된 것으로 볼 수 있다.

이를 신뢰하면 허목은 『척주지』 편찬 시기인 1662년보다 이미 앞서 1626년에 폐지된 삼척의 옛 연대(봉수)를 『척주지』에 기록한 것으로 볼 수 있다. 그러므로 『척주지』의 '해정후망(海汀候望)'도 연대(煙臺)와 마찬가지로 이전의 기록을 그대로 옮겼을 가능성부터 고려해야 한다.

그렇다면 허목의 『척주지』에 갑자기 등장하는 '해정후망(海汀候望)'은 그 실체가 궁금하다. 이와 관련하여 허목이 삼척부사로 와서 『척주지』를 편찬할 당시인 1662년(현종 3년) 무렵에 강원도 동해안의 국방체제가 변화되었을 가능성을 먼저 생각해 볼 수 있겠다. 이 때 가장 먼저 고려할 수 있는 것이 삼척영장(三陟營將)의 설치와 임명이다. 그런데 삼척영장은 1672년(현종 13)에 설치하므로 허목의 『척주지』 편찬 시기보다 10년이 더 늦다. 그러

---

11 『陟州先生案』(김구혁, 생몰: 1798~1859, 배재홍 역, 2003, 삼척시립박물관), 府使 柳時會(재임기간: 1625~1629), "… 丙寅築南漢山城嶺東廢烽臺 …."

12 김종언, 『陟州誌』下, 烽燧條, "可谷山烽燧(府南一百六里南應蔚恒尙道山北應臨院山), … 중략 … 廣津山(府東三里北應江陵羽溪山南應陽野山) 天啓丙寅皆廢."

13 沈宜昇, 『三陟郡誌』, 1916, 三陟郡 先生案. "柳時會(1625~1629): 廢烽火(비고란)."

므로 허목의 『척주지』에 보이는 '해정후망'은 삼척포첨절제사진(三陟浦僉節制使鎭, 종3품)이 영장제(營將制)가 확대 실시되면서 삼척영장(정3품)[14]으로 격상되면서 해안 방위 체제를 정비한 결과로 설치하였다고 볼 수 없다.

그리고 임진왜란, 정묘·병자호란을 겪으면서 강원도 동해안의 연변봉수가 폐지되고, 이를 대신하여 삼척지역에 척후를 위한 해정후망이 설치되었을 가능성도 검토해 볼 수 있다.[15] 대개의 수군영진(水軍營鎭)은 자체적으로 운영하는 권설봉수(權設烽燧)[16]로 '요망(瞭望), 망대(望臺)'를 설치할 수 있는 점을 참고할 수 있기 때문이다. 그러나 현재 삼척지역의 영진(營鎭)에서 이를 운영하였는지 파악할 수 있는 자료는 찾기 어렵다.

---

14 삼척영장은 육군군사지휘관으로 평상시에는 영동지방 9개 읍 육군의 훈련과 점검을 담당하였고, 유사시에는 군병을 지휘하여 외적을 격퇴하는 임무를 수행하도록 하였다. 아울러 삼척영장은 1673년 討捕使를 겸임하여 도적의 체포 등 치안유지를 담당하였고, 수군첨절제사도 겸임하여 울릉도 搜討 등 바다 방어의 임무도 수행하였다(서태원, 「조선후기 三陟營將 연구」, 『이사부와 동해』 13, 한국이사부학회, 2017, 73쪽).

15 남해안 지역의 瞭望 유적들이 임진왜란 이전 또는 이후, 혹은 임진왜란 중에 군사적으로 중요한 邑營鎭에 설치되어 자체적으로 운용되었던 척후(후망) 시설이라는 견해가 있다(김주홍, 「朝鮮時代 瞭望遺蹟의 始論的 硏究 -麗水 華井面 島嶼地域을 中心으로-」, 『白山學報』 108, 백산학회, 2017, 91~120쪽). 한편 瞭望과 候望이 19세기 초엽부터 빈번하게 출몰하는 제국주의 세력의 이양선 출현에 대처하는 수단으로 보는 견해도 있다(박영익·신경직, 「안흥진 설진과 안면도 봉수로의 변천」, 『해양문화재』 16, 국립해양문화재연구소, 2022, 371~410쪽).

16 권설봉수(權設烽燧)는 조선 후기 군사적으로 중요하였던 營·鎭·堡 등에서 자체적으로 設烽하여 本邑·本營·本鎭으로만 연락하도록 운용되었던 봉수를 지칭한다(『大東地志』 卷4, 京畿道20邑 烽燧). 권설봉수의 기본 개념에 대해 차용걸은 "間烽이라는 이름은 直烽의 전 노선에 이어지는 사이사이로 이어진 노선을 이름하기도 하며, 단지 本鎭·本邑·行營·水營의 지방적 警報에만 사용하는 것도 間烽이라 하였다. 이를 『大東地志』에서는 구분하여 權設이라 하였다. 따라서 권설봉수는 직봉과 연결되는 간봉과는 구분될 수 있다. 운영의 주체가 다르며, 京 혹은 都城烽燧라 할 수 있는 木覓山烽燧와의 연결을 목적으로 한 것이 아니었다. 또한 중앙 정부에서 마련한 봉수의 운영에 필요한 여러 조처와는 별도의 운영체계가 있었을 것이다"하여 이에 대한 개념을 최초로 정의한 바 있다(충북대학교 중원문화연구소, 『문경 탄항봉수 지표조사보고서』, 2002, 21~22쪽).

그런데 허목의 『척주지』 서(序)에서는 연대(봉수) 및 후망의 폐지와 관련될 만한 기사가 다음과 같이 실려 있어 주목이 된다.

> · … 삼척부의 옛 일로 말하면, 한 해의 유방졸(留防卒)이 5령(領)이었고 바닷가의 연대(煙臺)와 후망(候望)이 각각 다섯 곳이 있었다. 그러나 지금 유방(留防)을 폐지한 지 71년이나 되어 당시의 군졸·향리·사족은 모두 늙어 죽고 지금은 한 사람도 아는 자가 없는데 하물며 수 백년 이전의 일을 어찌 알겠는가?.[17]

위의 기사에 언급된 71년 전의 시점을 허목의 『척주지』 간행 시기인 1662년을 기준으로 설정하면 1592년 임진왜란 발발 시로 보여지는데, 실제 이 시기에 봉수제가 중도폐절(中途廢絶)과 근무태만(勤務怠慢) 등으로 그 기능을 거의 발휘하지 못하자 선조 말년 경부터 파발제(擺撥制)가 그 대안으로 등장하면서 봉수제 치폐에 대한 논란이 제기되었다.[18] 이러한 점에서 위의 기사 내용은 신뢰할 만하다. 즉 이 허목의 『척주지』 서(序)의 내용은 후망의 폐지 시기를 알려줄 뿐만 아니라, 해정후망 기사의 존재도 사실임을 시사한다. 다만 위의 기사 내용은 연대(봉수)와 후망의 폐지 시기를 시사할 뿐 설치 시기는 알려주지 않는다.

그렇다면 허목의 『척주지』에 보이는 '해정후망(海汀候望)'의 설치 시기는 언제일까? 이 문제는 시대가 많이 내려오지만 김종언이 편찬한 『척주지』

---

17 허목(許穆, 1595~1682), 『陟州誌』 序, "… 府中古事言之一歲留防卒伍領海上煙臺候望各伍所今罷留防七十一年當時軍吏士皆老死今無一人知者況數百年以上者哉 …"
조선시대 지방군은 서울에 올라가서 복무하는 번상군(番上軍), 다른 도에 가서 복무하는 부방군(赴防軍), 자기 도에 남아서 복무하는 유방군(留防軍) 등으로 구분할 수 있다.

18 『선조실록』 85권 선조 30년 2월 25일 병술조(1597); 『선조실록』 122권 선조 33년 2월 14일 무자조(1600).

에 수록된 연대와 해정후망 기사에서 다음과 같이 매우 흥미로운 문구가 주목된다.

· 신축(辛丑)년 삼척부사 김숭한이 성(城)의 군영(軍營)을 지었다. 처음으로 연대(煙臺)를 다섯 곳에 설치하였다. 첫 번째는 개곡(介谷) … 중략 … 해정후망(海汀候望)이 다섯 곳으로 첫 번째는 개곡(介谷) … 하략 ….[19]

이 기사의 신축(辛丑)년은 1481년이다. 이 기사의 '해정후망(海汀候望)'의 문구가 '연대(煙臺)' 문구와 연결되어 있다고 보면 신축년(1481년)에 '연대'와 함께 '해정후망'도 처음 설치된 것으로 볼 수도 있겠으나, 단정할 수 없다. 하지만 그 다음에 뒤를 이어 등장하는 기사의 내용들이 乙巳(1485), 丙吾(1486), 甲寅(1494), 弘治 乙卯(1495), 甲子(1504) 등 간지가 앞에 나온 것으로 보아 연대기 순으로 배열되었다고 본다면 해정후망이 1481년에 설치되었을 가능성도 충분히 있다.

이와 관련하여 세종 때 바닷가에 봉화와 구별되는 후망을 설치하였다는 다음 기사가 주목된다.

· 의정부에서 병조의 첩정에 의거하여 상신하기를, "경상도 영덕, 경주, 울산, 장기, 영일, 영해, 청하, 흥해 등 각 고을에서 바닷가에 사람을 보내어 방수(防戍)하여 밤낮으로 후망(候望)하고 이름을 수직군(水直軍)이라 하였는데, 이것이 본래 입법하지 않은 것이고, 또 다른 도(道)에 없는 것이며 또 세력이 심히 고단(孤單)하여 왜적에게 잡혀갈 우려가 있습니다. 지금 국가에서 널리 봉화[煙火]를 베풀

19 김종언(金宗彦, 1818~1888), 『陟州誌』(上), 本朝國忌條. "辛丑 府使 金崇漢作城軍營. 始置煙臺伍 一介谷 … 중략 … 海汀候望伍 一介谷 … 하략 …."

어 불우(不虞)의 변을 대비하옵는데, 윗항의 수직군은 폐단만 있고 이익은 없으니 혁파하여 다른 사역에 정하게 허락하소서."하니, 그대로 따랐다.[20]

이 기사에 의하면 당시 봉화와 구별되는 후망이 조선 초기에 분명히 존재하였음을 알 수 있고, 다른 도(道)에 없는 것으로 보아 경상도 동해안 지역에 처음 설치한 것으로 추정된다. 그리고 후망군(候望軍)은 수직군(水直軍)으로 불렀음을 알 수 있다. 이로 보아 『신증동국여지승람』에 나타나는 강원도 동해안의 척후(후망)가 실제 존재하였을 가능성이 매우 높다. 왜냐하면 세종 때의 이 기사보다 더 늦은 시기에 강원도에도 후망을 설치하였기 때문에 『신증동국여지승람』 산천 척후조에 각 지역별로 척후의 장소들이 수록된 것으로 볼 수 있기 때문이다.

이와 관련하여 강원도 동해안에서도 후망 관련 기사가 『중종실록』에서 다음과 같이 보인다.

· 강원도 관찰사 안윤손(安潤孫)이 치계하기를,

"왜선 3백여 척이 경상좌도에 와 정박하였습니다. 본도의 평해(平海) 등 고을이 저들 경계에 아주 가까운데 군사는 적고 성이 없어 방비가 허술하니, 허한 틈을 타서 소란을 일으킬 근심이 있습니다. 연해변 각 고을에 방호소를 설치하고, 하번(下番) 군사를, 영서(嶺西)는 3번으로 나누고 영동(嶺東)은 2번으로 나누어 비어(備御)를 실하게 하소서."하였다. 방어청에 내리니, 도체찰사(都體察使)가 회계(回啓)하기를,

20 『세종실록』 120권 세종 30년 4월 20일 을해조(1448), "議政府據兵曹呈申: "慶尙道盈德慶州蔚山長鬐迎日寧海淸河興海等各官於海邊 差人防戍 晝夜候望 號爲水直軍 此本不立法 又他道所無 且勢甚孤單 恐爲倭賊所虜 今國家廣設煙火 以備不虞 上項水直軍有弊無益 許令革罷 以定他役" 從之."

"강원도는 도서가 없고, 바다에는 파도가 심하여 배를 운행하기 어려우니, 쉽게 소란을 일으킬 지역이 아닙니다. 하번 군사를 징집하는 문제는, 각자가 양식을 준비하여 오랫동안 분방(分防)하게 하면 먼저 곤폐(困弊)해 질 것이니, 별방호처(別防護處)에 따로 수군(戍軍)을 둘 것이 아닙니다. 청컨대 날마다 후망(堠望)을 부지런히 하게 하고, 하번 군사는 장비를 정돈하며 집에서 휴양하다가 기미가 있으면 징발하여 적을 맞게 하소서." 하니 그대로 따랐다.[21]

위의 『중종실록』 기사는 강원도 동해안의 경우 별도의 방호처에 수군(戍軍)을 배치하기 보다는 후망을 두고 하번군사(下番軍士)들이 장비를 정돈하며 집에서 있다가 기미가 있으면 징발하여 적에 맞서게 해달라는 건의를 왕이 받아들였다는 것이다. 이로 보아 강원도 동해안에도 후망(처)가 있었을 가능성이 충분하며, 그 결과가 『신증동국여지승람』 척후조에 수록된 것으로 보인다. 이 문제는 앞으로 관련 자료를 더 찾아 검토가 이루어져야 할 것이다.

이로 보아 삼척지역의 '해정후망'이 언제 운영되었는지 그 정확한 시기를 알 수 없지만, 그 존재는 확실하다고 판단된다. 이것은 『세종실록』과 『중종실록』에서 봉수와 구별되는 후망이 존재하고, 허목의 『척주지』 서문에 연대와 해망후정의 폐지 시기가 기록되어 있으며, 김종언의 『척주지』에는 해정후망이 1481년에 설치되었을 가능성을 통해 뒷받침된다. 그리고 허목의 『척주지』에 언급된 바와 같이 임진왜란 발발 시기인 1592년을 전후로 한 시기에 폐기되었을 가능성이 있다.

21 『중종실록』 11권 중종 5년 7월 14일 무진조(1510), "江原道觀察使安潤孫馳啓曰, " … 請令日勤候望 下番軍士 則整備軍裝 在家休養 有如聲息 卽徵發禦敵" 從之".

3. 『각사등록』의 삼척 후망

조선왕조실록에는 울산 염포후망군관(鹽浦候望軍官)처럼 선조 때에 후망 군관이 보이기도 하지만,[22] 정부의 관청 보고문서인 『각사등록(各司謄錄)』에도 조선말기인 19세기 중반 이후에 강원도 동해안 지역의 후망 관련 기사가 많이 찾아진다. 그중에서도 후망의 지역 책임자가 등장하는 기사들이 있는데 소개하면 다음과 같다.

· 지난달 11일, 이양선(異樣船) 한 척(隻)이 표류하여 본현(本縣) 임곡진(林谷津)에 도착하였는데, 배들이 파손되어 있었습니다. 이에 본국(本國, 필자: 우리)의 배들로 옮겨 실었고. 장차 그 사정[問情]을 물어보려고 하였다. 21일 비바람이 크게 일고, 파도가 갑자기 세졌는데, 그들을 실었던 배 한 척(隻)과 수직선(守直船) 한 척(隻)이 닻줄이 끊어져서 표류하여 그 향방을 알 수 없었습니다.

본군의 경계 내 바다에서는 요망(瞭望)하기를 단단히 주의를 주었고, 지체없이 이어서 삼척에 공문을 보냈으며, 삼척영장(三陟營將) 안의석(安義錫)이 공문으로 보고[첩정(牒呈)]가 들어왔는데,

이번 달 초5일 술시(戌時), 본 (삼척)부 원덕면 <u>초곡포후망감관(草谷浦候望監官)</u> 김흥주(金興周)가 보고한 서류[수본(手本)]에 의하면

당일(當日) 진시(辰時), 이양인(異樣人) 3명을 파악하였는데, 해변으로부터 본포(本浦)의 백성[民] 김성원(金成元)의 집으로 와서, 동임(洞任)과 두민(頭民)이 함께 가서 보니, 즉 3인의 상하의복이 다 젖은 상태였고 그 장소에서 다시 심문을 하였는데, 해변에는 단지 작은 배 한 척이 있었고 부서진 상태이며, 배안에는 여러가지 물건(物件)들이 있었으며 모래 해안에도 산재해 있었습니다. 그것들도

---

22 『선조실록』 88권, 선조 30년(1597) 5월 12일 임인 8번째 기사.

함께 빠짐없이 수습하여 김성원의 집에 맡겼습니다. … 하략 ….[23] (번역: 필자)

· 이번 달 11일 오시(吾時)에 보내온 영해부사(寧海府使) 정세창(鄭世昌)의 치보(馳報)에, 초5일 해시(亥時) 강원도 평해군에서 달려와 전한 통문에, 막 접수한 울진현에서 달려와 전한 통문에, 지난 달 27일 해시(亥時) 현(縣)의 죽변진후망감관(竹邊津候望監官) 남두칠(南斗七)의 보고 서류에, 깊은 밤에 후망막(候望幕) 아래의 모래 둔지(沙屯)에서 사람 소리가 있는데 희미하게 들려서 이 때문에 후망군(候望軍)을 크게 소리내어 불렀고 함께 사람들 소리나는 곳으로 가 보니, 곧 이양인(異洋人) 복장을 한 10여 명이 사람들이 오는 것을 보고 놀라 두려워하며 허둥지둥 물가[필자: 해변]로 도주하여 배에 올라 노를 저어 떠나갔습니다. 밤이 깊어 추적하고 탐색이 어려웠지만 해변가 모래 둔지(沙屯) 위에서 보니 모양이 이상한 작은 배[異樣小船] 한 척[일척(一隻)]이 버려져 있었습니다. … 하략 ….[24] (번역: 필자)

· 승정원에서 열어보십시오.
이번 달 12일 경상좌수사 유익대(柳翼大)가 만들어 보낸 보고 공문에,
영해부사(寧海府使) 이정필(李正弼)이 보낸 보고 공문에,
강원도 평해군수(平海郡守) 이봉구(李鳳九)가 급히 달려와 전하기를, 본군(本郡, 필자: 평해군) 구산진후망감관(邱山津候望監官)이 달려와 보고한 것에 의하면, 울릉도 수토선(搜討船) 4척(隻)이 4월 22일 사시(巳時)에 출발하여 섬을 돌았습니다. 월송만호의 배[騎船] 한 척이 24일 신시(申時)에 바람으로 표류하였고 밤이 지나고 본진(本鎭, 필자: 월송포진)으로 돌아왔는데, 그 밖의 나머지 3척(隻)

23 乙丑 報三陟漂民入送咨: 삼척에 온 표류민을 청에 보내면서 물은 보고: [출전: 『同文彙考』, 原編續, 漂民 7, 「報三陟漂民入送咨」, 同治 4년 10월 20일(1865년 10월 20일)].

24 『各司謄錄』 11, 慶尙左兵營啓錄 1(597d~598c), 경술 3월 15일(1850년 3월 15일).

그 향방을 알 수 없습니다. … 하략 ….[25] (번역: 필자)

위의 기사들에서는 삼척 초곡포후망감관(草谷浦候望監官), 울진 죽변진후망감관(竹邊津候望監官), 평해 구산진후망감관(邱山津候望監官)이라는 후망의 책임자가 등장하는데, 이로 보아 중앙정부가 지방관청이나 진영(鎭營)을 통해 후망을 관리하고 있음을 알 수 있다. 그리고 그들의 임무는 표류민이나 이양선(異樣船)을 찾아보는 임무 및 울릉도 수토선을 찾는 임무를 맡고 있음을 알려준다. 즉 죽변진후망감관 기사와 초곡포후망감관 기사는 바다에서 이양선을 후망하고 표류민을 찾는 내용이지만, 구산진후망감관 기사는 울릉도 수토와 연결되는 내용이다.

4. 『항길고택일기』의 삼척 후망

강릉김씨 감찰공파 운곡(雲谷) 김자현(金子鉉, 생몰: 1404~1501)은 1447년 문과에 급제하였고, 사헌부 감찰 등을 역임한 후 삼척지역(현재 동해시)에 입향하였다. 이후 그의 후손들이 이 지역에서 세거해 왔는데, 그 후손들 가운데 대(代)를 이어가며 쓴 『항길고택일기(恒吉古宅日記)』가 있다. 이 일기에는 관찬사료에서 찾을 수 없는 울릉도 수토와 관련한 기록들이 보이는데, 특히 후망과 관련하여 '후망수직군(候望守直軍)'이 다음과 같이 보인다.[26]

---

25 『各司謄錄』 17, 統制營啓錄 4(256c~256d), 同治 12년 5월 18일(1873년 5월 18일).

26 이 『항길고택일기』에 대해서는 이원택, 「항길고택문고의 울릉도 수토 관련 자료 소개」, 『울진, 수토와 월송포진성, 그리고 독도수호의 길』, 한국이사부학회, 2023, 55~89쪽 참조.

· 월송만호(越松萬戶)의 수토선(搜討船)이 돌아오는 것을 망보는 것[候望]을 수직(守直)하라고 본촌(本村) 6통(六統)에 문서를 보냈다.[27]

· 수토선이 돌아오는 것을 망보는 수직군(候望守直軍)으로 세 무리의 부대를 낮에 보냈다.[28]

위의 기사들은 울릉도에 수토를 가고 올 때 후망을 하였고, 그들을 후망 수직군으로 불렀음을 알려준다.

또한 『항길고택일기』에는 '조운선후망(漕運船候望)'이 다음과 같이 세 차례 기록되어 있다.[29]

· 1812년 2월: 조운선(漕運船)에 대한 후망(候望)은 이번달 초하루날부터 시작하였는데, 송정(松亭)·용장(龍場)·천곡(泉谷) 세 마을은 …(全★行人) 막사를 엮어 수직(守直)하고, 지흥동(池興洞)은 ○○하였다.[30]

· 1830년 정월 24일: 함경도(咸境道)에 지난해의 수재(水災)로 기근이 매우 심하여, 삼남(三南)의 조운곡(漕運穀) 1만6천석을 옮겨가는데, 각 포구에서. (2월) 후망수직(候望守直)을 하였다. 이곳 촌락의 수직(守直)은 여섯 패를 만들어 보냈다.[31]

· 1850년 4월: 후망패(候望牌)는 송정(松亭)이 14명이고, 용정(龍亭)은 4명, 지흥

27 "越松搜討候望守直 本村六統給書".(『항길고택일기』, 1829년, 순조 29년 4월 3일).

28 "搜討候望守直軍 三牌晝給".(『항길고택일기』, 1843년, 헌종 9년 4월 3일).

29 『항길고택일기』의 조운선후망 기사는 동북아역사재단의 이원택 선생님이 제공해 주셨다. 이 자리를 빌려 감사의 말씀을 올린다.

30 "漕運船候望, 自今月初一日爲始, 松亭·龍場·泉谷三村, 全○行人, 結幕守直, 池興洞○○".(『항길고택일기』, 1812년, 순조 17년 2월).

31 "咸境道, 以去年水災, 飢饉滋甚, 三南漕運穀一萬六千石運去, 各浦 (페이지를 넘겨 2월 일기에 기록됨)口候望守直. 此村守直, 以六牌作給."(『항길고택일기』, 1830년, 순조 30년 정월 24일 및 2월).

(智興)은 12명, 천곡(泉谷)은 12명이다.[32]

이 『항길고택일기』의 조운선 후망 기사는 조운선을 후망했다는 내용 외에도 후망에 관한 몇가지 중요한 사실을 시사하는데, 후망패를 여러 마을에 배당하였다는 점이다. 이로 보아 군대가 조운선 후망을 담당한 것으로 볼 수 없다. 즉 후망수직을 한 패들은 연호군(煙戶軍)[33]이나 마을 주민이며, 그들이 여러 패를 이루어 교대로 수직한 것으로 판단된다. 그리고 1850년 4월 기사를 보면 후망패가 송정 지역 14명, 용정 지역 4명, 지흥 지역 12명, 천곡 지역 12명이 징발되는 것으로 보아 '구산진, 죽변진, 초곡포후망감관'도 해당 지역(마을)의 후망패를 책임지는 주민으로 추정이 가능하다.

그리고 울릉도 수토는 2~3년을 기준으로 다양한 간격으로 이루어졌다.[34] 그렇다면 이들 후망처는 상시적인 군사 시설로 기능하지 않았을 것이므로 울릉도를 수토(搜討)할 때에는 삼척진이나 월송포진에서 파견된 분견대(分遣隊)가 후망의 역할을 담당하였거나, 연호군(煙戶軍) 또는 마을 주민들이 이 역할을 담당하였을 것으로 추정된다. 이들은 수토후망수직군(搜討候望守

32 "候望牌, 松亭十四員, 龍亭四員, 智興十二員, 泉谷十二員."(『항길고택일기』, 1850년, 철종 1년 4월). 이 1850년의 후망은 조운선 후망인지 다른 후망인지 나타나 있지 않으나, 홀수 연도가 아니라서 수토선 후망은 아닌 것 같다. 아마도 조운선 후망의 가능성이 크다고 하겠다(동북아역사재단의 이원택 선생님의 견해).

33 煙戶軍은 民戶에 배당된 民戶軍이며, 대개 조선시대에는 국가의 큰 공사를 위하여 한 세대에서 한 명의 남정(男丁)이 징발된다. 필요시 군사적인 조직으로도 징발되어 '軍' 자가 붙는 것이다. 고려시대의 一·二·三品軍과 비교된다. 그리고 어떤 업무를 위하여 조직된 무리(꾼)를 의미하여 '軍'으로 부른다고 볼 수 있는데, 예를 들어 가마꾼(轎軍), 땔감 벌목꾼(燒木軍), 뱃사공(船格軍, 沙格軍), 채삼군(採蔘軍) 등을 들 수 있다.

34 배재홍, 「조선후기 울릉도의 수토제 운용과 실상」, 『대구사학』 103, 대구사학회, 2011, 116~121쪽; 심현용, 「조선시대 울릉도 수토정책에 대한 고고학적 시·공간 검토」, 『영토해양연구』 6, 동북아역사재단, 2013, 178~185쪽.

直軍)으로 불리었고,[35] 후망감관(候望監官)이 그들을 관리하였을 것이다.

이상 살펴본 바를 정리하면, 삼척지역의 후망[척후]은 『신증동국여지승람』과 『척주지』(허목, 김종언)에서 찾을 수 있다. 이 가운데 『신증동국여지승람』에 나오는 척후는 조선후기·말기의 사료와 관련 자료에도 동일한 명칭으로 등장하는데, 다른 지역도 이와 동일한 양상을 보이므로 그 역사적 계승성을 확인할 수 있다. 하지만 조선후기의 대표적인 관찬지리지인 『여지도서』에는 후망[척후]이 존재하지 않는다는 점을 그대로 인정한다면, 조선후기·말기에 편찬되는 『연려실기술』과 『만기요람』 등과 같은 여러 책들에서 보이는 척후는 『신증동국여지승람』의 척후 기사를 전사(傳寫)하였을 것으로 이해할 수 있다. 그렇지만 일부 척후 장소는 단속적이나마 필요할 때에 운영된 것으로 판단된다. 이를 잘 보여주는 것이 『만기요람』의 척후 기사로, 이들 기사는 실제의 역사성을 반영할 가능성이 매우 높다. 이는 『만기요람』이 '관찬(官撰)'이라는 점에서도 뒷받침되며, 『각사등록』에 나온 삼척 초곡포후망감관, 평해 구산진후망감관, 울진 죽변진후망감관의 존재 등이 후망의 운영을 확인시켜 준다.

또한 삼척지역의 후망(해정후망)은 『세종실록』과 『중종실록』의 봉수와 구별되는 후망 기사 및 김종언의 『척주지』에 보이는 해정후망의 기사들로 보아 1481년(또는 그보다 앞선 시기)에 설치되었을 가능성이 있다. 그리고 삼척의 사례로 보아 조선시대의 동해안 연변봉수(沿邊烽燧)는 공식적으로는 1626년(天啓 丙寅年)에 폐지되었다고 볼 수 있지만, 실제로는 허목의 『척주지』 서문에 나오는 연대와 해망후정의 폐지 시기로 보아 1592년 임진왜란

35 『항길고택일기』(1829년, 순조 29년 4월 3일), "越松搜討候望守直 本村六統給書". 『항길고택일기』(1843년, 헌종 9년 4월 3일), "搜討候望守直軍 三牌書給". 이 『항길고택일기』에 대해서는 이원택, 「항길고택문고의 울릉도 수토 관련 자료 소개」, 『울진, 수토와 월송포진성 연구』, 경인문화사, 2023, 55~89쪽 참조.

발발을 계기로 연변봉수와 해정후망 모두 사실상 그 기능을 상실한 것으로 추정된다.

다만 『신증동국여지승람』에는 '장오리포(척후)'가 수록되었고, 『척주지』(허목, 김종언)에는 '해정후망' 5곳만 수록되었는데, 두 책의 편찬 시기가 매우 차이가 난다. 이 점에서 두 책에 나오는 후망(척후)들은 설치 및 운영 시기가 역사적 상황에 따라 달랐다고 생각된다. 왜 이러한 차이가 나타나는지에 대하여 구체적으로 분석하기에는 아직 사료 및 자료가 부족하므로 훗날의 과제로 미루겠다.

그렇다면 왜 이들 장소는 폐기되지 않고 단속적이나마 후망[척후]의 장소로 남아 있게 되었을까. 이에 대해서는 해상(海上)과 관련하여 필요할 때마다 후망(처)를 설치할 수도 있겠지만, 책자에 수록된 후망들은 장오리포처럼 울릉도 수토와 연결되거나, 표류민과 이양선을 찾기 위하여 설치·운영된 것으로 볼 수 있다. 즉 『각사등록』의 자료를 보면 조선후기·말기에 표류민이나 이양선 관측과도 연결되어 기존의 후망터가 다시 운영되거나, 상황에 따라 새로운 후망처가 설치된 것으로도 생각된다.

특히 〈표 2〉로 보건대, 적어도 삼척과 평해지역은 강원도 동해안의 다른 지역과 달리 조선후기·말기에 '후망'이 실제 운영되었을 가능성이 있음을 알 수 있는데,[36] 두 곳 모두 울릉도 수토의 역사전 전개와 관련된 출항지(出港地)이자 귀항지(歸港地)라는 공통점이 주목된다.

---

36 〈표 2〉에서 평해지역을 보면 이전 책자에는 구미포, 정명포, 후리포 3포가 기재되어 있으나, 가장 늦은 책자인 『여재촬요』에는 이와 달리 구진포는 보이지 않고, 정명포와 후리포만 보인다. 이러한 변화는 이 기사가 실제의 역사성을 반영할 가능성이 높다고 생각된다(홍영호, 「조선시대 평해·울진 지역의 후망(候望) 고찰」, 『울진, 수토와 월성 포진성 연구』, 경인문화사, 2023, 255쪽).

Ⅲ. 삼척지역의 후망처 고찰

삼척지역의 후망(처)은 우선 조선전기에 간행된 『신증동국여지승람』에 보이는 '장오리포'를 들 수 있다. 이후 조선후기에 간행된 허목의 『척주지』와 김종언의 『척주지』에 나오는 '해정후망'(5곳)이 있다. 여기에 조선후기·말기의 공문 보고 자료인 『각사등록』에 보이는 초곡포후망감관이 책임지고 관리하는 초곡포후망도 있다. 이들 후망의 위치는 기본적으로 '장오리포', '해정후망'과 '초곡포'라는 명칭에서 바다를 후망하기 위하여 바닷가에 입지할 것으로 판단된다. 이렇게 보면 조선시대 동해안의 '연변봉수'와 '(해정)후망'의 기능이 매우 유사하므로 그 위치와 입지를 구분해야 한다.

이미 앞에서 〈표 1〉을 통해 봉수의 위치와 척후(후망)의 위치는 상관 관계가 그다지 보이지 않는다고 언급한 바 있다. 그 이유는 척후(후망)의 명칭과 장소가 봉수와 일치하는 것이 강릉의 주문진(산), 평해의 후리포(산) 등 극소수이기 때문이다.

그렇지만 삼척지역의 후망처를 찾기 위하여 『척주지』(허목, 김종언)에 나오는 '연대(필자: 봉수)'와 '해정후망'을 『신증동국여지승람』에 나오는 '봉수'의 위치 및 입지와 비교하고 분석해 보겠다〈표 4〉.

아울러 후망감관들이 통제한 지역도 『신증동국여지승람』의 봉수조에 보이는 지역별 봉수의 명칭과 비교하면 삼척 초곡포후망은 초곡산봉수, 울진 죽변진후망은 죽변곶봉수와 연결될 가능성이 있고, 평해 구산진후망은 직접적으로 대응할 만한 평해의 봉수가 없지만 척후조의 구며포(구미포)후망과 연결될 가능성이 있다. 이들 가운데 삼척지역의 초곡포후망이 초곡산봉수지인지 그 위치와 입지도 검토해 보겠다.

〈표 4〉 허목의 『척주지』와 김종언의 『척주지』의 연대와 해정후망과 봉수의 위치 비교

	『척주지』(허목)	『척주지』(김종언)	현재 위치	비고[봉수] 『신증동국여지승람』
煙臺	介谷	介谷	가곡산 봉수 일대 추정	가곡산봉수
	臨院	臨院	임원산 봉수 일대 추정	임원산봉수
	草谷	草谷	초곡산 봉수 일대 추정	초곡산봉수
	陽野	陽野	양야산 봉수 일대 추정	양야산봉수
	廣津	廣津	광진산 봉수 일대 추정	광진산봉수
海汀候望	介谷	介谷	원덕 호산 해명산(해망산) * 필자 조사 결과 반영	가곡산 봉수와 위치가 다름
	宮村	宮村	근덕 초곡항 북쪽 망재봉(산) * 필자 조사 결과 반영	초곡산 봉수와 위치가 다름
	馬頭	德山 (一云馬頭)	근덕 덕산진 하구[37], 덕봉산 * 필자 조사 결과 반영	양야샨 봉수와 위치가 다름
	窟岩	屈岩	추암 북쪽 맞은편 일대의 산 또는 구호동 바닷가 산 * 필자 조사 결과 반영	삼척 지역 5개 봉수에 포함되지 않음
	龍場	冷泉	용장은 동해시 용정, 냉천은 동해시 한섬 일대 추정 * 필자 조사 결과 반영	삼척 지역 5개 봉수에 포함되지 않음

위의 〈표 4〉에 나오는 '해정후망'은 '개곡'처럼 봉수[연대]와 동일한 명칭이 있으나, 나머지 4곳은 봉수[연대]의 명칭에서 차이가 있으므로 그 위치와 입지가 동일하다고 보기 어렵다. 그러므로 위의 〈표 4〉에 보이는 해정후망 5곳에 대한 그 위치와 입지를 조사하여 추적해 보겠다. 그리고 『각사등록』에 보이는 '초곡포후망감관' 기사의 초곡포후망은 궁촌후망에서 함께 서술하고자 하며, 『신증동국여지승람』의 척후조에 나오는 '장오리포'는 별도로 서술하겠다.

37 허목, 『척주지』, 德蕃 上, "앞에는 수양산(首陽山)과 덕산(德山)이 있다. 덕산 바닷가의 작은 섬들에는 모두 전죽(箭竹)이 생산된다. 덕산은 옛날의 회선대(會仙臺)인데 날이 가물면 여기서 기우제를 지낸다.", "양야산(陽野山)은 덕산 남쪽에 있다. 그 바닷가 항구 이름도 덕산이라 하는데, ⋯."

1. 개곡후망(介谷候望)

허목의 『척주지』에는 '개곡(介谷)후망', 김종언의 『척주지』에서도 '개곡(介谷)후망'으로 동일한 명칭이다. 그런데 앞에서 언급한 바와 같이 이 '개곡(후망)'은 조선시대 동해안 삼척의 연변봉수의 하나인 가곡산봉수(可谷山烽燧)와 동일한 명칭일 가능성이 있는데, 실제 허목의 『척주지』와 김종언의 『척주지』에는 '연대[필자: 봉수]'도 개곡, '후망'도 개곡으로 표기하고 있어 봉수와 후망이 동일한 지점일 가능성이 있기 때문에 검토가 필요하다.

이와 관련하여 김종언의 『척주지』에 실린 해정후망 5곳의 명칭들을 『여지도서』 삼척부에서 찾아보면 '개곡(후망)' 또는 '가곡' 명칭을 사용한 행정리는 없는데, 나머지 해정후망 네 곳(궁촌, 덕산, 굴암, 냉천)은 『여지도서』에서 동일한 행정리 명칭으로 나오고 한자어도 동일하다.[38] 이로 보아 해정후망 네 곳은 행정적으로 그 위치가 확실히 구분됨을 알 수 있고, 명칭으로 보아도 연변봉수지와는 그 위치가 다를 것이라는 추정이 가능하다. 이렇게 보면 해정후망 가운데 유일하게 개곡후망만 가곡산봉수지에 위치하였는지 검토가 필요하다.

현재 가곡산봉수지는 봉수가 있는 산봉우리를 마을에서 봉화산이라 부르고, 봉수를 봉화대라 부른다. 봉화산 높이는 84.7m이고, 정상에 연대와 창고지, 석축 등이 남아 있어 봉수지를 확인할 수 있다.[39] 일제강점기 1/50,000 지도에는 가곡산봉수가 표기가 되어 있지 않고, 『한국지명총람』에서도 가곡

---

38 『여지도서』 삼척부 방리부내면(坊里府內面). 허목의 『척주지』에는 9개의 행정구역으로 구분되었고, 『여지도서』 삼척에는 12개의 면으로 개편되었는데, 이후 간행되는 『관동지』(1829~1831) 삼척도 12개면이 그대로 유지된다. 『관동읍지』 삼척은 『척주지』(허목)를 전재하였다.

39 김도현, 「삼척지역의 烽燧 연구」, 『박물관지』 11, 강원대학교 박물관, 2004, 55~57쪽.

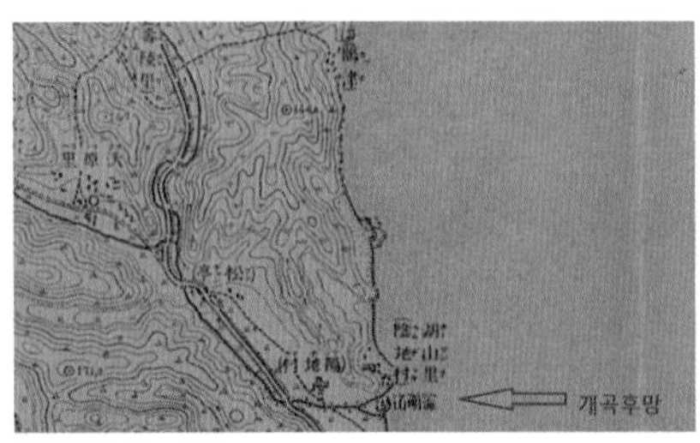

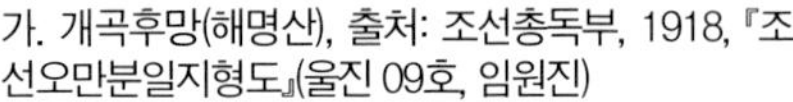
가. 개곡후망(해명산), 출처: 조선총독부, 1918, 『조선오만분일지형도』(울진 09호, 임원진)

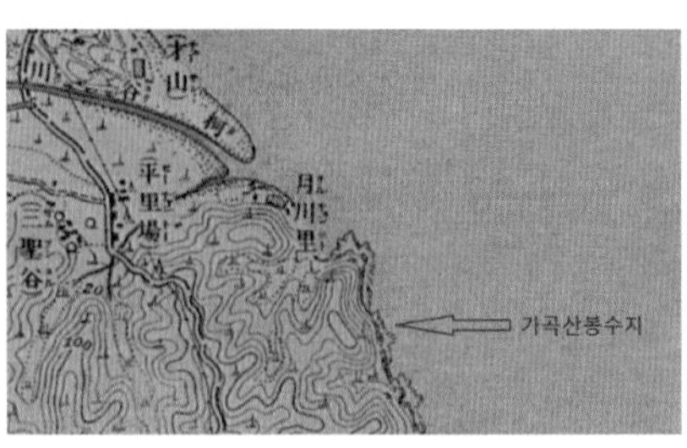

나. 가곡산봉수지, 출처: 조선총독부, 1918, 『조선오만분일지형도』(울진 10호, 흥부동)

산봉수가 조사되어 있지 않다.

그런데 후망의 '개곡'과 봉수의 '가곡산봉수'의 위치와 입지가 동일한 지점이라기보다는 서로 다르다고 판단된다. 왜냐하면 일제강점기 1/50,000 지도를 보면 호산리에 '해명산(海明山)'이 보이기 때문이다.[40] 이 해명산은 해망산(海望山)으로 판단되는데, 『조선지지자료』에도 부호동(芙湖洞)에 있는 지명으로 '해망산(海望山)'이 보이고 있어 이를 뒷받침 해준다.[41] 또한 『한국지명총람』에도 원덕읍 호산리에 '해망산(海望山)'이 나오고 있어 주목된다.[42] 그러므로 '해명산'은 '해망산'이라고 볼 수 있고, 그렇다면 이곳이 '개곡후망(처)'으로 비정이 가능하다.

---

40 조선총독부, 『조선오만분일지형도』, 1918, 강원도 울진 09호(臨院津).

41 조선총독부, 『조선지지자료』, 1911~1912, 강원도 삼척군 원덕면 (종별) 山谷名 (지명) 海望山 (비고) 芙湖洞.

42 한글학회, 『한국지명총람2-강원도-』, 1967, 155쪽, 삼척군 원덕 호산리.
⊙ 호산-리(湖山里) 【리】 본래 삼척군 원덕면의 지역인데, 1914년 행정구역 폐합에 따라, 부호동(芙湖洞)과 재산동(才山洞)을 병합하여 호산리라 함.
해망-산(海望山) 【산】 부신당 동남쪽 바닷가에 외따로 있는 작은 산, 옛날에 바다 한가운데서 삼형제 섬이 떠 와서 바닷가에 정착하였는데, 맏은 근덕면(近德面)의 덕봉산(德峰山)이 되고, 둘째는 바로 이 해망산(海望山)이 되었으며, 셋째는 경북의 축산이 되었다 함.

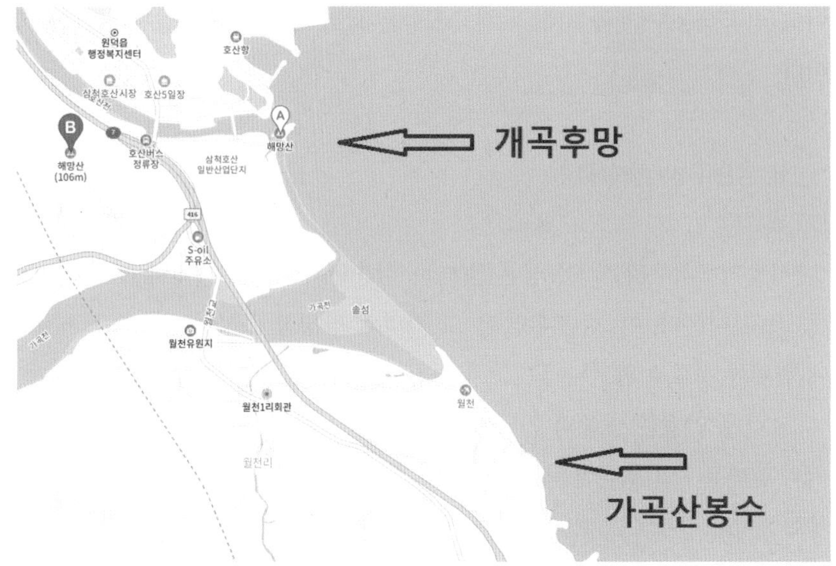

* 개곡후망(해망산, 해명산)과 가곡산봉수 위치도

이러한 비정이 가능한 이유는 울진군의 평해지역에 있는 조선시대 후망들도 '해망산' 또는 '망재산'으로 지명 유래를 채록할 수 있어 '해망산'이라는 명칭이 후망처와 연결됨을 알 수 있기 때문이다.[43]

더구나 이미 조사된 가곡산봉수지는 월천[月川, 가곡천(柯谷川)] 남쪽에 위치하지만 해명산(해망산)은 월천의 북쪽 호산리에 위치하므로 그 위치에서 서로 차이가 있다.

결국 월천 하구의 북쪽 호산리에 있는 '해명산(해망산)'이 곧 '개곡후망'

43 평해 기성리의 정명포후망처가 '망재산'으로 '해망'을 하였고(한글학회, 『한국지명총람』 9(경북편 4), 1979, 115쪽 및 경북향토사연구협의회, 『경북마을지』(상), 1990, 906쪽), 구미포후망처는 '해망산'으로 채록되었다(홍영호, 「조선시대 평해·울진 지역의 후망(候望) 고찰」, 『울진, 수토와 월성포진성 연구』, 경인문화사, 2023, 272쪽, 각주 50번 참조).

이고, 가곡산봉수[개곡연대]와 개곡후망은 서로 다른 위치와 입지에 있는 것이다.

2. 궁촌후망(宮村候望)

허목의 『척주지』에는 '궁촌(宮村)', 김종언의 『척주지』에서도 '궁촌(宮村)'으로 나온다. 이 '궁촌후망'은 그 지명의 명칭상 근덕면 궁촌리(宮村里)에 위치한 것으로 판단된다.

그런데 인접한 남쪽의 근덕면 초곡리(草谷里)에는 조선시대 동해안 삼척의 연변봉수인 초곡산봉수가 위치하고 있다. 초곡산봉수는 현재 마을에서 봉화산이라고 부르는 해발 110m의 산봉우리에 봉수지가 남아 있다.[44]

흥미로운 점은 초곡리에 '망재봉'과 '봉의재'가 모두 보인다는 것이다.[45] 그러므로 '망재봉'과 '봉의재'가 동일한 지점으로 초곡산봉수지를 다르게 부르는 명칭인지, 아니면 서로 다른 지점으로 '망재봉'은 궁촌후망, '봉의재'는 초곡산봉수를 가리키는 명칭인지 궁금하다. 특히 '망재봉'이라는 명칭은 조선시대 울진군의 평해지역 후망에서도 보이고 있어[46] 이를 중시하면 궁촌리의 바닷가 산에 궁촌후망이 위치할 가능성도 충분히 있다. 더구나 궁촌리와 초곡리라는 행정지명의 차이를 중시하면 궁촌후망과 초곡산봉수는 그 위치

---

44 김도현, 「삼척지역의 烽燧 연구」, 『박물관지』 11, 강원대학교 박물관, 2004, 52~53쪽.

45 한글학회, 『한국지명총람2-강원도-』, 1967, 115쪽, 삼척군 근덕 초곡리, 망재-봉【산】 새일 서북쪽에 있는 산, 봉의-재【산】 봉화대가 있었던 산. 장정룡, 『三陟郡地名由來誌』, 학연문화사, 1994, 163~164쪽, 13) 근덕면 초곡리, 망재봉 - 새일 서북쪽에 있는 산, 봉의재 - 봉화대가 있었던 산.

46 평해 기성리의 정명포후망처가 '망재산'으로 '해망'을 하였다고 전해진다(한글학회, 『한국지명총람』 9(경북편 4), 1979, 115쪽 및 경북향토사연구협의회, 『경북마을지』(상), 1990, 906쪽); 홍영호, 「조선시대 평해·울진 지역의 후망(候望) 고찰」, 『울진, 수토와 월성포진성 연구』, 경인문화사, 2023, 272쪽, 각주 50번 참조).

가 구분되어 별개로 존재했을 가능성을 뒷받침한다.

반면, 앞에서 살펴본 『각사등록』에 보이는 '초곡포후망감관'이라는 명칭에 더 큰 의미를 두면 초곡산봉수지가 궁촌후망일 가능성도 있다. 왜냐하면 『여지도서』를 보면 삼척도호부 관하 12개면 가운데 근덕면에는 10개의 리(里)가 속해 있는데, '궁촌리(宮村里)'는 존재하지만 '초곡리(草谷里)'는 없기 때문이다.[47] 이 사실은 지금의 초곡리 일대가 조선후기에 궁촌리에 포함되어 있었기 때문에 초곡산봉수지가 해정후망의 장소로 운영되면서도 궁촌후망으로 불리었을 가능성을 보여준다.

또는 이와 반대로 '초곡포후망감관' 명칭을 중시하면 조선말기에 들어와 해정후망인 '궁촌후망' 지역이 이 일대를 대표하는 항구[나루] 지명인 초곡포 지역에 포함되어 '초곡포후망감관'으로 불렀을 가능성도 고려해 볼 수 있다. 아니면 궁촌후망에서 초곡포후망으로 후망의 장소가 이동하였을 가능성도 있다.

현장 조사 결과 궁촌[추전리]의 궁촌항 북쪽의 산은 '돈모재'로 부르고, 마을 주민들도 망재봉(산) 지명은 없다고 하였다.[48] 하지만 초곡리 초곡항의 마을 주민들은 망재봉(산)을 초곡항 마을 옆 북쪽의 산이고, 초곡산봉수지는 초곡항 마을 옆 남쪽의 산이며, 망재봉으로 올라가는 길은 지금도 있는데 망재봉 위에는 특별한 시설이 없다고 증언하였다.[49]

현장 증언을 종합하면 궁촌후망은 사실상 초곡항의 망재봉(산)이며, 궁촌항이 있는 추전리 지역은 후망이 없었음을 알 수 있다. 그렇지만 이 일대를 대표하는 지명이 궁촌인까닭에 초곡항의 망재봉(산)이 궁촌후망으로 표

47 『여지도서』 삼척부 방리부내면(坊里府內面).

48 박달수(71세), 휴대전화: 010-5008-4922.

49 경재수(1954년생), 휴대전화: 010-8792-8521. 망재봉(산)에서 바다의 물고기 떼를 관찰했다고 전해온다고 한다.

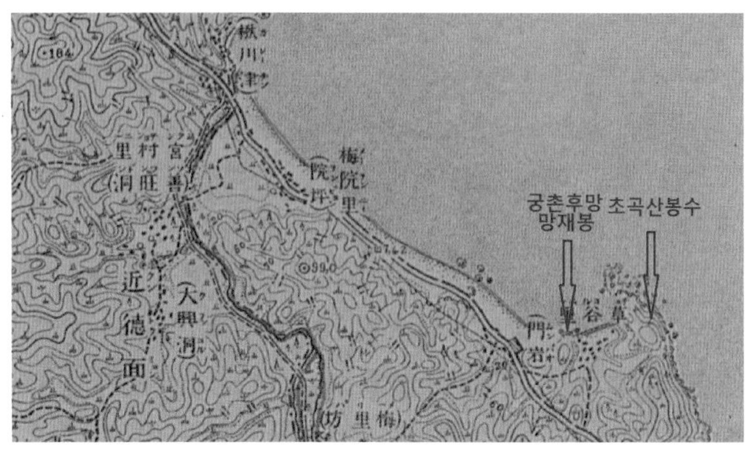

궁촌후망(宮村候望, 망재봉)과 초곡산봉수지
출처: 조선총독부, 1918,『조선오만분일지형도』(울진 09호, 임원진)

기되었던 것이다. 그러므로 후망의 장소가 궁촌항에서 초곡항 지역으로 이동하였을 가능성은 없다고 하겠다. 또한 초곡항의 망재봉[궁촌후망]과 초곡산 봉수지는 초곡항 마을의 바로 남·북쪽 산에 각각 입지하고 있어 서로 별개의 지점에 위치함을 알 수 있다.

3. 마두후망(馬頭候望)

허목의『척주지』에는 '마두(馬頭)', 김종언의『척주지』에서는 '덕산(德山)(一云 馬頭)'으로 나온다.

허목의『척주지』에는 9개의 행정구역으로 구분되는데, 이 행정구역 명칭에 '마두'가 있지 않으며,『여지도서』 삼척부에는 근덕면에 덕산리(德山里)라는 행정명이 보인다.[50]

50 『여지도서』 삼척부 방리부내면(坊里府內面).

반면, 『조선지지자료』에서는 삼척군 도상면에 '마두지(馬頭地)'라는 지명이 하맹방(下孟芳, 필자: 지금의 하맹방리)에 있다고 나온다.[51]

덕산(德山)은 지금의 근덕면 덕산리 덕산진(德山津) 마읍천(麻邑川) 하구의 남쪽에 바다로 돌출한 지점에 위치한 산이다. 『척주지』(허목)에 의하면 덕산은 해안에 있는 작은 섬으로 여기서 전죽(箭竹)이 나고, 옛날 회선대(會仙臺)가 있었으며 날이 가물면 기우제를 지냈다[52]고 한다. 또한 『한국지명총람』에 의하면 덕산은 덕봉산, 덕산도로도 불리우며, 옛날에 봉화대가 있었다고 전한다.[53]

이 지역에는 조선시대 삼척의 연변봉수인 양야산봉수(陽野山烽燧)가 있는데, 덕산도에서 남쪽으로 떨어진 남애포 뒷산[곳(산), 해발 71.9m]에 위치하고 봉화산 또는 봉할머니산으로 부르며 봉수터가 남아 있는 것으로 조사된 바 있다.[54]

그러므로 '마두후망'과 '양야산봉수'는 그 위치가 서로 다르다는 것을 알 수 있다. 따라서 덕산(도)가 '덕산후망[마두후망]'으로 판단된다. 아울러 이 마두후망, 즉 덕산후망에도 봉화대가 있었다고 전하지만, 이곳은 삼척의 연

---

51 조선총독부, 『조선지지자료』, 1911~1912, 강원도 삼척군 도상면 (종별) 野坪名 (지명) 馬頭地 (비고) 下孟芳.

52 허목, 『척주지』下, 덕번상(德蕃上).

53 한글학회, 『한국지명총람2-강원도-』, 1967, 113쪽, 삼척군 근덕 덕산리.
⊙ 덕산-리(德山里) [덕산나루, 덕산지] 【리】 본래 삼척군 근덕면의 지역으로서, 덕봉산이 있으므로, 덕산나루, 또는 덕산진(德山津)이라 하였는데, 1914년 행정구역 폐합에 따라, 덕산리라 함.
덕-봉(德峯) [덕봉산, 덕산도] 【산】 동해안(東海岸)에 외따로 있는 작은 산. 옛 적에 관북지방(關北地方)에서 바닷물에 떠 들어온 것이라 함. 회선대(會仙臺), 용바우가 있고, 옛날에 봉화대가 있었음. 이조(李朝) 선조(宣祖) 때 홍견(洪堅)이 대(竹)가 우는 소리를 듣고 그 대를 찾기 위하여 이레 동안 밤마다 빌었더니, 한 포기에 다섯 줄기가 있는 대를 발견하여, 화살을 만들어 무과(武科)에 급제하였다 함.

54 김도현, 「삼척지역의 烽燧 연구」, 『박물관지』 11, 강원대학교 박물관, 2004, 50~52쪽.

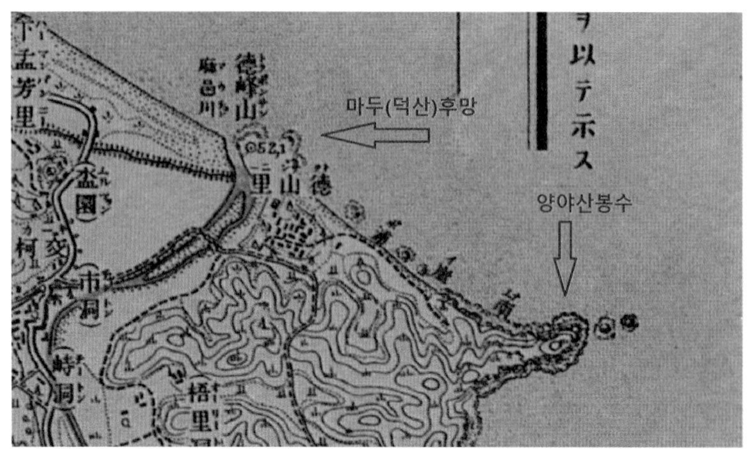

마두후망(馬頭候望)과 양야산봉수지
출처: 조선총독부, 1918,『조선오만분일지형도』(삼척 16호, 삼척)

변봉수 즉 양야산봉수의 위치와는 관련이 없으므로 후망과 관련되어 발생한 지명 유래로 추정된다.

4. 굴암후망(窟岩候望)

허목의 『척주지』에는 '굴암(窟岩)', 김종언의 『척주지』에서도 '굴암(屈岩)'이다. '굴암'의 위치는『정조실록』에서 삼척 후평(後坪) 굴촌(窟村), 굴암촌(窟巖村)으로 나오고 있는데,[55] 이를 통해 '굴암'이 지금의 동해시 북평(北坪)에 속함을 알 수 있다. 왜냐하면 우리말의 '뒤'를 한자로 '북(北)'을 사용하기 때문이다. 즉 후평은 '뒷들'이므로 '북평(北坪)'인 것이다.[56]

그런데 그 구체적인 위치는 아래의 기사로 보아 혼란스럽다.

---

55 『정조실록』 54권, 정조 24년 4월 7일 기축 1번째 기사[1800년, 청 가경(嘉慶) 5년].

56 우리말에서 '앞(前)'은 '남(南)'으로 한자를 쓰는데, 南(大)川이 대표적인 예이며, '뒤(後)'는 '북(北)'으로 한자를 사용한다.

· 湫岩은 府 북쪽 15리에 있는데 바다에 白石이 우뚝 서 바다에서 기이한 바위 경관을 만들었다. … 중략 … 天順 7년 世祖 9년(1463) 癸未에 都體察使 韓明澮가 동쪽으로 巡視 왔다가 이 위에 올라와 보고 凌波臺라 하였다. 그 북쪽에 祈雨祭를 지내는 곳이 있다. 또 그 북쪽에는 굴암(窟岩)이 서로 마주보고 있는데 여기를 海上의 名區라고 이르는데 그 위에 龍墓가 있다고 한다.[57]

위의 기사에서는 추암, 능파대의 북쪽에 마주보고 있는 것이 굴암(窟岩)이므로 굴암은 지금의 추암과 능파대의 그 북쪽 해안단구 곳산으로 추정된다.

반면 심의승의 『삼척군지』(1916)에는 굴암이 지금의 북평 전천(箭川) 하구의 남쪽 구호동에 있는 것으로 나오며, 이를 『한국지명총람』에서도 확인할 수 있는데, 소개하면 다음과 같다.

· [기원] 본 동리는 동쪽 해안에 있는 굴암(窟岩) 때문에 굴암(窟岩)이라 불렀는데, 나중에는 구호(龜湖)로 되었다가 지금은 구호(九湖)가 되었다. ….[58]
· 구호-리(九湖里)[굴바우, 굴암] 【리】 본래 삼척군 견박면(見朴面)의 지역으로서, 굴바우가 있으므로, 굴바우, 또는 굴암(窟岩)이라 하였는데, 1914년 행정구역 폐합에 따라, 구호리라 하여, 북삼면(북평읍)에 편입됨.[59]

이로 보아 '굴암후망'의 위치가 추암의 북쪽 맞은편 곳산인지, 구호동에 위치한 것인지 혼란스럽다. 그런데 『여지도서』 삼척부 견박곡면(見朴谷面)

57 허목, 『척주지』下, 見朴谷. 龍墓는 삼척박씨 시조 삼척군(三陟君) 박원경(朴元慶)의 묘라고 전한다(관동대 박물관, 『동해북평공단조성지역문화유적발굴조사보고서(본문)』, 학술총서 3, 1994, 51쪽).

58 심의승, 『삼척군지』, 1916, 9) 북삼면 구호리(九湖里).

59 한글학회, 『한국지명총람2-강원도-』, 1967, 135쪽, 삼척군 북평 구호리.

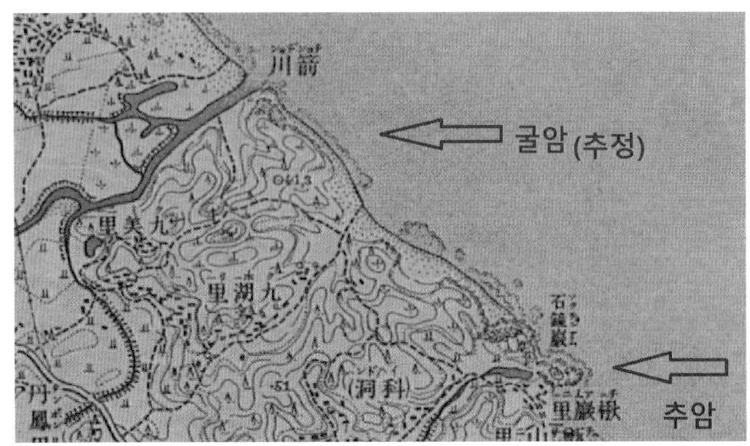

굴암후망(窟岩候望, 추정),
출처: 조선총독부, 1918, 『조선오만분일지형도』(삼척 16호, 삼척)

에는 굴암리(屈岩里), 추암진리(楸岩津里)가 보이고, 각각 관문(官門)으로부터 북쪽으로 10리, 15리 떨어진 곳이라고 서술되어 있다. 이로 보아 '굴암후망'은 구호리[굴암, 현재 구호동] 일대로 추정된다.

현재 이 지역은 북평산업공단이 조성되어 마을 주민이 많이 떠나가 채록 조사에 어려움이 많다. 앞으로 정밀한 현장 조사를 통해 그 정확한 위치를 확인할 필요가 있다.

5. 용장후망(龍場候望)

허목의 『척주지』에는 '용장(龍場)', 김종언의 『척주지』에서는 '냉천(冷泉)'으로 나온다. 두 책에서 그 명칭이 완전히 달라서 의아하다.

허목의 『척주지』에는 용장(龍場, 용장 저수지)이 송라정(松蘿汀) 북쪽에 있다고 나오고,[60] 김종언의 『척주지』에는 송라정 북쪽에 용정(龍亭)이 있다고 나

60 허목, 『척주지』 北坪里, "… 松蘿汀 북쪽은 龍場 저수지인데, …."

온다.[61] 이 용장(龍場), 용정(龍亭)은 지금의 지명으로 용정(龍井)이다.[62]

송라정(松蘿汀)은 전천(箭川) 하구의 북쪽 넓은 들판으로 지금의 '송정(동)'을 말한다. 결국 그 북쪽에 용장(龍場)이 있는 것인데, 이로 보아 용장은 현재의 용정(동) 단구(기상관측소 일대)로 추정되며, 실제 이곳에서는 바다가 잘 조망된다.

냉천(冷泉)은 찬물이 솟는 샘으로 현재 천곡동(泉谷洞) 시내에 공원화되어 있다. 그러나 이곳에서는 바다가 보이지 않는다, 이렇게 보면 냉천은 찬샘의 와전인 지금의 한섬(한샘) 해안단구(곶)을 가리킨다고 볼 수 있다. 즉 냉천(冷泉)은 동해시 천곡동(泉谷洞)의 한섬 또는 감추사(甘湫寺) 위의 해안단구로 추정된다. 이렇게 보면 후망의 장소가 용정동에서 한섬 또는 감추사 위의 해안단구로 옮겨졌을 가능성이 있고, 아니면 용정동 후망을 그냥 냉천으로 표기하였을 수도 있겠다.

이와 관련하여 『여지도서』 삼척부의 도하면의 5개리 가운데 용장리(龍場里), 냉천리(冷泉里)가 관문(官門)으로부터 북쪽으로 각각 25리, 30리로 행정리가 구분된다.[63] 이로 보아 후망(용장후망)의 장소가 용정동에서 천곡동 한섬 곶산쪽으로 이동했을 가능성이 높다고 생각된다.

여기에 『한국지명총람』에 의하면 용정리(현재 용정동)에 봉화를 올리던

---

61 김종언, 『척주지』下, 고적조, 만경대, "굴암촌 북쪽에 만경대가 있는데 아래에 북천이 휘감아 돌고 있다. 내 북쪽 송라정(松羅汀) 해안은 흰모래와 푸른 소나무가 있고, 그 북쪽에는 용정(龍亭) 삼봉이 있는데 봉우리 서쪽에 강릉김씨 영모정(永慕亭)이 있다. 영모정 기문(記文)과 시(詩)는 집록(輯錄)에 보인다(萬景臺, 窟岩村北有萬景坮下有北川廻流川北松羅汀海岸白沙蒼松其北龍亭三峯峯西有江陵金氏永慕亭·亭記與詩見輯錄)"

62 심의승, 『삼척군지』, 1916, 3) 북삼면 용정리(龍井里). [기원] 본 동리는 동쪽에 용추(龍湫)가 있고, 또 북쪽에 있는 저수지에서 옛날에 용이 하늘로 올라갔다고 하여 용장(龍場)이라 불렀는데, 나중에 속전(俗傳)하여 용정(龍亭)이 되었다가 지금은 용정(龍井)으로 되었다. ⋯.

63 『여지도서』 삼척부 방리부내면(坊里府內面).

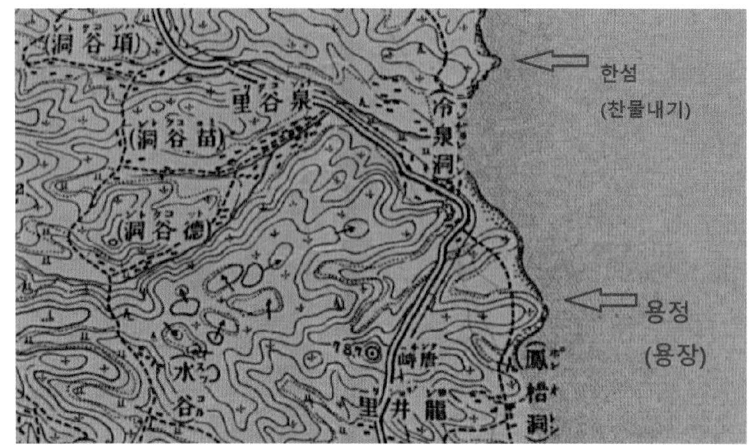

용장후망(龍場候望)과 냉천후망(冷泉候望),
출처: 조선총독부, 1918,『조선오만분일지형도』(삼척 15호, 옥계)

곳인 '봉옷-골[봉오동]'이 나오는데, 후망과 관련되어 전해진 지명일 가능성이 높다.[64] 또한 천곡리(현재 천곡동)에도 찬물내기에 있는 산으로 옛날 봉화대가 있었다고 전해진다.[65] 이와 같이 매우 가까운 지역 두 곳에 봉화대 관

---

64 한글학회,『한국지명총람2-강원도-』, 1967, 140쪽, 삼척군 북평 용정리.
⊙ 용정-리(龍井里)[용쟁이, 용정]【리】본래 삼척군 도하면(道下面)의 지역으로서, 용추가 있으므로 용쟁이, 또는 용정(龍井)이라 하였는데, 1914년 행정구역 폐합에 따라, 뫼밑, 방축안, 봉오동을 병합하여 용정리라 하여 북삼면(북평읍)에 편입됨.
봉오-동(鳳梧洞)【마을】→ 봉옷골
봉옷-골[봉오동]【마을】봉화를 올리던 곳.
성-재(성치)【고개】토성 밑에 있는 고개

65 한글학회,『한국지명총람2-강원도-』, 1967, 141쪽, 삼척군 북평 천곡리.
⊙ 천곡-리(泉谷里)[샘실]【리】본래 삼척군 도하면(道下面)의 지역으로서, 좋은 샘이 있으므로 샘실이라 하였는데, 1914년 행정구역 폐합에 때라, 가싯양지, 찬물내기, 덕골, 모끝, 한골을 병합하여 천곡리라 하여 북삼면(북평읍)에 편입됨.
냉천-동(冷泉洞)【마을】찬물내기
봉화-대【산】찬물내기에 있는 산. 옛날 봉화대가 있었음.
샘-실【마을】천곡리
찬물-내기[냉천동]【마을】천곡리 동쪽에 있는 마을. 찬 샘이 있음.

련 지명 유래가 남아 있는 것으로 보아 후망처가 이동하였을 가능성이 높은 것 같다.

6. 장오리포 후망(藏吾里浦 候望)

『신증동국여지승람』 삼척도호부 산천(山川)조를 보면 장오리포(藏吳里浦)가 동해의 배를 대는 곳이며, 척후(斥候)가 있다고 언급되어 있다.[66] 이로 보아 장오리포는 동해안의 주요 항구로 기능하였음을 알 수 있다. 장오리포는 현재 삼척시 남쪽 근덕면 장호리의 장호항이다.

장오리포는 1694년 최초의 울릉도 수토관이었던 삼척영장(三陟營將) 장한상(張漢相)이 삼척부의 남면 장오리진(莊伍里津) 대풍소(待風所)에서 울릉도로 출발한 기록이 있다.[67] 그런데 이보다 앞서 장한상은 자신이 수토를 가기 전에 사전 답사를 위하여 군관 최세철을 보내어 해로가 얼마나 되는지 알아오게 하는데 최세철은 장오리진(莊伍里津)에서 출발하였다.[68] 또한 1786년 울릉도 수토관 월송만호 김창윤은 평해 구미진에서 출발하였지만 장오리포로 귀항하였다.[69]

이와 같이 『신증동국여지승람』에 장호리포가 척후로 등장한 이래 동해안의 주요한 항구[포구]로 기능하였다고 볼 수 있는데, 특히 울릉도 수토 시에는 출발 및 귀환 장소로 운영되었음을 알 수 있다.

한- 섬【나루】가새 옆에 있는 나루.

66 『신증동국여지승람』 권44 삼척도호부 산천조, "藏吳里浦, 在府南六十二里有內外藏吳里皆東海泊船處有斥候."

67 張漢相, 『鬱陵島事蹟』(1694년 9월).

68 박세당, 「울릉도」 『서계잡록』; 신태훈, 「삼척영장과 수토사」, 『삼척의 고고학과 수토사(학술대회자료집)』, 한국이사부학회, 2019, 132쪽에서 재인용.

69 『日省錄』 정조 10년(1786) 6월 4일[병자].

장오리포에 후망[척후]이 있다면 울진[평해]과 삼척지역의 후망의 위치와 입지로 보건대 현재 장호항 마을의 북쪽 곶(산) 또는 남쪽의 곶(산)[70]을 후보지로 볼 수 있다. 그러나 현지 조사 결과 두 곳 모두 후망과 관련된 명칭인 해망산이나 망재봉(산)이라는 명칭을 가지고 있지 않았다. 현지 주민에 의하면 장호항의 북쪽 곶(산)은 남쪽 곶(산)보다 전망이 더 좋지 않다고 하였는데,[71] 실제 남쪽 곶(산)이 북쪽 곶(산)보다 더 바다쪽으로 돌출되어 있어 남-북쪽을 조망하기에 더 유리하다. 또한 북쪽 곶(산)은 해안절벽과 암초들이 많을 뿐만 아니라 주변에 집들도 없었으며, 그 북쪽인 용화 마을 쪽에서도 집들이 없었으므로 북쪽 곶(산)에서 특별한 것을 하지 않았고 그냥 버려진 곳이었는데, 도로를 내고 정비를 하면서 오늘날처럼 되었다고 한다.[72] 장호항 마을의 남쪽 곶(산)은 서낭당이 있어 당재(당산)라고 부르는데, 이곳에서 바다를 조망하였다고 전해지지 않으나, 낮에는 큰 깃대에 청색, 적색, 백색 등의 깃발들을 매달고, 밤에는 등[홍등, 붉은등]을 달아 바다에서 장호항을 찾아오게 하였다고 한다.[73] 그 이유는 주변의 다른 바닷가나 항구는 파도가 심하면 배를 정박하기 어렵지만 장호항은 파도가 심해도 배를 정박하기가 매우 유리하기 때문이라고 한다.[74] 이로 보아 장오리포 후망은 마을에 있는 남쪽 곶(산), 즉 당재(당산)로 추정된다.

이상 삼척지역 후망처들의 위치와 입지를 살펴본 결과를 정리하면 다음과 같다.

---

70 유재춘은 장호항 남쪽의 곶(산)으로 보고 있다(유재춘, 「수토사 유적(삼척포진성, 월송포진성, 海汀候望)의 조사와 활용」, 『삼척, 수토사와 독도수호의 길(학술대회자료집)』, 2022, 한국이사부학회, 286쪽).

71 홍영기(010-9909-4204, 어촌계장 역임. 장호항 회센터 '영기횟집' 운영) 님의 증언.

72 이기호(89세, 010-3088-9936, 주소: 장호항길 56-31번지) 님의 증언.

73 이기호 님의 증언.

74 이기호 님의 증언.

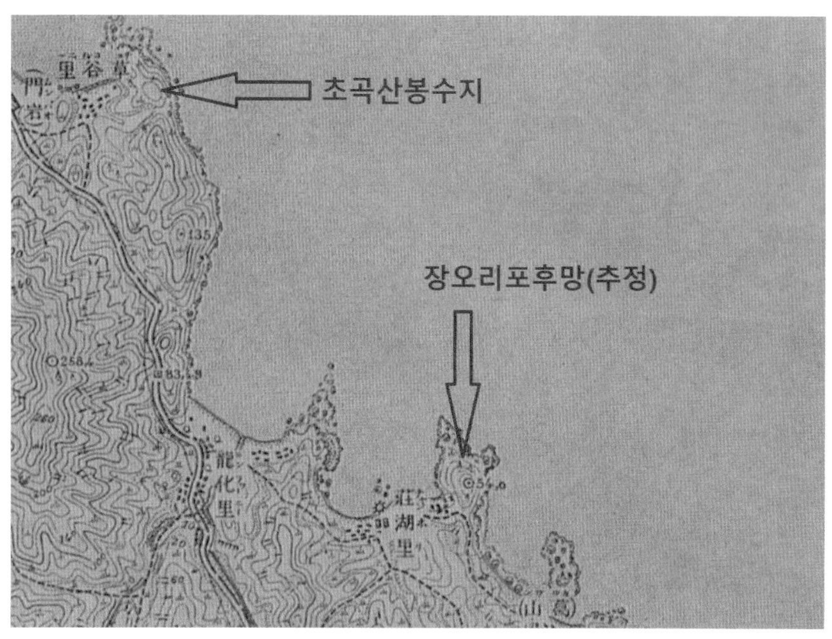

장오리포후망(藏吾里浦候望),
출처: 조선총독부, 1918,『조선오만분일지형도』(울진 09호, 임원진)

우선, 허목의『척주지』에 보이는 '해정후망'과 김종언의『척주지』에 보이는 해정후망'은 총 5곳 가운데 사실상 명칭이 서로 같은 곳이 4곳이고, 허목의『척주지』에는 '용장후망'인데, 김종언의『척주지』에는 '냉천후망'으로 나오는 차이가 있다. 두 책의 편찬 시기가 200년 정도 차이가 나므로 허목의『척주지』시기에도 운영되었는지 불확실한데, 그 이후 김종언의『척주지』시기에까지 실제 운영되었는지는 더 불확실하다. 더구나 허목의『척주지』서(序)를 신뢰하면 임진왜란 발발과 함께 이들 연변봉수와 해정후망도 사실상 그 기능을 상실하였다고 보는 것이 합리적이라 생각된다. 다만, 허목의『척주지』에 나오는 '용장후망'이 김종언의『척주지』에서는 '냉천후망'으로 이동하였다고 본다면 조선후기·말기에 운영되었다고 볼 수 있으나, 현재 이를 입증할 자료는 찾기 어렵다. 또한 울릉도 수토 시에 출발 및 귀환 항구로 이들 해정후망의 장소가 보인다면 당시까지도 운영되었다고 생각해 볼 수 있는데, 아직은 관련 사료 및 자료를 찾기가 어렵다.

해정후망의 장소들을 조사해 보았을 때 이들은 삼척의 봉수지와는 그 위치와 입지를 달리함을 알 수 있다. 즉 개곡(후망)과 덕산(후망)은 각각 가곡산 봉수지와 양야산 봉수지와는 위치가 다르다. 궁촌후망도 초곡산봉수지와 다른 위치에 입지하였으며, 나머지 두 곳의 후망인 굴암후암과 용장후망은 봉수지와는 아예 관련이 없는 지역이다.

이와 같이 조선시대 동해안의 연변봉수지와 후망(처)의 위치와 입지가 동일한 곳이 아님은 분명하다. 〈표 1〉에서 알 수 있듯이 봉수는 '산(山)'으로 나오고, 척후(후망)는 '포(浦), 진(津)'으로 나온다. 이로 보아 그 위치와 입지에서 차이가 있을 것으로 판단된다. 실제 평해지역의 후망과 봉수지에 대한 현지 조사 결과 동일한 지점을 운영하는 후망처와 봉수지는 없었다. 평해지역의 봉수들이 '산(山)'에 있지만, 후망들은 '포(浦)'에 있는 것처럼 표기된 것이 그 때문으로 판단된다. 이것은 강릉의 후망(척후)도 연곡포, 오진, 주문진이고, 삼척의 후망(척후)도 장오리포이므로 모두 포구(나루, 진)에 있는데, 강릉의 주문진을 제외하면 강릉과 삼척 지역의 후망은 그 지역의 봉수 명칭과 다르고 지리적으로도 다른 곳이라는 점에서도 뒷받침된다.[75]

이러한 차이를 가져온 이유는 바다로 침입하는 외적에 대비한 연변봉수지는 국방상의 긴급한 상황에 빨리 대처하기 위한 중요성 때문에 수군포진의 위치, 봉수지 간의 연결을 위한 거리 등이 우선 고려되어 포구와 다소 떨어졌어도 고도가 높은 지점이 선택되나, 후망(척후)은 포구에서 관측하는 것

75 홍영호, 「조선시대 평해·울진 지역의 후망(候望) 고찰」, 『울진, 수토와 월성포진성 연구』, 경인문화사, 2023, 273~274쪽.

이 우선시 되었기 때문에 서로 다른 위치와 고도에 입지하였다고 판단된다. 그리고 봉수지와 후망처 모두 인근에 마을이 있다는 공통점도 있다. 하지만 후망처가 봉수지보다는 상대적으로 더 마을에 가까이 위치한다. 봉수지와 후망처에 설치되는 시설도 비교하면 봉수지는 국방상 목적에서 연속성이 있으므로 건물이나 방어·방호시설 등이 필요하겠으나, 후망처는 필요시 단속적·일시적으로 운영하므로 봉수지에 비하면 상대적으로 건물이나 방어·방호시설이 그다지 필요하지 않았을 것으로 판단된다.[76]

아울러 조선후기·말기에는 후망이 울릉도 수토, 표류민, 이양선, 조운선 관찰 등과 관련하여 설치되어 운영되는 기사가 보인다. 울릉도 수토의 주기가 2~3년을 기준으로 다양한 간격으로 이루어졌고, 표류민이나 이양선 출현이 불특정한 시기에 갑자기 발생한다고 보면 후망의 설치와 운영 역시 필요할 때마다 단속적으로 설치하여 운영할 수밖에 없다. 따라서 이들 후망처는 상시적인 군사 시설로 기능하지 않았을 것이므로 울릉도를 수토(搜討)할 때에는 삼척진이나 월송포진에서 파견된 분견대(分遣隊)가 후망의 역할을 담당하였거나, 연호군(煙戶軍) 또는 마을 주민들이 이 역할을 담당하였을 것으로 추정된다. 이들은 수토후망수직군(搜討候望守直軍)으로 불리었고, 후망감관(候望監官)이 그들을 관리하였을 것이다.

Ⅳ. 맺음말

삼척지역의 후망은 『신증동국여지승람』의 장오리포(藏吳里浦)와 허목

76 영호, 「조선시대 평해·울진 지역의 후망(候望) 고찰」, 『울진, 수토와 월성포진성 연구』, 경인문화사, 2023, 273~274쪽.

의 『척주지』 및 김종언의 『척주지』에 나오는 해정후망(海汀候望) 5곳, 『각사등록』에서 찾아지는 '초곡포후망감관(草谷浦候望監官)'을 기록에서 찾을 수 있다.

이들에 대한 설치와 운영은 사료와 자료가 부족하여 불확실하다. 그나마 관련 자료를 찾아 분석해 본 결과 『세종실록』과 『중종실록』의 기사처럼 후망(候望)이 실제 운영되었음을 알 수 있고, 아마도 그 결과가 조선전기의 대표적인 관찬지리지인 『신증동국여지승람』에 수록된 것으로 판단된다. 그러나 이후에 이들 후망이 지속적으로 운영되었다기보다는 사실상 그 기능을 상실한 것으로 보인다. 그 이유는 허목의 『척주지』 서(序)에서 연대[봉수]와 해정후망이 임진왜란 시기에 사실상 그 기능을 상실한 것으로 보이고, 조선후기의 대표적인 관찬지리지인 『여지도서』에서는 척후[후망]이 전혀 나오지 않기 때문이다.

그런데 『연려실기술』과 『만기요람』을 비롯한 조선후기·말기의 여러 책자에서도 『신증동국여지승람』에 수록된 척후와 동일한 내용이 보인다. 이로 보아 이들 책자들이 『신증동국여지승람』의 내용을 그대로 전재하였을 가능성이 높다. 그렇지만 이들 후망처들은 역사적 상황 전개에 따라 필요할 때마다 단속적으로 운영되었다고도 판단된다. 이것은 관찬(官撰) 자료인 『만기요람』에 수록된 척후(후망)에 대한 서술 상황이 역사적 변화가 반영된 것으로 보인다는 점에서 뒷받침된다.

삼척지역의 후망 설치와 운영, 폐기에 대해서는 김종언의 『척주지』에 실린 신축년(1481년, 성종 12) 기사를 받아들이면 '해정후망' 5곳이 이때 설치되어 운영되었고, 조선시대 동해안의 연변봉수가 폐지된 연대로 추정되는 1626년(天啓 丙寅年)보다 앞서, 허목의 『척주지』 서(序)를 통해 연대[봉수]와 해정후망이 임진왜란 때 사실상 그 기능을 상실한 것으로 볼 수 있다. 다만 『신증동국여지승람』 시기에는 '해정후망' 5곳이 수록되지 않은 채 '장오리포' 한 곳만 척후의 장소로 수록된 점은 추후 관련 자료를 더 찾아 합리적으로 설명될 수 있게 밝혀야 할 과제로 남겨두겠다.

한편 허목의 『척주지』에 보이는 연대[봉수]의 '개곡'이 해정후망의 '개곡'과도 일치한다는 점도 주목된다. 하지만 '개곡'을 제외한 다른 4곳의 해정후망은 연대[봉수]의 명칭과는 사실상 다르고, 대부분의 후망(해정후망)은 그 위치들을 조사한 결과 연대[봉수]의 위치와는 다른 곳임을 알 수 있었다.

이와 같이 연변봉수와 후망(해정후망)의 위치와 입지가 다른 이유는 연변봉수지는 바다로 침입하는 외적에 대비한 국방상의 긴급한 상황에 빨리 대처하기 위한 중요성 때문에 수군포진의 위치, 봉수지 간의 연결을 위한 거리 등이 우선 고려되어 포구와 다소 떨어졌어도 고도가 높은 지점이 선택되나, 후망[척후]은 포구에서 관측하는 것이 우선시 되었기 때문에 포구, 즉 마을에 가까이 위치하였던 것이다. 이로 인하여 연변봉수와 후망이 서로 다른 위치와 고도에 입지하였다고 판단된다. 이 때문에 후망은 그 명칭에서 '포(浦), 진(津)'이 붙었던 것이다.

조선후기·말기에는 울릉도 수토, 표류민, 이양선, 조운선 관찰 등과 관련하여 후망이 설치되어 운영되는 기사가 보인다. 울릉도 수토의 주기가 2~3년을 기준으로 다양한 간격이고, 표류민이나 이양선 출현이 불특정한 시기에 갑자기 발생한다고 보면 후망은 필요할 때마다 단속적으로 설치하여 운영할 수밖에 없다. 따라서 이들 후망처는 상시적인 군사 시설로 기능하지 않았을 것이다. 울릉도를 수토(搜討)할 때에도 삼척진이나 월송포진에서 파견된 분견대(分遣隊)가 후망의 역할을 담당하였거나, 연호군(煙戶軍) 또는 마을 주민들이 이 역할을 담당하였을 것으로 추정된다. 이들은 수토후망수직군(搜討候望守直軍)으로 불리었고, 후망감관(候望監官)이 그들을 관리하였을 것이다.

참고문헌

1. 사료 및 지리지 등

『世宗實錄』, 『中宗實錄』, 『宣祖實錄』, 『正祖實錄』, 『高宗大皇帝實錄』

『日省錄』, 『同文彙考』, 『各司謄錄』, 『萬機要覽』(1808)

『世宗實錄地理志』, 『新增東國輿地勝覽』, 『輿地圖書』(1757~1765), 『關東誌』(1829~1831),

『東國輿地誌』(柳馨遠, 생몰: 1622~1673, 편찬: 1656년),

『燃藜室記述』(李肯翊, 생몰: 1736~1806, 초고: 1776년),

『大東地志』, 『輿圖備志』(김정호·최성환), 『輿載撮要』(嗚弦默, 1893)

『峴山誌』, 『水城誌』

『陟州誌』(許穆, 생몰: 1595~1682, 편찬: 1662년)

『陟州先生案』(金九爀, 생몰: 1798~1859)

『陟州誌』(金宗彦, 생몰: 1818~1888)

『三陟郡誌』(沈宜昇, 1916)

『各司謄錄』 11, 慶尙左兵營啓錄 1(597d~598c), 경술 3월 15일(1850년 3월 15일).

『各司謄錄』 17, 統制營啓錄 4(256c~256d), 同治 12년 5월 18일(1873년 5월 18일).

『同文彙考』 原編續, 漂民 7, 「報三陟漂民入送咨」, 同治 4년(1865) 10월 20일.

2. 단행본

경북향토사연구협의회, 『경북마을지』(상), 1990

배재홍 譯(金九爀 著), 『陟州先生案』, 삼척시립박물관, 2003

장정룡, 『三陟郡地名由來誌』, 학연문화사, 1994

조선총독부, 『조선오만분일지형도』, 1918

조선총독부, 『조선지지자료』, 1911~1912

한글학회, 『한국지명총람2-강원도-』, 1967

한글학회, 『한국지명총람9-경북편 4-』, 1979

3. 논문

김도현, 「三陟지역의 烽燧 연구」, 『博物館誌』 11, 강원대학교 박물관, 2005

김주홍, 「朝鮮時代 瞭望遺蹟의 始論的 研究 -麗水 華井面 島嶼地域을 中心으로-」, 『白山學報』 108, 백산학회, 2017

박영익·신경직, 「안흥진 설진과 안면도 봉수로의 변천」, 『해양문화재』 16, 국립해양문화재연구소, 2022

배재홍, 「조선후기 울릉도의 수토제 운용과 실상」, 『대구사학』 103, 대구사학회, 2011

서태원, 「조선후기 三陟營將 연구」, 『이사부와 동해』 13, 한국이사부학회, 2017

신태훈, 「삼척영장과 수토사」, 『삼척의 고고학과 수토사(학술대회자료집)』, 한국이사부학회, 2019

심현용, 「조선시대 울릉도 수토정책에 대한 고고학적 시·공간 검토」, 『영토해양연구』 6, 동북아역사재단, 2013

유재춘, 「수토사 유적(삼척포진성, 월송포진성, 海汀候望)의 조사와 활용」,

『삼척, 수토사와 독도수호의 길(학술대회자료집)』, 한국이사부학회, 2022
이원택, 「항길고택문고의 울릉도 수토 관련 자료 소개」, 『울진, 수토와 월송포진성 연구』, 경인문화사, 2023
홍영호, 「조선시대 평해·울진 지역의 후망(候望) 고찰」, 『울진, 수토와 월성포진성 연구』, 경인문화사, 2023

4. 기타

『항길고택일기』
張漢相, 『鬱陵島事蹟』(1694년 9월).
박세당, 「울릉도」『서계잡록』

5. 보고서

충북대학교 중원문화연구소, 『문경 탄항봉수 지표조사보고서』, 2002
관동대 박물관, 『동해북평공단조성지역문화유적발굴조사보고서(본문)』, 학술총서 3, 1994

제2편

삼척영장과 삼척사람들

조선후기 도서정책과 수토 _ 신태훈

조선후기 三陟營將의 위상과 재임실태 _ 장정수

「항길고택일기」를 통해 본 삼척지역민의 역할 _ 이원택

조선후기 도서정책과 수토

신태훈 | 한림성심대학교

Ⅰ. 머리말

조선시대에 도서지역은 원래 육지와 마찬가지로 왕의 통치력이 영향을 끼쳐야 했었다. 하지만 왜구가 약탈을 하면서 도서지역의 주민들을 쇄환하면서 섬에 대한 관심도는 떨어지기 시작했다. 하지만 여전히 섬에는 이주민들이 가서 살면서 자신들의 삶을 영위해 나가고 있었다. 이러한 상황 속에서 섬에 살고 있는 이주민들의 경제력이 높아지면서 조정에서는 섬에 대한 관심도가 증가할 수밖에 없었다.

이러한 관심도의 변화는 여러 지리지를 통해서 나타나는데 조선 전기에 30여개 섬이 파악된 반면 조선 후기는 250개에서 19세기 중엽에 작성된 대동지지에서는 461개까지 늘어난 것을 파악할 수 있다. 섬에 대한 관심증대는 수토에 있어서도 변화를 가져오게 된다. 邑·鎭 설치가 논의가 되면서 섬을 수토의 대상으로 보기보다는 행정구역화하는 작업을 펼치게 된 것이다.

조선시대 도서지역에 대한 대표적인 연구는 김경옥을 들 수 있다. 김경옥은 서남해안의 지역의 섬을 중심으로 정부의 도서 지역 정책에 대한 추이를 살펴보면서 도서 지역 안에서의 경제활동 등에 대해서 종합적으로 연구하였다.[1] 이후 송양섭은 나주 지역의 折受와 영조 연간에 진행된 設邑 논의를 다

1 김경옥, 「朝鮮後期 西南海 島嶼의 社會經濟的 變化와 島嶼政策 研究」, 전남대학교 박사학위논문, 2000.

뤘다.[2] 고동환은 전반적인 도서 정책과 함께 완산도의 운영 추이를 살펴보았으며[3] 임학성은 전라도 지역에 위치한 도서 지역의 인식과 편제 양상을 다룬 연구결과를 발표하였다.[4]

이상의 연구성과는 섬에 대한 도서인식과 설읍, 설진에 관한 부분에 관해서 다루고 있다. 하지만 섬에 대한 정책 중 수토 또한 들어있기 때문에 섬에 대한 인식과 수토 정책과의 연관성에 대해서 알아보는 것도 중요하다고 생각한다. 따라서 본 논고에서는 2장에서 소외되었던 도서지역을 왜 조정에서 관심을 갖게 되었는지에 대해서 도서지역 이주민의 경제적 발전을 통해서 알아보고, 3장에서는 서남해안의 수토와 울릉도 수토는 어떻게 변화되었는지에 대해서 살펴보고자 한다.

Ⅱ. 조선후기 도서정책

1. 도서지역 이주민 유입 배경

조선 전기의 도서에 대한 정책은 도서에 거주하는 주민들을 나오게 하는 것이었다. 그 이유는 중국의 荒唐船과 일본의 왜구의 침탈에 대비하기 위함이었다.[5] 하지만 도서지역에 사람이 살지 않더라도 조선의 영토임으로 이를

---

2 송양섭, 「조선후기 나주제도의 절수와 설읍논의의 전개」, 『대동문화연구』 50, 성균관대학교 대동문화연구원, 2005.

3 고동환, 「조선후기 島嶼政策과 元山島의 변화」, 『역사와 담론』 45, 호서사학회, 2006.

4 임학성, 「조선 전·후기 섬에 대한 인식 및 정책 변화 양상-전라도 지역을 중심으로」, 『해양문화재』 16, 국립해양문화재연구소, 2022.

5 신태훈, 「조선시대 島嶼地域 搜討에 관한 연구」, 강원대학교 석사학위논문, 2017, 1쪽.

관리할 필요가 있었고, 이로 인해 시행된 정책이 搜討[6]이다.

조선 조정의 이러한 정책에도 불구하고 육지의 백성들은 도서지역으로 계속해서 들어가 살고 있었다. 그 이유는 도서지역이 가지는 경제적 이점이다. 도서지역이 가지는 경제적 이점은 첫째로, 소금생산 및 어업(고기잡이, 미역 및 해산물 채취)이다.

魚鹽은 벼농사와 비교해서 노동력과 자본을 상대적으로 적게 들이면서도 생산량이 많아 경제적인 이익을 거둘 수 있다고 백성들 사이에 팽배하게 인식되고 있었다. 이러한 인식은 여러 사료에서 확인되고 있는데 아래의 기사는 이러한 인식이 확인되는 사료이다.

> 常賦외에 자산으로 이용할 만한 것은 어염과 같은 것이 없으니, 어염은 농사일의 다음이라고 하니 농사일은 1년을 마치도록 수고로움이 있고, 거듭 부역에 괴로워하나 어염은 많은 시일과 재력을 허비하지 아니하여 공력은 적고 이익이 많은데 석은 세가 있는 외에는 다른 부역이 없기 때문에 놀고 게으른 못된 무리들이 다투어 그 이익을 취합니다.…(중략)…지금 보면 백성들이 농사를 버리고 바다에 이익을 취하는 자가 날마다 많으니 만약 금하고 억제하지 않으면 장차 末利를 좇는 자가 많고 근본을 힘쓰는 자가 적을 것이니. (후략)[7]

위 사료를 통해서 어염에 관해서는 농사에 비해서 세금이 적은 것을 확인할 수 있다. 특히 농사에는 세금도 부담이 되지만 거듭되는 부역이 부과되어 백성들의 수고가 있는 반면에 어염의 경우는 세금 이외에 다른 부역은 부과하지 않았다고 하였고, 부과된 세금에 대해서도 적은 세금이라고 한 것을

---

6 수토란 수색하여 토벌한다는 뜻으로, 거주가 금지된 도서지역에 사람이 살고 있거나 외국인이 침입을 막기 위한 정책으로 사용된다.

7 『세종실록』 77권, 세종 19년 5월 1일 경인.

통해 백성들이 농사일을 회피하고 어염을 생업으로 간 까닭을 알 수 있다.

특히 서남해 도서지역은 잡목이 많아 소금을 생산하기에는 적합한 지역이었다. 이에 좌참찬 河演이 세종에게 전라도에 鹽場을 설치하여 官鹽의 이익이 있는지 실험하고자 건의하였다.

> 전라도 연해의 땅과 島嶼의 끝에 요사이 잡목이 많사옵고, 또 流移한 인물이 많으므로 염장을 배치할 만한 형편에 있사오니 관염의 이익을 먼저 전라도에서 시험하는 것이 가할 것입니다. 엎드려 바라건대 합당한 곳에 3, 4처를 설치하고 부근 각 고을에 분속시켜 유이하는 각색인물을 추쇄해서 핵호 色掌을 정하고 또 염장관을 두어서 소금을 굽게 하여 의창에 바치게 하고, 좋은 가격으로 곡식과 바꾸게 하여(후략)[8]

위 기사에서 볼 수 있듯이 전라도 연해 도서의 풍부한 잡목과 섬으로 이주한 인구를 활용하여 염장을 만들자는 것이다. 조선시대에 소금을 생산하는 방법은 바닷물을 달였기 때문에 製鹽하는 것에 있어서 연료로 사용되는 땔감용 잡목과 소나무는 중요한 재료로 활용되었다. 그렇기 때문에 잡목과 소나무가 풍부한 서남해 도서는 소금생산의 최적화된 곳이었다.[9]

이러한 제안에 대해서 세종은 받아들인 것으로 보이는데 이는 1446년(세종 28) 義鹽色[10]에서 각도의 경차관들로 하여금 지역별 煮鹽 생산실험을 하도록 한 것을 통해 알 수 있다. 해당지역은 강원도의 삼척, 경기도의 남양, 황해도 옹진, 경상도 동래, 충청도 태안, 전라도 흥양으로 이들 지역에서 소

8 『세종실록』 88권, 세종 22년 3월 23일 을축.

9 김경옥, 「朝鮮後期 西南海 島嶼의 社會經濟的 變化와 島嶼政策 硏究」, 전남대학교 박사학위논문, 2000, 19쪽.

10 조선 초기 의염(나라에서 전매하는 소금)에 관한 일을 맡아 보던 관아로 1445년에 설치하고 관원으로 도제조, 제조, 별감 등을 두었다.

금생산량을 비교하는 실험을 진행하였다. 다음 〈표 1〉은 지역별 자염 생산 실험결과를 표로 작성한 것이다.

〈표 1〉 1446년 자염 생산 실험

조건 / 지역	노동인력	작업기간	소금생산량
황해도 웅진	30명	28일	359석
경기도 남양	140명	18일	644석
강원도 삼척	60명	40일	170석
전라도 홍양	100명	20일	681석
경상도 동래	109명	15일	616석

위 표에서 알 수 있듯이 전라도 지역이 가장 많은 소금을 생산하고 있음을 알 수 있다. 이러한 부분은 예조참의인 李先齊가 동해안과 서남해안의 소금에 대해서 언급한 부분에서도 찾을 수 있다.

> 대저 소금은 인민의 일상생활에서 하루라도 없을 수 없는 것이어서 천지간에 없는 곳이 없사온데, 하물며 우리 나라는 삼면이 바다에 닿아서 모두 소금 굽는 땅이 되오니 더 말할 것이 있습니까? …(중략)… 이제 보고 들은 것을 말씀하오면 가마솥으로 달이어서 하루 밤낮을 지내서 하얗게 나오는 것은 동해의 소금이고, 진흙으로 솥을 만들어 하루에 두 번이나 달이어 짜게 만든 것은 서남의 소금인데, 서남에서는 노역이 조금 헐하면서 수익은 동해의 갑절이나 되옵니다.[11]

위 사료를 통해 동해의 소금과 서남해에서 생산되는 소금이 차이가 있는 것을 알 수 있다. 그리고 서남해안의 소금이 동해안에 비해 적은 노동력으로

11 『세종실록』 117권, 세종 29년 9월 23일 임자.

생산되기 때문에 이익이 갑절이나 된다고 하였다. 이는 이주민이 서남해안의 도서지역으로 유입하게 하는 가장 큰 요인이다.

2. 도서지역 개발

1) 둔전과 수군진 설치

임진왜란 이후 조정에서는 농지확보를 위해 둔전의 설치를 적극적으로 추진해나갔다. 둔전은 원래 무주진황지나 양외가경지를 대상으로 설치하였지만 17세기 중반에 이르게 되면 공한지의 확보가 어려워져 민전을 절수 대상으로 삼는 현상이 나타났다.[12]

조선 전기 도서지역에는 목장을 설치하여 운영하였고, 이로 인해 도서 거주민을 이주시키기도 했다.[13] 하지만 국용 조달원으로써의 목장의 가치는 점점 잃어갔다. 그 이유는 도서지역에 둔전을 설치하면 운영 비용과 물류 부담을 줄이면서도 수확을 많이 얻을 수 있기 때문에 金瑬는 전라도의 황원, 완도, 지도, 고금도, 의도, 위도, 고군산도 등에 있는 목장을 둔전으로 전환시켜야 한다고 주장하였다.[14]

둔전은 주로 목장이 없는 도서에 설치되었다. 연해의 주민들은 경작이 가능한 도서에 입도하거나 왕래하며 민전을 운용하였는데, 기관에서는 도서의 민전을 모입하거나 탈점하면서 재원을 적극적으로 확보하고자 했다.

섬 내부가 개발되면서 자연스럽게 인구 역시 증가되었다. 도서지역의 인구 유입은 17~18세기에 주로 이루어졌는데 1707년(숙종 33) 논의에서는 흑

---

12 송양섭, 「17세기 군영문 둔전의 확대와 경영형태의 변화」, 『역사와 현실』 36, 2000, 283~287쪽.

13 『세종실록』 권 110, 세종 27년 10월 9일 경술.

14 『인조실록』 권 17, 인조 5년 11월 17일 경진.

산도와 가거도를 방어 상의 이유로 공도로 만들고자 했으나 백성들이 들어와 개간하며 정착하여 토지가 240여 두락에 인구가 40여호나 되는 상황으로 보고가 들어왔다. 이러한 상황에 백성을 내쫓는 것이 불가능해졌기 때문에 훈련도감으로 하여 둔전을 구관하도록 조치하였다.[15]

이처럼 18세기 초반을 전후하여 경작지가 개발됨에 따라 도서지역에 인구가 크게 증가하였으나 이들에 대한 파악은 미약한 수준이었다. 도서지역의 행정에 대해서는 국가차원의 군현제적 시스템에 의한 지배라기보다는 토지 개간을 주도 혹은 소유권을 가진 왕실이나 기관에서 담당하는 경우가 많았으며 이때 둔장과 같은 둔전 관리자가 지역 차치의 책임자 역할을 하였다.[16] 이러한 상황 때문에 도서지역의 호구 파악이 쉽지 않았으며, 도서지역 주민 중의 호적에 오른 경우는 불과 10%에 불과하다는 의견이 제시 될 정도였다.[17]

이러한 섬에 거주하는 주민에 대한 파악과 부역 문제를 해결하기 위해서는 섬의 행정력이 국가의 공적 지배 영역 안으로 들어가야 했는데, 이를 위해 제시된 것이 도서지역의 設邑논의였다.[18]

이러한 논의는 1729년(영조 5)에 논의가 이뤄지게 되는데 내용은 다음과 같다.

이태좌가 아뢰기를 "신이 젓번에 전 전라 병사 조경이 다음과 같이 말하였습니다. '나주 등 고을이 관할하는 서해와 남해의 여러 섬이 57개나 됩니다. 그 중 34개는 매우

15 『승정원일기』 437책, 숙종 33년 8월 19일 무술.

16 송양섭, 「조선후기 나주제도의 술수와 치읍논의의 전개」 『대동문화연구』 50, 2005, 392~393쪽.

17 『승정원일기』 772, 영조 10년 1월 28일 을사.

18 김경옥, 같은논문, 47쪽.

큰 섬으로 호의 수가 인호의 수가 모두 4300여 호이고 전결은 합이 4천여 결입니다. 그 밖의 작은 섬도 누락된 곳이 없지 않습니다. (중략) 거제나 진도의 규례처럼 여러 섬을 합하여 하나의 고을을 설치해야 합니다. 또한 해마다 섬을 순시하고 직접 민호를 점검하여 호적에서 누락되지 않도록 하고, 丁壯을 뽑아 대오를 편성하고 단속하도록 하면 해상방어가 허술하게 되는 근심을 막을 수 있습니다.'라고 하였는데 이 말이 참으로 일리가 있습니다.[19]

위 내용에서 이태좌는 전 전라병사 조경의 말을 인용하여 섬 지역을 관리하기 위해서는 크고 작은 섬을 합쳐 하나의 읍으로 편성하자는 주장을 하였다. 이후에도 섬을 통합하여 군현을 설치하는 것에 대한 논의가 나왔는데 1731년(영조 7) 호남어사 황정은 신역을 피하려는 유민이 도서지역에 가서 살다보니 도망자들이 모이는 곳이 되어버린 현실을 지적하며 고을을 설치하여 여러 섬을 통할하게 하면 충분히 군현의 모양을 이룰 것이라고 하였고, 이것이 바로 호남의 민심이라고 하였다. 이에 영의정 홍치중 역시 해방과 섬주민 보호를 위해서라도 고을을 설치하는 것이 좋다라고 하였고, 동승지 박문수도 10년동안 수려을 파견하면 王化를 입어 잘 다스려질 것이라고 동의하였다. 하지만 영조는 군현을 설치하여 각종 조세와 부역을 징수하면 주민들이 동요하게 되고 혹시 이들이 유배된 이들과 연계한다면 더 큰 화를 부를 것이라고 하였다. 이후 1748년(영조 24)에도 설읍에 대한 논의는 오갔으나 이를 실행하지는 않았다.[20]

서·남해안 도서에 대한 군현 설치가 실패한 이유는 기존 도서지역을 점거하고 있던 궁방과 아문과 같은 권력기구와 관계때문었다. 일들의 영향력

19 『승정원일기』 679책, 영조 5년 2월 20일 을미.

20 『승정원일기』 679책, 영조 24년 5월 6일 기축.

을 배제하면서 동시에 기존 재정을 대체해 줄만한 방안이 명확하지 않았기 때문에 설읍논의가 진행되기는 어려웠다. 또한 섬 주민들 역시 궁방과 아만의 지배가 오히려 익숙하였고, 국가기관의 통제가 적용될 시 중첩적인 부세 부담이 있을 것이라는 우려도 존재하였다.[21]

한편 17세기 후반부터는 도서지역의 군사적 가치가 재조명되기 시작하였다. 청의 해금정책이 풀리면서 황당선이 조선의 바다에 출몰하였고, 이에 대비하기 위해 조정에서는 주요도서에 수군진을 신설하기 시작하였다. 이들 수군진은 황당선의 무력 행위에 대해서 대응하면서 도민들이 이들과 접촉하는 것을 막고자 하였고, 이에 따라 도민들을 관할하는 행적적 기능도 동시에 수반하게 되었다. 그 결과 전라도의 경우 17세기에 설치된 6개 수군진 가운데 5곳이 섬에 설치되었다.[22]

도서 지역이 가지는 장점은 황무지 땅을 개간하거나 간척지를 개간한다는 점이다. 조선 전기에 이뤄진 도서지방에 개간은 주로 국가 주도로 이뤄졌다. 정부의 필요에 의해 개간이 이뤄진 섬은 순천의 突山島를 그 예로 들 수 있다. 돌산도를 개간하는 것에 대한 논의는 1477년 당시 우부승지인 成俊의 건의에 의해서였다.[23]

> 순천의 돌산도는 비옥하여 농사를 지을 만 합니다. 물길도 멀지 않고, 높이 올라가서 살필 수 있어서 비록 적이 온다고하여도 피할 수 있으니, 백성들이 농사를 지을 수 있도록 허가해 주는 것이 어떻겠습니까?[24]

21 송양섭, 앞의 논문, 2005, 408~411쪽.

22 송기중, 「17세기 수군방어체제의 개편」, 『조선시대사학보』 53, 2010, 17쪽.

23 김경옥, 위의 논문, 48쪽.

24 『성종실록』 권134, 성종 12년 10월 13일 갑진.

성준의 건의로 시작된 돌산도 개간 논의는 1477년(성종 8) 왜적이 돌산도에 출몰하여 병기와 잡물을 탈취한 사건과 1481년(성종 12) 왜선 3척이 수군과 접전을 벌인 사건으로 인해 중단되고 만다.[25] 중단된 논의는 1488년(성종 19)에 다시 이뤄지게 된다. 성종은 돌산도의 토지 개간에 대해서 傳敎를 내려 '전라도 돌산도의 토지가 기름져서 개간을 하여 곡식을 거두어 들인다면 軍需를 보충할 수 있을 것이다.'[26] 이에 대한 반대의견으로는 沈澮와 尹弼商 등은 돌산도를 개간할 경우 이익이 많은 것은 맞으나 왜적의 왕래가 빈번하기 때문에 개간을 반대하였다. 같은 해 8월 성종은 다시 전교를 내려 돌산도의 토지개간를 해야하는 이유를 강조하였다.

> 돌산도의 경작할 만한 땅에 비록 왜인들이 고기잡는 일로 왕래하고, 때로는 도둑질을 한다고 해도 염려할 것이 없다. 마약 왜변이 있다면 근심할 바가 유독 이 땅 뿐이겠는가? 백성들이 이 땅을 경작하게 되면 이익이 무궁할 것인데 어찌 한 고노의 말이나 한 감사의 견해로 폐하고 경작하지 않겠는가?[27]

위 사료를 통해 성종의 돌산도 개간에 대한 의지를 다시 한 번 볼 수 있다. 결국 돌산도의 토지에 대한 개간은 이뤄지고, 이는 조선 정부의 도서정책과 관련해서 의미하는 바가 있다. 그 이유는 1476년(성종 7)에 하삼도 관찰사 및 각 지역 수령과 만호에게 도서지역에서의 주민 거주를 금한다는 『事目』을 선포한 상태였기 때문에 돌산도 토지 개간은 조선 정부의 도서지역에 대한 인식에 변화가 이뤄지고 있음을 알 수 있다.28 돌산도의 토지 개

---

25 『성종실록』 권134, 성종 12년 9월 7일 무인.

26 『성종실록』 권217, 성종 19년 6월 2일 갑오.

27 『성종실록』 권219, 성종 19년 8월 18일 기유.

28 김경옥, 같은 논문, 49쪽.

간은 1538년(중종 33)에 이르면 소출량이 매년 1천여석에 이르러 전라도와 경상도를 비롯한 고을 거민들에게 還上으로 분급될 정도로 개간에 성공적인 사례라고 할 수 있다.[29]

두 번째로 간척지 개간을 들 수 있다. 간척지 개간는 황무지 개간과 다르게 조선후기에 이뤄지게 된다. 황무지가 이주민에 의해서 이뤄졌다면 간척지 개간은 주로 국가 주도로 이뤄지게 되는데 그 이유는 경제적인 부담감에 있다.

> 바닷가 연해의 토지는 하루 이틀 내에 수백 인을 동원해야 물을 막을 수 있고, 또 동원된 사람들에게 먹을 것과 노동력의 대가를 지불해야하는데 그 비용이 布貨 수십 필에서 쌀 수십 석이 소비됩니다. 이로 인한 재력이 많이 들기 때문에 비록 부유한 집일지라도 제방을 쌓기 어렵습니다.[30]

이처럼 간척지를 만드는 데는 제방을 쌓아야하기 때문에 막대한 비용이 소요되었다. 이로인해 도서지방의 간척지를 개간하는 일은 중앙세력에 의해 추진되었다. 1677년(숙종 3)과 1701년(숙종 27)에는 각각 영암군 昆一面 牛嶼와 영암군 松旨面 獐島의 간척지를 개간하였다. 이때의 개간주체는 於義宮과 劉淑儀房으로 宮家에서 堤防과 堤堰을 쌓아 경작지를 마련하였다.

주로 간척지 개간은 중앙정부에 의해서 이뤄졌지만 이주민에 의해서도 개간이 이뤄졌는데 장흥의 平日島·山日島·來德島·得良島 등지의 토지 개간이 이에 해당된다.[31]

---

29 『중종실록』 권88, 중종 33년 10월 13일 계축.

30 『세종실록』 권88, 세종 22년 3월 23일 을축.

31 김경옥, 위의 논문, 50쪽.

> 좌부승지 金在魯가 말하기를 신이 작년에 명을 받들어 호남에 갔을 때 백성의 억울한 일을 듣게 되었습니다.…(중략)… 장흥 땅의 평일도, 산일도, 내덕도, 득량도 등지의 도서와 眞木里 등지는 모두 *娯嬪房*의 *折受地*입니다. 이 섬들은 100여 년 간 인근 유이민이 힘을 모아 개간하였고, 그 토지가 세습되거나 매매되어 서로 전래되었는데 처음에는 *於義宮*에서 둔전으로 차지하다가 지금은 *娯嬪房*에 귀속되어 있습니다.[32]

민간이 주도해서 간척하는 경우 세대를 거듭해서 간척사업이 이루어졌고, 이를 세습하고 매매하면서 이어나갔다는 것을 확인할 수 있다. 하지만 이 땅을 어의궁에서 차지하고 지금은 *娯嬪房*에 귀속되어 호남 백성들이 억울함을 호소하고 있다고 밝히고 있다.

이처럼 도서지역에 주민들이 계속해서 들어가고, 도서지방에 경작지가 늘어나게 되고, 이주민들의 경제기반이 마련되면서 섬은 국가의 財富를 창출하는 곳으로 인식하게 되었고, 이는 자연스럽게 섬의 대한 관심 증대로 이루어졌다. 이로 인해 조선 후기가 되면 조선 후기에 비해 파악된 도서의 수가 폭발적으로 증가하게 된다.

조선 초기의 도서의 개수를 파악한 자료는 『세종실록』「지리지」를 통해 알 수 있는데 서남해안의 도서 파악숫자는 30개에 불과했다. 하지만 조선 후기에 기록된 『신증동국여지승람』, 『동국여지비고』, 『대동지지』를 살펴보면 『신증동국여지승람』이 257개의 섬이 기록되어 있고, 『동국여지비고』에는 429개의 도서가, 『대동지지』에는 461개의 섬을 파악하고 있는 것이 확인된다. 이는 앞서 개간지를 통해 도서 이주민의 경제력이 상승하고, 국영 목장 설치와 같은 정책으로 인해 도서지역에 대한 행정력이 강화되었을 것으로 보인다.

---

32 『版籍司辛丑謄錄』 1책, 1721년(신축) 1월 28일.

3. 도서지역 면리 편제 실시

결국 도서지역에 대한 국가의 일원적 지배를 위한 설읍논의는 실패되었지만 도서지역의 늘어난 인구와 전결을 방치할 수만은 없었다. 별도의 군현 설치는 아니더라도 도서지역에 산재한 인구에 대한 통제는 필요한 면이 있기 때문이다. 이를 위해서 설읍에 대한은 면리 단위로 도서지역을 편제하는 것이었다.[33]

도서지역의 행정편제와 인구파악은 1789년(정조 13)에 기록된 『호구총수』를 통해 파악할 수 있다. 호구총수에 나타난 도서지역을 별도로 기재하였는데 광주는 면 23개, 리 131이고 여기에 섬이 3개로 이뤄진 지역이었다. 이 때 섬은 동리 단위에 해당하며 실제 언주면의 하위 동리로 저자도·무동도·부로도가 있음을 알 수 있다. 이처럼 경기지역에서는 동리 단위에 별도로 섬을 언급한 경우는 광주(3)를 비롯하여 강화(11), 남양(4), 교동(1), 부평(3), 인천(5), 고양(1)이 있다. 강화지역의 경우는 서행안에 위치한 11개의 동리를 별도로 제도면으로 묶어 편성하기도 하였다. 이처럼 여러 섬을 별도로 면으로 묶어 편제한 경우는 전라도 지역에서 다수 확인이 된다. 나주의 경우는 면 33개와 함께 섬 33개로 이뤄졌으며 그 아래에 리가 769개 있음을 알 수 있다. 이 때 섬 33개는 일반 내륙의 면과 동일한 행정단위이다.

이렇듯 조정은 18세기 후반부터 면리제를 통해 서남해에 흩어져 있는 도서지역을 행정 구역화 시켰다. 섬이 내륙과 다른 환경에 있지만 조정에서는 내륙과 동일한 면리 구조를 따랐는데 이는 도서지역의 주민을 일반적인 통치의 대상으로 삼겠다는 뜻으로 보인다. 하지만 섬은 여전히 중앙에서 파견한 수령의 통치·교화의 범위에 들어오기 어려웠고, 섬 주민들도 내륙의 상

---

33 엄기석, 「치읍, 도서에 대한 행정적 지배」, 『2023년 독도연구소 학술회의 자료집』, 2023, 99쪽.

황들과 다른 환경에 놓여있었다. 이를 보완하는 방식으로 조정에서는 면임과 바다에 설치된 수군진을 적극적으로 활용하는 방법을 통해 섬에 대한 지배를 계속해서 시도하였다.

Ⅲ. 서남해안 도서 및 울릉도 수토

1. 서·남해안 도서 수토

서·남해안의 도서지역의 수토는 서해와 남해로 나누어 설명할 수 있는데 이는 단순히 지역을 나눠지는 부분도 있지만 수토의 대상이 서로 달랐기 때문이다. 서해안의 수토의 경우는 주로 명·청나라 사람에 관한 것이 주로 이루고 왜적과 관련된 것은 많지 않다. 중국과 관련된 수토에 대해서는 소극적인 자세를 취하며 이뤄졌는데 그 이유는 사대관계에 있기 때문에 갈등을 일으키지 않고자 한 것으로 보인다. 그 사실을 아래의 기사에서 확인할 수 있다.

> 윤필상, 정문형, 한치형, 성준이 의논드리기를 "해랑도에 사는 자는 비단 우리나라 백성만이 아닌데 만약 군사를 출동하여 수색을 하다가 唐人이 많이 살육되면, 上國에서 반드시 노할 것이므로 전일에 사대한 정성이 깨끗하게 허사가 될 것이오니, 상국에 보고하는 것이 도의사 매우 온당할 것입니다.[34]

위 기사를 통해서 수토시 만날 중국인에 대한 가이드라인을 제시하고 있

---

34 신태훈,「조선시대 島嶼地域 搜討에 관한 연구」, 강원대학교 석사학위논문, 2017, 13쪽.

다고 볼 수 있다. 해랑도에 군사를 출동하여 수색하다가 중국인에 대한 사상자가 생길 것을 우려하고, 이로인해 이전에 잘 유지하고 있던 사대관계가 흔들릴까 염려된다는 것이다. 그렇기 때문에 먼저 중국에 보고를 하고 진행하는 것이다.

이러한 기조는 1540년 1월 19일 기사에서도 확인할 수 있다.

> 지금 날씨가 점차 온화해져 동상을 입을 폐단은 없겠지만 의복과 식료를 갖춰 나누어주고 구호하여 돌려보내도록 下書해라. 이번에 가는 사은사 편에 들여보내는 것이 좋을 것이다. 만약 이 사람들이 벌목이나 불고기를 잡을 목적으로 여기에 왔다면 나머지 선박들도 꼭 찾아내야 한다. 그들을 수색할 때는 대항해서 싸울 가능성이 없지 않으니 漢學通事 2명을 속히 보내도록 하라 첫째, 수색할 때는 대화로 설득하여 깨닫게 해 싸우지 말도록 해라. 또한 우리 군졸로 하여금 신중히 가볍게 사격하지 못하도록 할 것이다. 둘째 唐人을 보호하여 병을 치료하고 올라오게 할 것을 예조에 이르라.[35]

위 내용을 보면 중국 사람에게 의복과 식료를 갖춰 구호하고, 돌려보내게 하라고 하였다. 그러면서 이들이 벌목과 어업을 하러 왔다면 이를 찾아낼 것을 명하면서 2가지 규칙을 설명하였는데 첫 번째가 대화로 설득하는 것이다. 대화로 설득하기 위해서 한학통사 2명을 대동하게 하고, 군졸에게 사격을 하지 말 것을 강조하고 있는 것을 확인할 수 있다. 두 번째는 당인, 즉 중국인을 보호하고 병에 걸릴 시에는 치료하라는 내용이다.

이러한 소극적인 태도는 오히려 황당선이 더욱 자주 출몰하게 되는 사태를 초래하기도 하였다. 심지어 황당선에 의해 조선인이 목숨을 잃는 상황이

35 『중종실록』 권92, 중종 35년 1월 19일 임자.

발생하기도 하였다.[36]

> 전라우수사 민덕서는 전에 나주의 섬에서 황당선과 접전할 때 기회를 보아 적어게 대응하지 못하였을 뿐 아니라 스스로 겁이 나서 배 안에 엎드려 체통을 잃어 사람이 많이 죽고 다쳤으며 싸움에 져서 달아나매 당인들이 자기들의 볼기를 치며 웃고 모욕하였습니다.[37]

이러한 결과는 조선의 중국인에 대한 온건한 태도로 인해 나타날 수 밖에 없는 결과였다. 중국인에 대해서 만약 나포하여 육지로 송환시킨다면 조선의 人馬가 많이 동원되기 때문에 조선의 입장에서도 경제적으로도 부담이 되는 상황이었다. 그래서 조선정부는 황당선에 대한 대처를 육지 상륙은 막고, 식량을 주어서 스스로 떠나게 하는 것이었다. 만약 육지상륙을 허가한다면 이들이 빈번하게 육지에 상륙하여 영내의 식량과 식수를 요청할 수 있기 때문에 바다에서 돌려보내는 것이 가장 합리적인 방법이라고 생각한 것 같다.

황당선에 대한 대처가 온건한 대처였다면 왜구에 대한 수토는 무력을 통해서 왜구를 내쫓을려고 했다. 하지만 왜구와의 싸움에서 조선의 피해도 컸다.

> 왜선수토군관 이승인이 "왜적을 만나 싸움에 패하여 죽은 자가 10명입니다."하니 전교하길 "남방의 군장이 섬에 있는 왜선을 색출하여 토벌할 것을 청하고 병조도 수토하라고 명하였다. 대체로 배를 잘 부리는 것이 왜인의 장기인지라 나는 늘 수토를 해서는 안 된다고 했다. 이를 병조에 말하라."라고 하였다.[38]

36 신태훈, 위의논문, 14쪽.

37 『중종실록』 권104, 중종 39년 9월 28일 갑자.

38 『중종실록』 권26, 중종 11년 8월 7일 병진.

위의 기사를 통해서 왜적이 배를 잘 부리기 때문에 수토 과정에서 사상자가 발생하였기에 중종은 수토를 하지 말라고 한 것이다. 이러한 수토의 방식은 서남해안에서 계속해서 유지되었다. 아래의 표는 서·남해안 지역의 수토 상황을 정리한 것이다.

〈표 2〉 서·남해안 수토 현황39

연도	직위	이름	수토내용	출처
1394년	미상	미상	빠른 배로 정예병을 싣고 여러 섬을 수색하고 적을 쫓아가 잡도록 할 것이며, 절제사가 사고가 있으면 조정에 보고 할 것.	『태조실록』 권6, 태조 3년 7월 30일 정묘.
1406년	全羅道水軍團撫使	金文發	김문발이 萬戶 林溫과 慶尙道兵船押領上鎭撫 魚元海 등과 더불어 安釜島를 수색하여 적선 한 척을 잡음.	『태종실록』 권11, 태종 6년 3월 24일 갑인
1407년	水軍僉節制使	盧仲濟	충청도병선 11척이 전라도의 倭寇를 수색하여 群山島에 이르렀다가 颶風을 만나 傷敗함.	『태종실록』 권14, 태종 7년 7월 30일 신사
	都萬戶	宋典		
1419년			포로로 잡은 자가 본도에 3백 55명, 충청도에 2백 3명, 강원도에 33명으로 모두 5백 91명, 물에 몸을 던져 자살한 자가 1백 36명이요, 포로 된 중국인이 6명.	『세종실록』 권4, 세종 1년 6월 4일 정축
1419년	濟州都按撫使	鄭乙賢	제주 상선 1척이 왜적에게 포위되어 7인이 사로잡혀 군사 103명을 뽑아 삼판선 17척을 보내 大靜縣 사람 3명을 구출함.	『세종실록』 권6, 세종 1년 11월 15일 을묘
	判官	河澹		
1423년	萬戶	李貴生	1423년 9월에 萬戶 李貴生이 전라도 孤草島에서 倭를 잡을 때 따라가서 공을 세운 一等鹽干 3인과 二等鹽干 15인에게 기해년의 東征하였던 군사들에게 例에 의하여, 1등에게는 補充軍이 될 것을 허하고, 2등에게는 자신의 사역을 면제하고 功牌도 만들어 주는 것을 건의함	『세종실록』 권23, 세종 6년 3월 20일 병신
1426년	미상	尹得民	1. 都萬戶로 하여금 경쾌한 배를 더 만들어 여러 섬을 搜探하게 할 것이요, 1. 濟州의 貢船이 나올 때에 미리 서로 통하게 하고 萬戶가 경쾌한 배를 타고 巡行하면서 守護하게 할 것입니다."	『세종실록』 권19, 세종 5년 1월 14일 병신

39 신태훈, 「조선시대 島嶼地域 搜討에 관한 연구」, 강원대학교 석사학위논문, 2017, 14~16쪽.

<table>
<tr><th>연도</th><th>직위</th><th>이름</th><th colspan="2">수토내용</th><th>출처</th></tr>
<tr><td>1447년</td><td>미상</td><td>미상</td><td colspan="2">孤草島 수토를 명년 3, 4월 쯤으로 하기로 함.</td><td>『세종실록』 권116, 세종 29년 5월 26일 병진.</td></tr>
<tr><td>1463년</td><td>미상</td><td>미상</td><td colspan="2">중추원부사 高得中이 제주에 갔다가 표류함으로 수색하게 하였음.</td><td>『세조실록』 권30, 세조 9년 6월 2일 경신</td></tr>
<tr><td>1473년</td><td>미상</td><td>미상</td><td colspan="2">왜선 8척이 孤草島 사이에 머물고 있다고 하니 적왜 여부를 가려서 함부로 살상하지 말도록 하라고 함.</td><td>『성종실록』 권46, 성종 5년 8월 27일 기유</td></tr>
<tr><td>1478년</td><td>미상</td><td>미상</td><td colspan="2">왜선이 孤草島를 지나지 않기로 했는데 고초도를 넘어 도둑질을 하였으니 잡아야 한다고 병조에서 주장함.</td><td>『성종실록』 권91, 성종 9년 4월 15일 병오</td></tr>
<tr><td>1458년</td><td>미상</td><td>미상</td><td colspan="2">경기·전라도·충청도의 관찰사에게 諭示하기를 지난 3월 27일에 대풍우가 있어 표류한 자가 있을까 우려되어 수색하고 있다면 구휼하라고 함.</td><td>『세조실록』 권12, 세조 4년 4월 2일 기미</td></tr>
<tr><td rowspan="3">1497년</td><td></td><td>李季仝
李良</td><td>병선2척, 복작선 29척.</td><td rowspan="3">먼저 체탐후 呂島·蛇島·鉢島·鹿島는 兵使 元仲秬에게 會寧浦·馬島·達梁島는 長興府使 梁瓘에게하고, 於蘭浦·金甲島·南桃浦는 右道水使李英山에게 원중거는 격군을 요해처에 정박시키고 각포를 나누어 수토하려고 한다고 함.</td><td rowspan="3">『연산군일기』 권22, 연산군 3년 3월 17일 경오</td></tr>
<tr><td>突山浦
萬戶</td><td>林春孫</td><td>작은배 6척.</td></tr>
<tr><td>光陽 順天</td><td></td><td>군사 184명.
수군 112명.
복작간 142명.</td></tr>
<tr><td>1497년</td><td>미상</td><td>미상</td><td colspan="2">2월 25일 午時에 倭船 4척이 비가 갠 틈을 타서 갑자기 鹿島로 들어와서 萬戶 金世俊과 군관 2인, 鎭撫 5인, 군사 20여 명을 죽임.</td><td>『연산군일기』 권22, 연산 3년 3월 1일 계묘</td></tr>
<tr><td>1498년</td><td>미상</td><td>미상</td><td colspan="2">해랑도를 수토하려 했으나 당(唐)인에게 피해갈까 염려하여 취소</td><td>『연산군일기』 권31, 연산군 4년 12월 12일 계묘</td></tr>
<tr><td>1510년</td><td>軍官</td><td>康允禧</td><td colspan="2">도원수가 강윤희에게 가덕도를 수토할 것이니 서울에 가서 화포와 기계를 많이 청해 올 것을 명하고 임금이 그렇게 하라고 하였다.</td><td>『중종실록』 권11, 중종 5년 4월 24일 기유</td></tr>
<tr><td>1510년</td><td>左右道
防禦使</td><td>미상</td><td colspan="2">좌·우도 방어사를 보내어 加德島를 수색하였으나, 賊倭는 보지 못하고 기명·활·솥만을 얻어 가지고 돌아왔다</td><td>『중종실록』 권11, 중종 5년 5월 4일 무오</td></tr>
<tr><td>1511년</td><td>경상도
병마
절도사</td><td>柳聃年</td><td colspan="2">가덕도에서 싸워 생포 40명, 부상 12, 20명을 죽임</td><td>『중종실록』 권14, 중종 6년 12월 16일 임진</td></tr>
<tr><td>1515년</td><td>安骨浦
萬戶</td><td>權舜</td><td colspan="2">권순이 수토선을 왜선으로 착각하여 논쟁이 붙음</td><td>『중종실록』 권23, 중종 10년 11월 9일 신묘</td></tr>
<tr><td>1516년</td><td>倭船搜
討軍官</td><td>李崇仁</td><td colspan="2">왜적에 패해 죽은자가 10명에 이름</td><td>『중종실록』 권26, 중종 11년 8월 7일 병진</td></tr>
</table>

연도	직위	이름	수토내용	출처
1521년	미상	미상	이때부터 우수영에서 楸子島 수토에 관할을 맡게 되어 항상 하게 됨.	『중종실록』 권42, 중종 16년 7월 6일 을묘
1521년	特進官	李自堅	이자견이 추자도 주변에 섬에 포작인을 쇄환하고 수토할 것을 청함	『중종실록』 권44, 중종 17년 5월 28일 계유
1523년	미상	미상	왜선이 향해 가는 경기도·충청도·전라도 등지에 선전관을 보내 수토하고 포획케 하다	『중종실록』 권48, 중종 18년 6월 13일 임자
1523년	미상	尹任	尹任이 군관 2인에게만 군사를 영솔하게 하여 왜인과 싸웠으나 포획하지 못함. 그래서 金鵬이 윤임에게 묻자 沈義孫이 수토한 사실을 말함.	『중종실록』 권48, 중종 18년 6월 17일 병진
1523년	미상	李季仝	1497년에 왜적이 녹도에 침공하여 수토할 때 대맹선이 아니라 포작선을 사용했음	『중종실록』 권48, 중종 18년 6월 26일, 을축
	미상	沈義孫	심의손이 병선 및 포작선 12척을 거느리고 효용군 1백여 명을 인솔 수토. 왜적을 만나 나장 1인과 진무 1인이 피살	
1523년	虞候	趙世幹	병사는 안마도로 虞候 趙世幹은 猬島를 향하여 가서 搜討하였음.	『중종실록』 권48, 중종 18년 7월 6일 갑술
1529년	全羅左道水使	權彭年	鵲島를 수토해서 왜척 2척 중 1척은 도망가고 1척을 잡음 왜인 7명중 1명은 물에 빠지고 6명을 잡았으나 참수시킴 1명은 제주사람 高禿伊孫이 건져내어 같이 올려 보냄	『중종실록』 권65, 중종 24년 4월 12일 정축
1529년	防踏僉使	李繼綱	수토를 하나 왜군의 길목을 몰라 망을 보지 않고 수토의 명을 이행하지 않음	『중종실록』 권65, 중종 24년 4월 15일 경진
1540년	黃海道觀察使	孔瑞麟	한학 통사(漢學通事) 2명을 보낼 것. 첫째, 수색할 때는 대화로 설득, 싸우지 말 것. 둘째, 중국인을 호송해 올 때에는 잘 구호(救護)할 것	『중종실록』 권92, 중종 35년 1월 19일 임자
1541년	永登浦萬戶	宋琚	수토의 열을 받는 일로 갔다가 薺浦로 돌아오던 중에 倭船 1척과 서로 만났는데 미리 겁을 먹고 달아나 印信과 軍器 및 助防將 曺世英과 군인 29명이 간 곳이 없고 송거만이 겨우 죽음을 면했습니다.	『중종실록』 권95, 중종 36년 6월 27일 임오
1541년	鎭撫	金有石	12월 15일에 加德島 수토하고 돌아오지 못하여 구하러 감 영등포 만호가 鄭雲이 교대 후 바람을 살펴 다음날에 나와야하는데 무리하여 나오다가 11명이 익사함	『중종실록』 권97, 중종 36년 12월 29일 경진
1544년	미상	미상	군산도(지금의 전북 고군산군도)를 수색하다가 4명을 추포함	『중종실록』 권104, 중종 39년 7월 5일 임인

연도	직위	이름	수토내용	출처
1544년	미상	미상	중국 태안 마근포에 정박했던 배가 21일 홍주 어청대도로 향해 후망 수토를 명하여 중국인 38명을 돌려보냄	『중종실록』 권104, 중종 39년 7월 24일 신유
1544년	미상	미상	당선이 지경에 와서 투항을 하면 데리고 오라고 하였는데 전라도변장이 적은 군졸로 쫓아가 패퇴하였으므로 앞으로 수토하지 말 것을 명함	『중종실록』 권104, 중종 39년 8월 5일 신미
1545년	미상	미상	전라도는 왜인을 접대하는 곳이 아닌데 왜선이 보이면 수토하여 금절해야하는데 그렇지 않았으므로 관리자를 파면 추고함	『인종실록』 권1, 인종 1년 3월 16일 무인
1545년	呂島萬戶	馮繼渟	呂島萬戶 馮繼渟이 諸鎭의 적로를 수토하여 벤 수급이 108급이였으나 살펴보니 중국인 이었다.	『명종실록』 권1, 명종 즉위년 7월 26일 병술
1554년	全羅水使	金景錫	전라수사 김경석이 흑산도를 수색하다가 12척이 표실하여 4~500여명이 사망. 虞候 尹世豪와 郡守 愼邦佐, 判官 黃憑, 縣監 朴世寬, 萬戶 柳秩, 權管 金水生등이 속함.	『명종실록』 권16, 명종 9년 2월 3일 갑술.
1590년	吾叉浦萬戶	元景全	오차포 만호 원경전이 일차 수토장(日次搜討將)으로서 적선(賊船)으로 하여금 자행하게 하였으니 그러한 사연으로 추고하소서." 하였는데, 비변사에 계하하였다.	『선조실록』 권24, 선조 23년 12월 23일 신묘
1605년	미상	미상	적선이 정박할 만한 곳에 각별히 搜討將을 정해 보내서 철저히 수토하게 하소서	『선조실록』 권190, 선조 38년 8월 14일 병진
1605년	西海諸島搜討代將前主簿	金雄國	서해제도 수토대장 전주부 김웅국이 8월 8일 흑산도를 수토하여 왜인 5명 중 3명사살 2명을 생포 함.	『선조실록』 권190, 선조 38년 8월 28일 경오
1607년	兵使 龍媒搜討代將	權俊 安賢	海浪島의 도적마자 감당 못하고 수포에 나선 병선을 빼앗기기까지 함. 이에 권준과 龍媒搜討代將 安賢을 처벌해야함.	『선조실록』 권209, 선조 40년 3월 13일 병자
1614년	미상	미상	오늘 제주에서 잡힌 왜인 6명을 조사함.	『광해군일기』 권29, 광해군 6년 7월 2일 임자
1640년	馬梁僉使	金克謙	金克謙이 수색하지 않아 양곡선이 홍원곶에서 해적선 2척을 만나 7,8명이 부상당하고 군량미를 모두 빼앗김.	『인조실록』 권40, 인조 18년 윤1월 20일 임인
1649년	豊川府使	李希曾	椒島 등의 섬을 전부터 임의로 搜討하였는가 이 때 약간의 군관들이 임의로 출입하는 것은 일이 매우 부당하니 추고함.	『비변사등록』 권 13, 효종 즉위년 9월 2일 무오
1655년	安興僉使	미상	李厚源이 이르기를 안흥검사에게 듣기로 적선을 수토하는 일로 나갔지만 소식이 없으니 이 또한 가히 의심스럽다.	『승정원일기』 권7, 효종 6년 6월 6일 기미

연도	직위	이름	수토내용	출처
1669년	以黃海監司延安搜討軍	趙忠元	황해감사로써 연안 수토군 조충원 등 열 명이 익사한 일을 장계에 올림	『승정원일기』 권11, 현종 10년 11월 10일 기해
1682년	搜討監官	朴成一	박성일이 보름이후 수토차례이므로 가야 하나 계속해서 가지 않음.	『승정원일기』 권14, 숙종 8년 6월 6일 임오 / 『비변사등록』 권 36, 숙종 8년 6월 7일
1785년	平安監事	鄭一祥	薪島에 뛰어들어 126명을 보내옴	『승정원일기』 정조 9년 10월 2일 무인
1786년	미상	李潤彬	薪島에 들어온 자가 588명이 40개 초막을 짓고 어채를 함	『정조실록』 권21, 정조 10년 3월 6일 경술
1792년	龍川府使	柳光國	신도를 수토하였는데 외국사람 21명이 중선 2척과 소선 1척을 거느리고 3곳에 막사를 지었다.	『승정원일기』 권90, 정조 16년 5월 12일 기유
1803년	미상	미상	유문희(劉文喜) 등 6인이 장자도(獐子島)로 도망쳐 용천부사(龍川府使)와 미곶첨사(彌串僉使)로 하여금 장교와 군졸 및 역학(譯學), 소통사(小通事)와 청국과 합동작전을 벌임.	『순조실록』 권5, 순조 3년 9월 2일 갑오 /『승정원일기』 권99, 순조 3년 9월 2일 갑오
1803년	미상	미상	협력해서 수토(搜討)하겠다는 뜻으로 왕복하여 약속하고 하루 종일 수색하였습니다.	『순조실록』 권5, 순조 3년 9월 17일 기유 /『승정원일기』 권99, 순조 3년 9월 17일 기유
1804년	平安都事	金璞	평안도사 金璞이 장계에 신도수토의 무탈을 올리	『승정원일기』 권100, 순조 4년 10월 22일 정축
1805년	宣川防禦使	李宅永	이택영이 신도 수토한 일을 장계를 살펴보니 많은 종이 가득히 젖어 글자모양에 진흙이있었다.	『승정원일기』 권100, 순조 5년 윤 6월 19일 경자
1883년			舟師이 있는 고을과 진에서 搜討軍과 水營의 攔後砲軍을 혁파	『고종실록』 권20, 고종 20년 11월 23일 경자

서·남해안의 수토의 규모의 경우에는 흑산도 수색을 했던 전라수사 김경석이 12척이 표실하여 4~500명 가량이 죽었다는 것과 심의손이 병선 및 포작선 12척을 거느리고 효용군 100여명을 인솔했다는 것을 통해 대략적으로 12척의 선박을 활용한 것으로 보인다. 이러한 수토군의 규모는 임진왜란 이후 바뀌게 되는데 1608년 기사에 각 진의 수토선의 수가 2~3척에 불과하

고 선격과 사부는 10명이 채 안 된다고 한 것[40]을 통해 수토선은 2~3척으로 줄어든 것을 확인할 수 있다.

이후의 수토선의 규모는 2척 정도의 규모에서 보내졌을 것으로 추측된다. 『忠淸水營所在各樣船隻及改造株數區別數爻成冊』에 따르면 '搜討船 2隻'이라는 단어가 명시되어 있다. 이를 일 반 병선이라고 할 수 있지만, 수토선 2척에 앞서 '三兵船'이라 기재하여 수토선과 병선을 별도로 기재한 것을 알 수 있다.

이와 같은 의미에서 보령현을 소개하는 읍지에서 당시 수영의 군대 규모를 소개하고 있는데

전선 2척, 거북선 1척, 방선 1척, 병선 2척, 하선 7척, 수토선 2척 등 다양한 용도의 선박을 소개하고 있는데 여기서 명확히 수토선을 구분하여 설명하고 있고, 그 규모도 앞서 이야기 한 것과 같이 2척으로 동일하다.

『비변사인방안지도』 보령현 에 대한 설명을 보면 수토선 2척이라는 단어가 분명히 명시되어 있고, 『海東地圖』 충청도 수영 부분을 살펴보면 해외 수토선 1척이라고 명시하고 있어 수토선의 편성 숫자를 대략적으로 알 수 있다.

『江華府誌』에는 수토에 대해서 설명을 하고 있는데 그 구분을 內洋과 外洋으로 구분에서 설명하고 있다. 강화부지에는 수토에 참여하는 관리의 규모를 명시하고 있다는 점에서 큰 의의가 있다. 강화부지에 따르면 "내양은 감관, 색리, 사수, 포수, 사공 각 1인과 격군 4인이요. 외양은 그 수의 배로 하고 그 시기는 2월~9월이며 영종, 화양, 주문, 덕종, 장봉 등 6진에 윤회하는 것을 정하여 보내어 수토하되 매 내양 1진 외양 2진이다."라고 기재되어 있다.

위의 자료들을 통해 봤을 때 조선 전기에는 최소 100명에서 최대 500명의 규모로서 수토를 했을 것으로 보인다. 그리고 수토에 참석한 계층은 다양

---

40 『광해군일기』 권8, 광해군 즉위년 9월 13일 정유.

한데 우후, 군수, 판관, 현감, 만호, 권관, 감관, 색리, 사수, 포수, 사공, 격군 등이 있는데 특이한 점은 관리와 군인이 아닌 鮑作人을 수토에 포함시켰다는 점이다. 이러한 사실은 도내의 방어사목을 적은 同義事目의 목록 중에는 수토에 관한 항목도 있는데 그 내용은 다음과 같다.

> 諸島를 수색 토벌할 때에 해주, 옹진 연해 각 고을에 와 살면서 鮑作 하는 사람들을 골라 뽑아 병선에 나누어 태울 것[41]

포작선을 어민들이 어채활동을 할 때 이용하는 배인데, 수토에서도 활용된 것이다. 수토에 포작선을 사용하는 이유는 포작선이 가볍고 빠르기 때문에 섬이 많은 서·남해안에서는 큰 배인 대맹선보다 포작선이 활용도가 더 높았던 것으로 보인다.

서·남해안의 수토의 경우에는 월 3회 수토를 거행하는 것을 원칙으로 삼았다. 서·남해안의 수토가 정례화 되고 있음을 알 수 있는데 아래의 기사는 그 내용이다.

> 임술·계해년 이후 월 3회로써 수토를 한다고 되어 있는데 수로에 출입하는 것이 고생스러워 그 법을 폐한지 오래였는데 지금부터 다시 월 3번 수토하는 법을 별도로 거행하는 것이 좋을 듯하다.[42]

위 기사를 통해서 수토가 규칙적으로 시행된 시기는 임술, 계해 이후로 시작되고 있음을 알 수가 있다. 하지만 월 3회가 섬을 정기적으로 출입하는

---

41 『중종실록』 권48, 중종 18년 5월 28일 정유.

42 『승정원일기』 권85, 정조 10년 2월 29일 계묘.

것은 수고스러운 일이기 때문에 이 법을 폐한지가 오래되었고, 이명직은 지금 다시 월 3회 수토를 정할 것을 건의한 것이다. 하지만 이명직의 건의에도 월3회 수토가 이뤄지지 않고, 비정기적인 수토만을 이어나갔다.

2. 울릉도 수토

앞서 말했듯이 도서 지역의 주민의 경제력이 올라가면서 조선 정부의 섬에 대한 인식은 조선 후기로 가면 점차 변화되어 도서 지역 이주민에 대한 행정력을 강화해 가는 쪽으로 초점이 맞춰졌다. 이러한 상황 속에서 1차 안용복 사건 이후 소위 '울릉도 쟁계'를 통해 울릉도에 대한 관심이 부각되기 시작했다.

이에 남구만은 숙종에게 삼척첨사를 보내어 울릉도의 상황을 살펴보게 하여 울릉도에 진을 설치할 것을 건의하였다. 하지만 남구만의 건의에 바로 삼척첨사가 바로 울릉도로 가지 못했는데 이는 당시 삼척첨사인 이준명이 울릉도 순찰을 회피하였기 때문으로 생각된다.

사료만을 봤을 때는 이준명이 먼저인지 장한상이 먼저 삼척첨사가 되었는지 알 수는 없지만 7월 달에 임금이 윤허하였는데 남구만이 굳이 8월 14일(기유)에 다시 한 번 건의를 올린 것[43]을 보면 이준명이 삼척첨사가 먼저 되었으나 이준명이 이를 회피하여 장한상이 삼척첨사가 되어 9월에 울릉도 수토를 떠나 10월에 돌아오게 된다.[44]

장한상이 돌아온 후 남구만은 임금에게 이르기를 "백성이 들어가 살게 할 수도 없고, 한두 해 간격을 두고 수토를 하는 것이 합당합니다."라고 건의

---

43 『숙종실록』 권27, 숙종 20년 8월 14일 기유.

44 위와 같음.

를 하고 임금이 이를 따르면서 수토정책이 공식적으로 시작되었다고 볼 수 있다. 이러한 수토정책은 덕천막부가 일본인의 울릉도 도해금지를 내림에 따라서 울릉도가 조선영토임이 재확인 된다. 이에 유상운이 다시 한 번 울릉도를 순시·감독할 것을 주청하고 임금이 2년 간격으로 들여보내도록 명하였다.[45]

이로 인해 울릉도 수토는 2년 간격, 즉 3년 마다 한차례씩 가는 것을 그 正式으로 삼았다. 이에 유상운은 上上年, 즉 1695년에 장한상이 이미 갔다 왔으므로 3년째가 되는 내년(1698)이 수토할 차례라고 하면서 바람이 순풍인 5월에 갈 것을 청하였다.[46]

하지만 유상운은 1695년에 장한상이 수토를 갔다고 착각을 하였다고 본다. 실록에 나와있는 장한상의 울릉도 수토날짜는 1694년 9월이기 때문이다.

수토관은 입송 때마다 임금의 재가를 받아 임명받는 형식[47]으로 정해졌다. 즉, 처음 수토제는 3년에 한번 씩 임금의 재가를 받아 임명받은 수토관이 울릉도를 수토를 하는 것이 그 정식이었다.

울릉도 수토는 크게 3년 주기-2년 주기-1년 주기로 그 주기성을 나눌 수 있다. 3년주기는 1694년부터 1765년까지이고, 2년 주기는 1770년부터 1887년까지, 마지막으로 1년주기는 1888년부터 1893년까지이다.

1765년까지 대체적으로 3년 주기 수토의 원칙을 지키고자 했다. 1765년까지 수토는 총 12차례 시행되었는데 3년 원칙을 지킨 수토 횟수는 7회이고, 2회는 흉년으로 인해서 연기된 사례이며 나머지 3회는 주기성을 확실할 수 없는 사례이다.[48]

---

45 『숙종실록』 권31, 숙종 23년 4월 13일 임술.

46 『승정원일기』 권19, 숙종 23년 4월 8일 정사.

47 위와 같음.

48 신태훈, 「朝鮮時代 鬱陵島 搜討 硏究」, 강원대학교 박사학위논문, 2023, 39쪽.

1765년 이후 다음 수토는 1770년인데, 이후부터는 2년 주기의 수토가 파악된다. 1770년 윤 5월 5일 기사에 보면 울릉도에 들어온 사람들을 쇄환하는 과정에서 배가 전복되는 사고가 발생했다는 것을 통해 수토가 이뤄지고 있음을 알 수 있다.49 이후의 수토는 1772년 의금부 계언을 통해서 월송만호 배찬봉의 수토를 거행한 사실을 기록하고 있어 2년간격의 수토가 이 시기부터 시작되었다고 볼 수 있다.[50]

2년 주기의 수토는 시기적으로는 1770년부터 1887년까지 117년간 총 43회 거행된 것이 확인된다. 2년 주기 수토 시기에는 수토의 규모가 80명의 4척으로 이뤄지다가 이후 1873년 이후가 되면 60명의 4척으로 바뀌게 된다. 특히 1800년 이후에 전라도 어민들이 울릉도에 들어와 벌목 및 어업활동을 하여 이들을 파악하고 적발하는데 중점을 두었다. 더불어 1795년과 1797년에 2차례 채삼군을 대동하여 울릉도에 삼을 캐고자 하였다. 하지만 울릉도의 삼이 기대한 것보다 품질이 좋지 않아 이후 1797년 이후 대동하지 않았다. 1883년 이후에는 울릉도 개척이 공식화되면서 기존의 지세파악, 왜인탐색, 이주민 파악 등의 임무에 유입된 인구수와 개간지 파악의 임무가 추가되었다.

1년 주기 수토는 시기적으로 1888년부터 1893년까지로 총 6번의 수토가 거행되었다. 이때는 평해군수가 울릉도첨사를 겸하고, 월송만호는 울릉도도장을 겸하게 되면서 울릉도에 대한 행정적 관리가 들어가게 된다.

---

49 『승정원일기』 영조 46년 윤 5월 5일.

50 『승정원일기』 영조 48년 5월 6일.

Ⅳ. 결론

조선 전기에는 도서지역에 대한 인식은 주민들을 데리고 나오기 위한, 사람들이 섬에 살지 못하게 하고자 했다. 그렇기에 파악된 도서의 수도 30개에 불과하였다. 하지만 사람들은 여전히 도서지역으로 이주해서 자신들의 삶을 영위하고자 하였다.

도서지역 이주민들은 주로 魚鹽활동을 하였다. 소금은 농사에 비해서 세금도 적게 내고, 각종 부역에서 자유로울 수 있었다. 더구나 소금은 농사보다 적은 노동력으로 많은 이익을 낼 수 있다는 장점이 있었다. 이러한 행태를 보고 조정에서는 백성들이 농사를 포기하고 소금을 생산하는 일에 몰두할 것을 염려하기도 하였다.

이주민들의 증가함에 따라 조정에서는 도서지역에 대해서 둔전을 개발하고, 수군진을 설치하기도 하였다. 이와 더불어 인구수 파악과 이를 통제하기 위해서 도서지역에 邑을 설치하고자 하였으나 궁방 및 기관들과의 권력관계 문제 및 세금과 부역의 중첩 문제로 결국 실패하였다.

이에 대한 대안으로 조정은 각 지역의 도서지역을 면리제도로 편입시켰다. 서남해안의 많은 섬들이 리단위안에 포함되기도 하고 여러 諸島를 묶어 諸島面으로 통칭하기도 하였다. 즉, 조선정부는 도서지역을 꾸준하게 행정구역화 시키는 작업을 하였다.

또한 이주민들은 여러 해에 걸쳐 황무지를 개간하여 땅을 소유하여 세습하고, 매매하기도 하였다. 이러한 도서지역 이주민들의 경제력이 증대하자 조선 조정에서도 도서 현황을 파악하기 시작했다. 조선 후기 지리지에 표시된 서·남해안의 도서 수가 조선 전기에 비해 8배에서 10배 이상 증가한 것을 보면 도서지역에 대해서 관심도가 증가했음을 보여준다.

이러한 도서지역의 관심도 증가는 수토정책에서도 볼 수 있다. 서·남해안의 수토의 경우 1394년부터 1883년까지의 기록이 있는데 조선후기의 기록은 14건 밖에 되지 않아 전체 55건 중 약 25%을 차지하고 있다는 사실을 알 수 있다. 14건의 기록 중에 薪島에 관한 기사가 대다수를 차지하고 있어 국경지역의 섬을 제외하고는 대부분의 섬에 대해 행정이 닿고 있음을 짐작할 수 있다. 동해안의 울릉도 수토는 1694년 이후 이뤄지게 되는데 처음에는 3년 주기로 하다가 1770년부터 1887년까지는 2년 주기, 1888년부터 1893년까지는 1년 주기로 바뀌었으며 1883년 울릉도 개척이 시작된 이후로는 수토관의 임무에 유입인구 및 개척지 파악이 추가되었다.

이처럼 조선시대 도서지역에 대한 정책은 섬에 사는 사람들을 쇄환하는 정책에서 도서지역 이주민의 경제력이 증대되자 이들을 통제하고자 섬에 대한 행정력을 강화하는 방향으로 개간 및 개척을 통해 행정구역화 되었음을 알 수 있다.

참고문헌

고석규, 「조선시대의 도서인식과 경영」, 『2023년 독도연구소 학술회의 조선시대 도서인식과 관리정책 자료집』, 동북아역사재단, 2023.

고동환, 「조선후기 島嶼政策과 元山島의 변화」, 『역사와 담론』 45, 호서사학회, 2006.

김경옥, 「朝鮮後期 西南海 島嶼의 社會經濟的 變化와 島嶼政策 硏究」, 전남대학교 박사학위논문, 2000.

손승철, 「중·근세 조선인의 도서 경영과 경계인식 고찰」, 『한일관계사연구』 39, 2011.

송양섭, 「조선후기 나주제도의 절수와 설읍논의의 전개」, 『대동문화연구』 50, 성균관대학교 대동문화연구원, 2005.

엄기석, 「치읍, 도서에 대한 행정적 지배」, 『2023년 독도연구소 학술회의 조선시대 도서인식과 관리정책 자료집』, 동북아역사재단, 2023.

임학성, 「조선 전·후기 섬에 대한 인식 및 정책 변화 양상-전라도 지역을 중심으로」, 『해양문화재』 16, 국립해양문화재연구소, 2022.

조선후기 三陟營將의 위상과 재임실태

장정수 | 동북아역사재단 연구위원

Ⅰ. 머리말

조선후기 삼척영장의 임무는 막중했다. 강원도 嶺東 지역 9개 고을의 소속군사를 훈련시키는 것이 주요 임무였고, 討捕使를 例兼했기에 관할 지역의 치안도 담당하였다. 練兵과 討捕는 지역을 막론하고 모든 영장에게 부여된 임무였지만, 삼척영장에게는 울릉도 搜討라는 또 하나의 중임이 있었다.[1] 삼척영장은 삼척진수군첨절제사를 겸함으로써 육군은 물론 수군까지 지휘했으며 자연스럽게 울릉도 수토까지 관장하게 되었다. 삼척영장은 강원도의 右營將이면서, 영동 지역에서는 최고 군사지휘관이었던 것이다.[2]

삼척영장은 지방군제, 혹은 울릉도수토제의 책임자라는 관점에서 연구되었고 개별 영장으로는 가장 많은 성과가 축적되었다고 할 수 있다.[3] 영장제를 개관한 연구나 조선후기 강원도 군제를 다룬 연구에서 비중 있게 다루

1 신태훈,「삼척영장과 울릉도 수토제」,『이사부와 동해』15, 211쪽, 2019

2 삼척영장이 설치된 1672년 강원도의 병력은 남한산성에 배속된 原州鎭, 嶺西 지역의 春川防禦營將, 嶺東 지역의 三陟鎭이 3분하였다. 숙종대에 이르면 淮陽과 춘천의 병력도 철원영장의 지휘 하에 들어가면서 영서의 철원영장, 영동의 삼척영장이 강원도의 군사를 나누어 지휘하게 되었다(『承政院日記』350冊, 肅宗 18年 10月 戊寅(3日)). 이 가운데 방어사가 있는 영서 지역의 철원영장은 兼營將, 방어사의 직접적인 영향력이 제한적으로 미치던 삼척영장은 別營將이었다.

3 삼척을 제외한 지역의 영장·진영(鎭營)에 대한 연구는 손에 꼽을 만큼 적다(徐台源,「朝鮮後期 淸州鎭營硏究」,『湖西史學』42, 2005; 서태원,「朝鮮後期 海美鎭營」,『瑞山文化春秋』2, 2006).

어지기도 했고, 삼척영장에 대한 집중적인 분석도 이루어졌다.[4] 삼척영장은 울릉도수토의 책임자라는 점에서도 주목을 받았는데, 특히 울릉도쟁계 당시 파견된 張漢相에 대한 관심이 높았다.[5] 이를 통해서 삼척영장이나 삼척진영, 수토와의 관련성 등이 소상히 밝혀졌다.

그럼에도 영장제의 설치 경위에 대한 인과적인 설명, 영동 지역에 전임 영장을 설치했던 목적을 종합적으로 검토하기보다는 울릉도수토에 초점이 맞추어졌다는 점은 다소 아쉬운 부분이다. 울릉도에 대한 도서정책의 일환으로서 수토제를 이해해온 경향 때문일 것이다.[6] 선행 연구에서는 영장제도 속에서 삼척영장·수토제를 간략히 다루거나, 아니면 삼척영장의 설치 과정을 설명하는데 치중해온 감이 없지 않다. 영장제의 추이 속에서 뒤늦게 영동 지역에 영장을 두어야 했던 이유도 제대로 설명되지 않았다. 삼척영장이 설치되는 배경과 임무를 정확히 이해해야만 그 위상을 살피고 또 울릉도수토의 비중을 이해할 수 있을 것이다.

이 글에서는 영장제의 발족 경위, 삼척영장의 역할과 임무 그리고 재임실태를 정리하는 것으로 삼척영장의 위상을 드러내고자 한다. 영장의 본래 창설 목적이 속오군의 훈련과 지휘라는 점을 고려하여, 속오군 조직이 출현하

---

4 서태원, 「朝鮮後期 地方軍 運用과 營將制」, 『동서사학』 6·7합집, 2000; 金友哲, 「조선후기 江原道 地方軍制의 변천」, 『朝鮮時代史學報』 24, 2003; 서태원, 「조선후기 三陟營將 연구」, 『이사부와 동해』 13, 2017; 배재홍, 「조선후기 三陟營將과 울릉도 搜討」, 『이사부와 동해』 14, 2018

5 유미림, 「장한상의 울릉도 수토와 수토제의 추이에 관한 고찰」, 『韓國政治外交史論叢』 31-1, 2009; 손승철, 「울릉도 수토와 삼척영장 장한상」, 『이사부와 동해』 5, 2013; 이원택, 「순천장씨 학서주손가(鶴棲胄孫家)의 〈충효문무록〉과 〈절도공양세실록〉 소개, 그리고 장한상의 〈울릉도사적〉」, 『영토해양연구』 18, 2019

6 손승철, 「조선시대 '空島政策' 의 허구성과 '搜討制' 분석」, 『이사부와 동해』 1, 2010; 배재홍, 「조선후기 울릉도 수토제 운용의 실상」, 『대구사학』 103, 2011; 손승철, 「중·근세 조선인의 島嶼 경영과 경계인식 고찰」, 『한일관계사연구』 39, 2011

는 과정을 상세히 설명함으로써 전후의 인과적 흐름을 살펴볼 것이다. 이와 유사한 연구는 이미 수차례 제출된 바 있고, 본고 역시 군사훈련·치안·수토 등 삼척영장의 세 가지 임무라는 큰 틀에서 벗어나기 힘들 것이다. 삼척영장의 재임실태 역시도 이미 몇 편의 논문이 있다. 다만, 여전히 미흡한 부분들이 보이는 만큼 선행 연구의 성과를 보완하는 차원에서 글을 작성하였음을 밝힌다.

Ⅱ. 속오군의 발족과 영장제의 추이

영장제를 이해하기 위해서는 束伍軍의 발족 경위부터 살펴야 한다. 영장은 鎭營將의 약칭이고, 鎭營은 속오군의 최상위 단위인 영(營)을 지칭하기 때문이다.[7] 속오군은 임진왜란 당시 戚繼光의 『紀效新書』를 도입하여 중앙의 訓鍊都監과 함께 창설된 지방군으로 알려져 있고, 또 정묘호란을 계기로 영장제가 시행되었다는 것이 통설이다.[8] 대규모의 전쟁을 경험하면서 기존의 鎭管體制를 대체하는 새로운 전법체계를 구축했다는 설명으로 보아도 무방하다. 과연 충분한 설명일까.

속오군의 핵심 단위가 진영이라는 점을 감안하면, 진관수령이 영장을 겸

---

7 영장은 크게 겸영장(兼營將)과 별영장(別營將)으로 구분된다. 겸영장은 진관수령이 겸한 것이고, 별영장은 연병·치안을 전담하는 무관을 별도로 파견한 것이다. 별영장은 '전임영장'이라고도 하는데, 이 글에서는 일괄적으로 별영장으로 표기하였음을 밝힌다.

8 훈련도감과 속오군에 대한 주요 연구 성과는 2000년을 전후하여 제출되었다(徐台源, 『朝鮮後期 地方軍制研究』, 혜안, 1999; 金友哲, 『朝鮮後期 地方軍制史』, 京仁文化社, 2000; 盧永久, 「朝鮮後期 兵書와 戰法의 연구」, 서울대학교 박사학위논문, 2002; 金鍾洙, 『朝鮮後期 中央軍制研究』, 혜안, 2003). 배재홍 역시 이러한 설명을 따르면서 삼척영장을 소개한 바 있다(배재홍, 2018, 앞의 글, 193~194쪽).

한 영장제는 결국 진관체제와 유사한 것으로 해석될 수 있다.[9] 그러나 진관체제와 영장제도는 근본적으로 다르다. '진관'을 토대로 한다는 점은 동일하지만, 영장제는 진관체제의 핵심인 '自戰自守'를 극복한 것이었다는 데서 중요한 의미를 가진다. 영장제는 '방어체제'가 아니었다는 점에서도 진관체제와 다르다. 병자호란 이후 진가를 발휘할 만한 상황이 전개되지 않았을 뿐이다.[10]

진관체제는 세조~성종 연간에 걸쳐 구축된 巨鎭 중심의 지역방어체제였다. 진관체제는 지방의 수령들이 유사시 진관절제사로서 기능하는 시스템이었다. 병마·수군절도사나 이를 겸한 관찰사의 본영을 主鎭으로 설정하고 그 아래에는 수 개의 거진을 두었으며 다시 그 예하에 諸鎭이 예속되었다. 얼핏 보면 상하의 위계 혹은 지휘체계가 확실한 제도로 보이지만, 관할 지역을 스스로 지킨다는 '자전자수'의 원칙으로 인해 상하 제대 간의 협력은 도리어 미약했다. 때문에 대규모의 변란에서는 신축성 있는 대응이 어려웠고, 그 보완책으로 중종 연간에 등장한 것이 '制勝方略'이었다.

제승방략은 진관의 병력을 나누어 일부는 이전처럼 관할 지역 방어에 동원하되, 나머지는 집결지[信地]에 결집시켜 軍勢를 확보하겠다는 발상이었다. 이로 인해 分軍法으로도 불렸으며, 여러 진관의 병력을 통제하기 위해 도성에서 巡邊使라는 상위의 고위 무관을 파견하는 것이 특징이었다. 임진왜란 당시 尙州·忠州를 신지로 설정하고 李鎰과 申砬을 순변사·도순변사로 파견한 것도 제승방략에 따른 대응이었다.[11] 하지만 제승방략 역시 진관체제의 변형된 버전에 지나지 않았으며, 집결된 병력을 원활하게 통제하기도 어렵다는 단점이 있었다. 실제로 임진왜란 당시 순변사들이 이끄는 병력은 참

9 서태원, 앞의 글, 116~118쪽, 2000

10 조선후기에도 무신란[戊申亂, 1724], 홍경래의 난(1811) 등에서 영장들이 활약한 사건들이 있었다. 그러나 특기할 만한 '외침(外侵)'은 없었다.

11 조선전기의 군제는 육군군사연구소, 『한국군사사』 5·6, 육군본부, 2012 참조.

패했고, 그것이 국왕의 播遷이라는 초유의 사태로 이어지기도 했다. 진관체제의 변용으로는 한계가 있었던 셈이다.

임진왜란 이후, 조선은 명나라의 戰法을 채택하고 군제를 일신한다. 교재는 명군으로부터 입수한 『기효신서』, 선생은 명군의 鍊兵敎師들이었다. 먼저 1593년 鳥銃兵을 양성하기 위한 시도가 있었고, 이후 명군 장수들로부터 다양한 殺手 기예를 전수받았다. 전자는 일본군, 후자는 명군의 강점을 도입하려는 시도였다고 할 수 있다. 그러나 1594년 訓鍊都監을 창설하여 본격적인 연병에 돌입했을 때 조선의 주된 관심사는 '技藝'가 아닌 束伍法이었다.[12] 개별 병사의 무예보다는 조직적인 군대의 확보가 우선이었던 것이다.

속오군은 중앙군인 훈련도감에 대비된 지방군으로 창설된 것이 아니다. 당초 훈련도감의 창설 목적은 명군 연병교사의 지도를 받은 기간요원을 양성하고, 이들을 다시 각 지방에 파견할 교사로 삼는 것이었다. '연병'을 통해 양성된 군사들은 '新兵'으로 불렸는데, 이 가운데 훈련도감 군사들은 '京中新兵'으로 불렸다. 중앙과 지방을 가리지 않고 속오법에 입각한 전국적인 군사조직 재편을 시도한 것이다. 연병교사들이 떠난 1596년 조선이 요동도사에 보낸 咨文에 의하면 8도의 신병은 53,800명에 달했다.[13]

이 무렵 조선의 자문에 담긴 속오군[신병]의 수효는 동원 가능한 최대 상한치였다. 그러나 불과 3년 사이에 전국적인 속오군 조직을 마련할 수 있었던 것은 진관을 토대로 부대를 편제했기에 가능했다. 초기에는 100여 명 단위의 哨를 중심으로 연병을 진행했지만, 5개의 초로 구성된 司나 5개의 사로 구성된 營을 조직하려면 面·里 단위에 이르는 행정 조직의 활용이 불가피했다. 결과적으로 조선은 행정과의 구분이 모호했던 기존의 진관체제를 활용

12 장정수, 「조선 선조대 束伍軍의 편성과 明 鍊兵敎師의 역할」, 『朝鮮時代史學報』 100, 2022a 참조.

13 『吏文謄錄』 7冊, 萬曆 24年 4月 27日(朝鮮國王이 遼東都司에 보낸 자문).

하여 속오군의 편제와 훈련을 시행하게 된 것이다.

당시 연병을 주관했던 都體察使 柳成龍은 병력의 확충을 위해서는 기존의 진관을 활용해야 한다고 줄곧 주장했다. 그는 체찰사→감·병사→진관절제사→첨사·도위→초관→기·대총으로 이어지는 지휘체계를 구상하고 이에 따르도록 각 도에 지시했다.[14] 진관절제사 즉, 수령에게 把摠·千摠·영장 등 속오군의 지휘체계에 해당하는 직책을 겸하게 하는 것이 골자였다.[15] 속오군의 조직이 확대되자, 상비군으로 유지하지 못하고 진관체제 안으로 수렴시킨 것이다. 진관절제사인 수령이 영장으로서 속오군의 지휘와 훈련을 담당하는 방식은 정묘호란 이후 병조판서 李廷龜가 營將節目[16]을 갖추어 전국 8도에 別營將을 파견하게 되기까지 계속되었다.

이렇듯 속오군의 편성은 단순히 『기효신서』의 모방이 아니라 조선의 사정을 반영한 새로운 시스템의 산물이었다. 본래 『기효신서』는 살수기예를 중심으로 하는 소부대 전술을 중시하지만, 조선은 진관체제와 결합시켜서 조직을 확대하였다. 최초에는 훈련도감을 필두로 한 전국적 군사조직이 구상되었지만, 진관체제와 결합되면서 속오군은 점차 지방군의 주축으로 자리 잡게 되었다. 그에 반해 훈련도감은 국왕의 親兵 성격이 짙어지면서 永設화 하여 중앙군영의 시초를 열게 된다. 어쨌든 이러한 탄생 배경을 감안하면 조선후기 중앙과 지방을 막론하고 군사편제 방식이 모두 속오법으로 귀결된 것은 자연스러운 현상이었다고 할 수 있다.

속오군은 이후 실전에서도 몇 차례 쓰였을 뿐만 아니라, 중대한 편제상의 변화도 맞이했다. 丁酉再亂[1597~1598] 때는 1만 명 이상의 속오군이 동원

---

14 柳成龍, 『軍門謄錄』 乙未十月二十六日, 通諭四道巡察使移文.

15 『宣祖實錄』 卷73, 宣祖 29年 3月 乙酉(18日), "守令但當審擇其哨官, 旗·隊領率之人."

16 『仁祖實錄』 卷16, 仁祖 5年 4月 丙辰(20日).

되어 명군과 함께 작전에 투입되었고, 深河戰役[1619]에서도 조선군은 3천여 명으로 편제된 3개의 진영을 주축으로 삼았다. 비슷한 시기에 북방의 여진 정벌에서는 여전히 三衛로 구성된 군사 편제가 등장하기도 하지만[17] 심하전역에 동원된 조선군은 철저한 속오편제로 구성되었다.

편제상 변화로는 『練兵實紀』의 分數法에 따른 개편을 들 수 있다. 『기효신서』의 속오법은 10명으로 구성된 隊, 3개의 대로 구성된 旗, 다시 3개의 기로 구성된 哨를 하부 구조로 두고 그 위로 5개의 초로 구성된 司, 그리고 다시 5개의 사로 구성된 營을 상부 구조로 두었다. 하나의 초는 100여 명이므로, 이 경우 1개 영은 2,500여 명 내외가 된다. 그에 반해 『연병실기』의 분수법은 사와 영 사이에 部를 둔다. 5개의 초로 구성되는 사를 2~3개 묶어서 부를 두고, 다시 2~3개의 부를 합쳐서 영을 만드는 것이다. 조선은 1영-3부-6사-30초의 편제를 표준으로 삼았고, 이는 1개 진영의 규모는 3천여 명임을 뜻한다.[18] 즉 속오군의 창설을 『기효신서』의 도입으로 단순화 해서는 곤란하다.

'禦倭法'으로 이름 높았던 것이 『기효신서』의 편제라면, '防胡法'으로 알려진 것이 『연병실기』의 편제였다. 이에 따라 1604년 훈련도감에서는 강원·함경·평안·황해도에는 『연병실기』, 경기와 삼남에는 『기효신서』에 입각한 속오군 연병을 제안했다.[19] 비슷한 시기에 『기효신서』는 조선 속오군의 실정에 맞지 않다는 평가가 나오는가 하면, 병조에서는 『연병실기』가 '兵家의 寶

17 장정수, 「선조대 말 건퇴 전투의 발발 배경·경과와 대(對) 여진 관계상의 변화」, 『韓國史研究』 196, 107~108쪽, 2022b.

18 장정수, 「深河戰役(1619) 당시 조선 '渡遼軍'의 편제와 규모」, 『朝鮮時代史學報』 96, 71~72쪽, 2021

19 『宣祖實錄』 卷182, 宣祖 37年 12月 辛酉(16日), "鍊兵實紀, 則實是防胡大法, 車載·火器, 阻截虜馬, 又以騎步, 藏在車陣之內, 俟其敗北, 飛追鏖殺, 此其大略也 … 自京中, 行此兩法, 立其規模, 京畿·忠淸·全羅·慶尙四道, 則敎以新書之法, 江原·黃海·平安·咸鏡四道, 則敎以實紀之法, 一如中朝南北防備之制, 亦爲宜當."

訣'이라는 평가가 나왔다.[20] 1610년 병법가 韓嶠는 『기효신서』를 북방의 호인에 대한 방비책으로 활용할 수 없다면서 『연병실기』로는 호인·왜인 모두에 대한 방비가 가능함을 강조하였다.[21] 이괄의 반란 직후, 摠戎使 李曙는 『연병실기』의 분수법을 따라서 경기 지역의 속오군을 재편하기도 했다.[22] 점차 일본보다는 여진의 위협이 증대하면서 『연병실기』의 분수법이 일반화되었고[23] 『기효신서』는 조선의 실정에 맞춘 『兵學指南』 등으로 바뀌어 적용되었다.

1619년 명과 함께 후금을 공격하기 위해 출병한 '渡遼軍'의 경우, 주력부대인 3개 진영[左營·右營·中營] 모두 『연병실기』에 입각한 편제를 갖추고 있었다.[24] 아울러 별영장을 파견하면서 반포한 영장절목에서는 『연병실기』·『병학지남』에 입각하여 연병하라는 지침이 마련되었다.[25] 이처럼 조선의 속오군은 단순히 명의 전법을 도입한 데서 그치지 않고, 진관체제와 결합

---

20 『宣祖實錄』 卷191, 宣祖 38年 9月 己亥(28日); 『宣祖實錄』 卷203, 宣祖 39年 9月 己巳(3日)

21 『光海君日記』 卷14, 光海君 3年 3月 己巳(29日)

22 『仁祖實錄』 卷8, 仁祖 3年 1月 9日 戊吾, "摠戎使所管畿內四鎭管所屬各邑軍兵 … 更依鍊兵紀實分數之法, 每營三部, 每部二司, 每司伍哨磨鍊, 而徒用步軍, 步軍之數不瞻, 每司中哨, 例以馬軍間之."

23 조선후기의 속오군 편제는 대부분 1영-3부-6사-30초였다. 하지만 이를 토대로 해당 지역 내지 진영의 병력이 3천 명에 달했다고 단정해서는 곤란하다. 속오군은 골격을 유지하면서도 조련이나 실전에만 동원되는 일종의 '예비군' 조직이었다.

24 도료군은 '요동으로 건너간 군대'라는 의미로 당시 조선의 변경을 지키던 防戍軍과는 별개의 부대였다. 동원 병력은 輜重隊까지 총 17,000여 명이었지만, '전투병'으로 간주할 수 있는 것은 左營·中營·右營 등 '三營兵馬'이다. 각 진영은 동일하게 1영-3부-6사-30초의 편제로 총 3,300여 명 정도였으므로, 삼영병마는 만여 명이었다. 그밖에 大砲를 운영하는 別司가 영장의 직할부대로, 馬兵은 都元帥·副元帥의 標下軍으로 편성되었다. 편제상 『연병실기』 분수법과 동일하며, 각 영장은 수령들이 겸하였으므로 별영장 시행 이전 겸영장제의 특징을 보여주기도 한다.

25 『仁祖實錄』 卷16, 仁祖 5年 4月 丙辰(20日), "教鍊, 用鍊兵實記·兵學指南. 兵使巡行時考講, 將官不通者, 決棍, 連伍次不通, 兩朔自備糧罰防, 三次能通者, 復其戶役."

하거나 전법체제를 변경하는 등 당대의 실정에 맞추어 개편을 거듭했다.

한편, 창설 당시 5만 명 선이던 속오군은 인조 연간에 이르러 10만 명 선으로 규모가 크게 확대되었다. 광해군대를 거치면서 속오군의 규모가 점차 커졌던 것으로 추정된다. 임진왜란 때부터 광해군대를 거쳐 인조반정 직후까지 군사 문제에 정통한 인물로 활동한 李時發의 獻議에 따르면, 강원·경기·충청·전라·경상도의 속오군 정원은 75,000여 명이었고 그 중 40% 정도가 활용 가능한 병력으로 추산되었다.[26] 이시발이 1626년에 사망한 점으로 미루어 인조대 초반이었던 것으로 보인다. 한편, 1633년 金瑬의 계사에 의하면 1628년 함경·평안·황해도의 속오군은 31,700여 명이고 나머지 5도는 79,450명이었다.[27] 정묘호란을 전후한 시기 강원도와 경기 및 삼남의 속오군은 편제상 7~8만 명이 정원으로 설정되었음을 알 수 있다. '10만'이라는 규모는 1640년까지는 유지된 것이 확인된다.[28]

이처럼 선조~인조대 속오군은 그야말로 조선의 주요 군사력이었고, 그 수효도 결코 적지 않았다. 실제로도 정묘호란 당시 임진강과 한강 등지로 모여든 조선군은 4만 명에 달하여 수적으로 후금군을 압도했다. 강화도에 1만 명 이상의 중앙군이 들어갔음을 고려하면 5만 명을 상회하는 수치였다. 그러나 지휘관이 곧 진관수령인 탓에, 문관이나 蔭官의 비중이 매우 컸고 이는 군사력 운용면에서 비효율적이었다. 우세한 병력을 가지고도 이렇다 할 반격을 가하지 못한 것이다. 정묘호란이 일단락되자, 8도에 별영장을 파견하여 군사훈련을 一新한 것도 이 때문이었다.[29]

---

26 李時發, 『碧梧遺稿』 卷4, 議, 練兵長策, 宣惠號牌便否議.

27 金瑬, 『北渚集』 雜著, 啓辭, 體府啓辭.

28 장정수, 「병자호란 이전 조선의 大後金(淸) 방어전략의 수립 과정과 그 실상」, 『朝鮮時代史學報』 81, 86~88쪽, 2017.

29 장정수, 앞의 글, 84쪽, 2017.

1627년 4월, 병조판서 이정구가 제안한 영장제도는 조선시대의 군사제도에 있어서도 중요한 지점이다. 그간 조선왕조의 군사조직은 진관을 토대로 운영되었던 것과 달리, 수령 외에 별도의 군사지휘관을 파견하여 속오군을 지휘하게 한 조치였기 때문이다. 영장의 설치 목적은 다음과 같았다.

> 鎭管(의 절제사)을 곧 營將으로 삼는 방식은 혹 문관이나 음관으로 임명되기도 하여 능히 군사를 거느리고 적과 싸우지 못하므로 영장의 임무를 감당할 만한 자를 조정에서 신중히 선택해서 보낸다면 평소에는 조련을 전적으로 주관하고 사태가 위급할 때는 거느리고 출전하게 할 수 있으니 임박해서야 장수를 바꾸는 폐단을 없앨 수 있을 것이다.[30]

인용문에서 알 수 있듯이, 영장절목은 별영장을 파견하여 속오군을 직접 훈련·지휘하게 하는 것이 골자였다. 진관체제와 결합되었던 속오군을 별도의 조직으로 떼어냄으로써 운용의 효율성을 기한 것이다. 이를 위해서 영장은 정3품의 당상관으로 임명하여 수령들의 위에 두었는데, 품계상 수군절도사와 동일하고 각 도의 부사령관격인 兵馬虞候보다는 높은 지위였다. 각 도에는 5개씩의 鎭營을 설치하는 것을 정식으로 삼되, 인구의 다소를 비롯한 현지 사정을 고려하여 신축성 있게 운영할 수 있도록 한 점도 눈에 띈다. 그 결과 '闔帥'→영장→천총·別將→파총→초관 등으로 이어지는 뚜렷한 지휘체계가 성립할 수 있었다.

영장제를 시행함으로써 조선이 기대한 것은 무엇이었을까. 속오군을 체계적으로 관리하려는 목적도 있었지만, 진관체제의 핵심인 '자전자수'를 탈

---

30 『仁祖實錄』 卷16, 仁祖 5年 4月 丙辰(20日), "鎭管之應爲營將者, 或以文官·蔭官, 不能領兵赴敵, 則堪爲營將者, 自朝廷極擇差遣, 常時則專管操鍊, 事急則仍領出戰, 可無臨時易將之弊."

피하여 병력의 지역 간 이동을 가능하게 하려는 데에 중점이 두어졌다. 궁극적으로는 속오군을 도성 인근까지 이동시켜 적과 결전을 벌이는 勤王에 목적을 두었다.[31] 병자호란 직전 경상좌도와 우도, 충청·전라·강원도의 군사 18,300명을 미리 변경에 대기시켰다가 근왕하게 하려는 계획도 그 일환으로 수립된 전략이었다. 이때 삼남은 병마절도사가 지휘하기로 했지만, 병마절도사가 없었던 강원도는 春川營將이 지휘관으로 거론되었다.[32] 삼남의 병마절도사들 역시 휘하에 관할 영장들을 이끌고 오는 것이 계획의 핵심이었다. 유사시 영장들로 하여금 휘하의 속오군을 거느리고 도성 인근으로 신속하게 집결하도록 했던 것이다.

병자호란 당시 영장들이 이끄는 속오군은 근왕군의 주축이 되어 눈에 띄게 활약했다. 남한산성에 들어간 경기 지역의 속오군을 제외하고 나머지 7도의 병력이 모두 도성 인근에 모여들었으며 주요 지휘관은 병마절도사 휘하의 영장들이었다. 7도 근왕군은 모두 한 차례 이상씩 청군과 격전을 치렀고, 패퇴한 경우에는 타도의 병력과 결집하면서 재기를 노리는 등 작전을 지속했다. 남한산성 안에 갇힌 국왕을 구출하는 근왕군의 '解圍' 시도는 인조의 항복으로 인해 수포로 돌아갔지만[33] 충주의 패전 직후 국왕이 왜적을 피해 야반도주해야 했던 임진왜란 때와는 분명 다른 양상이었다.

출성 항복 직후, 인조는 제도의 병력을 해산시키면서 영장의 혁파를 지시했다. 그러나 영장을 주축으로 한 속오군의 활약만큼은 충분히 인정되었다. 이에 따라 인조대 후반에도 별영장을 복설해야 한다는 의견이 지속적으

---

31 『仁祖實錄』 卷17, 仁祖 5年 11月 庚辰(17日), "在我先事之謀, 不可少緩, 令下三道兵使, 依上年例, 只領手下若干親兵, 簡其騶率, 來駐界面, 道內軍兵, 則各令營將, 五先約束, 脫有事變, 待朝廷分付, 各相統率, 星夜上來, 俾免違誤宜當."

32 『仁祖實錄』 卷33, 仁祖 14年 11月 癸丑(13日).

33 병자호란 당시 근왕군의 동원, 이동, 전투 현황에 관해서는 장정수, 「병자호란시 조선 勤王軍의 남한산성 집결 시도와 활동」, 『韓國史研究』 173, 2016 참조.

로 개진되었고, 진영마다 부사령관격인 中軍을 별도로 두어 속오군의 조련을 지속하자는 의견이 대안으로 나타나기도 했다.[34] 군사력의 효율적인 운영을 위해서는 영장이 필요하다는 의견이 주를 이루었지만, 영장을 복설할 경우 재개될 수령과 영장의 불편한 관계나 재정적 소모로 인한 소요가 걱정되었다.[35] 결과적으로 인조대에는 영장제의 복설이 논의 단계에 머무르게 되었다.

이 같은 고민은 효종대 '營將事目[1654]'의 반포로 절충안을 찾았다.[36] 본 사목에서는 삼남에 별영장을 파견하되 일부는 겸영장으로 운영하는 등 신축성을 부여했다. 서북지역을 포함하여 삼남 이외에는 무장을 수령으로 파견하여 영장을 겸하는 방식이 채택되었다. 다만, 그 이유는 청의 감시가 두려웠던 데만 있었던 것이 아니라 병자호란을 겪으면서 적군의 진격로상에 위치한 평안·황해는 근왕하기 힘들다는 역사적 경험도 반영되었다. 효종대의 영장 복설은 겸영장·별영장제가 혼용된 지방군제가 정착된 계기로 평가될 수 있다.

Ⅲ. 삼척영장의 설치 목적과 임무

속오군은 임진왜란, 영장제는 정묘호란을 계기로 발족한 군사조직 및 제도였다. 창설 당시 속오군은 전대미문의 전란에 대응하기 위해 가능한 한 실전적 형태로 만들어졌다. 핵심은 조직적인 병력 운용과 효율적인 지휘체계에 있었다. 전자가 진관을 토대로 한 속오편제로 가능했다면, 후자는 영장제

34 『備邊司謄錄』 6冊, 仁祖 19年 7月 12日.

35 서태원, 앞의 글, 119~120쪽·123~125쪽, 2000.

36 『備邊司謄錄』 17冊, 孝宗 5年 3月 16日.

를 통해서 현실화되었다. 병자호란 직후, 영장제는 혁파되었지만 지속적으로 그 필요성이 논의된 결과 효종대에는 삼남 지역에 영장을 복설하는 조치가 단행되었다. 이때 강원도는 영장제 복설 대상에 포함되지 않았다.

삼척영장은 현종대인 1672년에야 설치되었고, 1895년 7월 고종의 勅令으로 전국의 영장을 혁파할 때까지 유지되었다. 타도의 전임 영장은 설치 지역이 바뀌기도 했지만[37] 강원도의 삼척영장은 그렇지 않았고, 총 198명이 이 직책을 역임했다. 그런데 삼척영장은 설치 지역도 꽤 독특하다. 앞장에서 설명했듯이, 효종대의 영장 복설은 군사훈련의 내실화는 물론 유사시의 전쟁에 대비한 조치였다. 도성과의 거리를 감안할 때 지형적 접근성이 떨어지는 영동 지역에 전임 영장이 설치된 데에는 분명한 이유가 있었을 것이다. 그 경위를 살펴보기 전에 강원도의 속오군과 영장제를 살펴보자.

강원도는 타도에 비해 군사제도가 미비했다. 면적에 비해 희박한 거주민의 수, 즉 인무밀도가 상대적으로 낮았기 때문이다.[38] 앞서 소개한 1596년 8도 속오군의 병력 현황을 살펴보면, 강원도는 53,800명 가운데 3천 명 정도였다. 경상좌도와 우도 그리고 함경도 역시 3천 명이었지만, 전자는 일본군과의 접경지로서 병력 대부분이 일선에 배치되어 '신병'의 비중이 작았던 것이고, 후자 역시 여진을 대비하는 데 역량이 집중된 탓이 컸다. 일본과 여진에 대비하는 최일선에 해당하는 것이 아님에도 강원도의 속오군 규모가 작았던 것이 인구밀도와 무관할 리 없다.[39]

---

37 대표적으로 충주에서 해미로 옮겨진 전라도 좌영을 들 수 있다(임선빈, 「조선시대 '海美邑城'의 축성과 기능변천: 충청병영성에서 호서좌영으로」, 『역사와 담론』 58, 2011).

38 金友哲, 앞의 글, 186~187쪽, 2003

39 당시 조선이 명에 보고한 '신병'의 지역별 규모를 세부적으로 살펴보면, 평안도가 12,000명으로 가장 많고, 황해도(10,000명), 경기도(9,000명), 전라도(7,000명), 충청도(6,800)이다. 강원도, 함경도, 경상좌도, 경상우도는 모두 3천 명씩이었다(『吏文謄

1595년 명나라의 연병교사들이 조선의 속오군을 훈련시켰을 때, 鍊兵千摠·鍊兵把摠 등이 각 도에 분파된 바 있다. 이때 강원도에는 천총 胡天經·曺忠, 파총 薛文寄·朱鸞·殷文龍·楊貴·胡天成·陳龍이 배정되었다.[40] 이들은 강원도의 신병들을 훈련시켜 속오군으로 양성하는데 기여했는데, 이 중 조충의 연병은 강원감사 宋彦愼의 극찬을 받기도 했다.[41] 다만, 강원도의 병력을 고려할 때 꽤 많은 연병교사들이 파견된 것은[42] 당시 함경도에서 은광석이 채취된다는 소문이 돌았던 것과 무관하지 않다. 그럼에도 연병교사의 활동이 강원도의 속오군 양성에 큰 영향을 미쳤음을 부정할 수는 없을 것이다.

강원도의 속오군은 상대적으로 규모가 작았지만 정유재란 당시 징발되어 전장에 등장하기도 했다. 1597년 11월 조선은 강원·함경·평안·황해·경기의 병력을 징발하여 하삼도의 병력과 아울러 3개의 鎭營을 편성하고 명군과 함께 남해안의 왜군 거점을 공격할 계획을 세웠다. 최종적으로 경기의 병력은 도성의 방어를 위해 제외되었고, 황해·평안도에서 2천 명씩, 강원·함경도에서 총 2천 명을 동원하여 6천 명을 조발했다. 이 가운데 강원도와 함경도 병력은 두 번째 진영[二營]에 편성되었는데 경상좌병사·방어사·경주부윤의 병력 3,200명과 아울러 두번째 진병의 병력은 총 5,200명에 달했다.[43]

錄』 7冊, 萬曆 24年(1596) 4月 27日(朝鮮國王이 遼東都指揮使司에 보낸 자문)). 명과 가깝고 전선(戰線)에서 멀수록 병력이 많다는 점을 알 수 있다. 전라도는 인구가 많은 편이었지만, 전선이 가까웠기에 상대적으로 병력이 적었던 것으로 해석된다.

40 『吏文謄錄』 6冊, 萬曆 24年 2月 7日(朝鮮國王이 遼東都司에 보낸 자문).

41 『吏文謄錄』 6冊, 萬曆 24年 2月 8日(朝鮮國王이 遼東都司에게 보낸 자문).

42 황해도는 속오군의 규모가 비교적 컸지만 연병천총이 파견되지 않았고, 함경도에는 천총은 물론 파총도 파견되지 않았다(『吏文謄錄』 6冊, 萬曆 24年 2月 7日(朝鮮國王이 遼東都司에 보낸 자문). 함경도는 종래의 伍衛陣法에 보다 익숙했기 때문이지만, 강원도보다 3배가량 병력이 많았던 황해도에도 연병천총이 파견되지 않았던 점은 눈에 띈다.

43 『宣祖實錄』 卷94, 宣祖 30年 11月 甲吾(7日); 『宣祖實錄』 卷94, 宣祖 30年 11月 丁酉(10日).

3영의 병력은 12,500명에 달했다. 조·명 연합군이 순천·사천·울산 등지에서 벌인 일본군과의 전투에 이 수치가 그대로 동원되었는지는 알 수 없으나 임진왜란 초기 전투에서 병력의 수효조차 제대로 파악하지 못했던 것과는 크게 다른 양상임을 알 수 있다.

이처럼 임진왜란기 강원도에는 3천여 명의 속오군이 편성되어 실전에서도 활용되었다. 앞장에서 설명했듯이 선조대 말 북방의 위협이 고조되면서 강원도 속오군은 『연병실기』에 입각한 체제로 일찌감치 재편되었다. 1605년 홀룬[忽溫]의 침공 이후 강원도는 함경도 지역에 赴北軍을 파견하기도 했다. 부북군은 삼남과 강원도 등 4도의 병력으로 구성되었고 함경도와 평안도의 요충지에 배치되었다. 그 정확한 수치나 증감을 알 수 없으나, 부북군은 10개월을 기준으로 교체되었고 최소 19회 이상 파견되었다. 이 가운데 1618년에 동원한 19운은 총 11,000명이 동원되었고 그 가운데 강원도 병력은 1,500명이었다.[44] 하삼도에서 모두 3,000명 이상 파견한 것을 고려하면 절반 이하지만, 도별 병력을 감안하면 상당한 수효였다.[45]

인조대에는 강원도 병력이 赴西軍으로 평안도에 투입되었다. 그 구체적인 현황은 확인되지 않지만 1634년에 동원된 2,400명의 부서군에는 강원도의 병력이 포함되어 있었다.[46] 또 1636년 11월 청나라의 침입이 확실시 되는 시점에 하삼도와 강원도의 병력을 미리 선발해 두자는 의견이 나왔다. 비변사에서는 삼남과 강원도에서 정예군 18,300명을 선발하여 境上에서 대기시키자고 건의했다. 이때 각도의 속오군을 이끌 지휘관으로는 경상좌도·경상

44 이해 7월에 파견된 선발대[先運]는 1,000명, 후발대[後運]는 500명이었는데 강원도에서 이 정도의 병력 동원이 가능했던 것은 100명을 1초, 5초를 1사[500명], 2사를 1부[1,000명로 편성하는 속오편제로 인해 가능했을 것이다.

45 『光海君日記』 卷129, 光海君 10年 6月 戊寅(21日); 『光海君日記』 卷130, 光海君 10年 7月 癸巳(7日)·乙未(9日).

46 『備邊司謄錄』 4冊, 仁祖 12年 5月 23日.

우도·충청도·전라도의 병마절도사 그리고 '春川營將'이 거론되었다.[47] 강원도에는 병마절도사가 없었기에 영서 지역의 영장이 군사를 거느리게 한 것이다. 이처럼 강원도의 속오군은 부방에 투입되기도 하고, 영장의 지휘를 받아 즉각 출동할 수 있는 태세를 갖추었다고 할 수 있다.

병자호란 당시 강원도 영장들도 근왕에 나섰다. 먼저 원주영장 權正吉은 충청도에 이어 두 번째로 도성 인근에 도착하여 儉丹山에서 횃불로 남한산성과 호응했다. 오래지 않아 청군의 습격을 받아 패전하기는 했지만, 적지 않은 군공을 세웠다. 그에 반해 강릉영장 崔昊는 이렇다 할 활약을 보이지 않았는데[48] 이는 원주와 강릉이 영서와 영동에 위치해 있다는 지역적 차이를 고려해서 판단해야 한다. 강릉영장은 아무래도 늦게 도착할 수밖에 없었고, 따라서 타 지역 혹은 타도 근왕병과의 협동이 어려웠을 가능성은 배제하지 말아야 한다.

병자호란 당시 강원도에는 3명의 전임 영장이 있었다. 강원도 중영은 원주진영, 우영은 강릉진영, 좌영은 춘천진영이었다. 당시 강원도 속오군의 병력은 불분명하지만, 원주진의 병력이 1,921명이었다는 사실은 확인된다.[49] 본래 진영의 표준 규모인 3천 명에는 밑돌았다고 할 수 있는데 이는 인구가 적어서 동원가능한 병력이 부족했기 때문이다. 가장 많은 경상도의 대구진영은 5천 명을 상회하기도 하는데, 인구의 다소를 고려해서 속오군을 편성했기 때문이다. 이 점을 감안하면 인구가 적은 강원도의 속오군은 총 3개 진영 6천 명 정도였을 것이다. 이는 속오군이 신병으로 불리던 시기에 3천 명이었던 것보다 2배 정도 증가한 수치인데, 속오군의 전체 규모가 5만 명에서

---

47 『仁祖實錄』 卷33, 仁祖 14年 11月 癸丑(13日).

48 서태원, 앞의 글, 76~78쪽, 2017.

49 『承政院日記』 52冊, 仁祖 14年 7月 丁巳(15日).

10만여 명 선으로 2배가량 증가한 것을 생각하면 쉽게 이해할 수 있다. 임진왜란 이후, 광해군~인조대를 거치면서 속오군이 배증한 셈이다.

이상에서 보았듯이 강원도의 속오군은 창설초기부터 병자호란에 이르기까지 여러 차례 동원되었다. 그리고 속오군을 지휘한 것은 도내의 별영장들이었다. 강원도는 인구가 상대적으로 적었음에도 도성과 비교적 가까웠기에 군사적으로 꽤 중요한 지역이었던 것이다. 병자호란 당시 전라도나 경상도에 비해 근왕병이 먼저 도착했던 것도 우연은 아니었다. 당연한 말이지만 영서 지역의 근왕병이 영동보다 빨랐던 것도 같은 맥락에서 이해가 가능하다.

이처럼 강원도 역시 유사시의 '근왕'이라는 점에서 꽤 중요했지만, 효종대의 별영장 복설 조치 때는 제외되었다. 그 중에서 영서 지역은 근왕보다도 철원 평야를 돌파할 경우에 대비한 방어적인 성격이 강했기 때문이라 여겨진다.[50] 영동의 경우, 근왕병으로 동원하기 힘든 현실이 고려되었을 것이다. 근왕을 주목적으로 별영장을 복설했기 때문에, 강원도는 거리가 멀었던 것이다. 특히 영동은 도성의 방어를 고려하면 영서 지역에 비해서도 중요도가 떨어진다고 보아야 한다. 그럼에도 하삼도를 제외한 유일한 별영장을 영동 지역에 두게 된 경위는 어디에서 확인할 수 있을까.

조선 초기 영동 지역은 왜구들의 출몰 지역 가운데 하나였다. 영동의 연해 지역은 섬들이 많지 않아 왜구들이 은거할 가능성은 낮았고 인구에 비해 방어의 정면이 넓었기에 수군을 활용한 적극적인 방비책을 마련하기 어려웠다. 이 때문에 수토 역시 서남해 지역에서 주로 사용된 군사작전이었다.[51] 울릉도는 거리가 멀고 노정이 험했기에 연해 방비 차원에서 관리하기 어려운 섬이었다. 간혹 울릉도가 왜구들에게 점거되는 일도 벌어졌지만, 조선왕조

---

50 실제로 정묘호란 및 병자호란 때 후금·청의 좌익(左翼)은 모두 이쪽으로 진입했다.

51 신태훈, 「조선시대 島嶼地域 搜討에 대한 연구」, 『韓日關係史硏究』 57, 2017.

는 按撫使를 파견하여 거주민을 쇄출하는 정책을 고수했다. 즉, 영동 지역의 방비책은 처음부터 연해 지역에 집중되고 수군을 활용한 적극적인 방안을 후순위로 밀렸다.[52] 같은 이유로 울릉도는 '빈 섬'이 되고 말았다.

영동의 수군[船軍]이 방어에 긴요하지 않다는 인식도 있었다.[53] 1444년 세종이 삼척부사의 수·육 첨절제사 겸임 문제를 거론했을 때도 船軍을 폐지하고 營鎭에 통합시키자는 의견이 나왔다.[54] 강원도 영동의 연해 지역은 대형 선박의 운항이 어려웠고, 그다지 절실하지도 않았다. 바다의 거친 환경은 외적에게도 적용되는 문제였으므로, 수군을 활용하여 대응할 만한 상황은 벌어지기 어려웠다. 그렇기에 수군을 폐지하여 영진에 귀속시키자는 의견이 빈번하게 나오곤 했다.

그럼에도 영동의 여러 포구에 水軍萬戶를 두고, 三陟浦에는 水軍僉節制使를 두어 지키는 정도의 조치는 이루어졌다.[55] 특히 삼척은 강릉·간성과 함께 비교적 중요한 요충지로 인식되어 일찍부터 設鎭이 이루어졌다.[56] 세조대에는 강릉·삼척·간성 등 3개 진에 각각 양양·정선, 울진·평해, 고성·통천·흡곡을 소속시켰다.[57] 이를 토대로 진관이 편제되었는데, 강릉·원주·회양을 거진으로, 삼척포는 수군 거진으로 삼았다. 삼척첨사는 안인포·고성포·월송포·울진포의 만호를 지휘하게 되었다.[58] 요컨대, 삼척첨사는 초기부터 영동 지역의 海防을 관장하는 자리로 마련되었다.

---

52 『경국대전(經國大典)』 상, 8도 가운데 대맹선과 중맹선이 배치되지 않은 유일한 지역이 강원도였다.

53 『世宗實錄』 卷19, 世宗 5年 3月 壬寅(21日).

54 『世宗實錄』 卷105, 世宗 26年 7月 丁卯(20日).

55 『世宗實錄』 卷5, 世宗 1年 8月 癸酉(1日).

56 『世宗實錄』 卷10, 世宗 2年 12月 癸卯(9日).

57 『世祖實錄』 卷9, 世祖 3年 10月 庚戌(20日).

58 金友哲, 앞의 글, 188쪽, 2003.

이렇듯 영동은 큰 산과 바다 사이에 고립된 지리적 특징으로 인해 군사적인 조처가 상대적으로 부실한 지역이었다. 같은 이유로 영동 지역의 허술한 군사문제는 꽤 자주 도마 위에 올랐다. 다만, 북변에서의 여진 침입과 관련한 문제가 주를 이루고 해방 문제는 그만큼의 관심을 끌지는 못했다. 1630년 李埈은 삼척진이 육전·수전 모두 불가능한 지역이라면서 배를 보관할 장소조차 없으니 100년간 소식이 끊긴 왜적에 대비한다는 것은 '守株待兎'하는 격이라며 비판했다. 그의 비판적 견해는 시급한 변경 문제가 '西戎' 즉, 후금에 있다면서 삼척진관을 육군으로 통합하자는 골자로 상소에 담겼다.[59]

그럼에도 삼척은 왜인들의 표류가 끊어지지 않는 장소로서 위협이 상존한다고 여겨졌다. 게다가 영동지역은 방어사가 설치된 영서와 달리 소속 9개 고을의 군사들을 조련할 만한 수단이 존재하지 않았다. 이로 인해 효종대에도 영동 지역에 대한 별영장의 파견 필요성이 간간이 제기되고 있었다.[60] 현종대에 이르면 삼남처럼 영장이 순력하면서 군병을 훈련해야 한다는 의견이 나왔다.[61] 겸영장은 수령이므로 순력을 통한 조련이 사실상 불가능했다. 이는 영동 지역에도 속오군을 훈련·지휘할 책임자의 필요성이 대두되고 있음을 의미한다.

1667년 영동의 별영장 신설이 본격적으로 논의되었다. 이때까지는 평해군수가 겸영장으로서 영동의 연병을 담당했다. 별영장 설치의 후보지는 강릉과 삼척이었다.[62] 1672년 영의정 許積이 영동의 군정을 위해서는 영장이 필요하다며 삼척첨사에게 겸임시키자고 하였다. 이때 그가 강조한 별영장의 설치 목적은 바다를 가운데에 둔 일본과의 '접경'이었다. 삼척첨사에게 영장

---

59 李埈, 『蒼石先生文集』 卷5, 疏箚, 三陟陳弊疏.

60 金友哲, 앞의 글, 195~197쪽, 2003.

61 『顯宗改修實錄』 卷12, 顯宗 6年 1月 丁酉(10日).

62 『承政院日記』 203冊, 顯宗 8年 8月 辛卯(19日).

을 겸하게 하자는 것은 해방의 비중이 크면서도 이렇다 할 대책이 없었던 영동 지역의 특징 때문이었다.[63] 1672년 1월, 첫 번째 삼척영장으로 權道經이 임명되고 그해 4월 임소에 도착하면서 별영장의 설치가 실현되었다.[64]

삼척영장은 속오군의 조련이 기본 임무였기 때문에 육군을 관장하지만, 삼척첨사를 겸함으로써 수군도 지휘하게 되었다. 정확히 말하자면, 수군으로서는 큰 역할이 없는 삼척첨사를 별도의 관직으로 둘 이유가 없었다. 즉, 삼척영장은 육군을 중심으로 수군까지 관장하는 영동 지역의 군사책임자로서의 지위를 가졌던 것이다. 별영장의 설치 목적은 병마절도사나 방어사를 따로 둘 만한 여건이 되지 못한 것의 대안이기도 했다. 영동 지역의 군사들을 훈련시켜 해방까지 감당하게 하려면 고위의 무관이 필요했지만, 병사나 방어사 대신 별영장을 두는 것으로 충분할 것이라고 판단했던 것이다. 따라서 설치 당시에는 삼남의 영장과 다를 바가 없게 한다고 했지만[65] 실제로는 다소의 차이가 있었다고 할 수 있다.

효종대 이후에는 별영장과 겸영장를 막론하고 討捕使의 겸직이 이루어졌다. 삼척영장 역시 '삼남의 예'에 의거하여 토포사를 겸하는 조치가 있었다.[66] 이로써 삼척영장은 소속 군병의 조련 외에도, 관할 지역의 치안 확보라는 임무를 가지게 되었다. 강원도의 우영장이면서 영동 지역 수륙병마의 총책임자가 된 셈이다.

숙종대에 이르러 삼척영장에게는 또 하나의 임무가 부여되었다. 1693년에 일본과 울릉도를 둘러싼 '爭界'가 발생하면서 해당 섬을 보다 적극적으로

---

63 『顯宗改修實錄』 卷25, 顯宗 13年 1月 乙丑(18日).

64 『關東邑誌』 鎭營事例.

65 『承政院日記』 230冊, 顯宗 13年 10月 乙丑(24日); 『承政院日記』 232冊, 顯宗 14年 1月 未詳.

66 『承政院日記』 237冊, 顯宗 14年 12月 壬戌(27日).

조사·관리할 필요성이 부각되었다. 당시 영의정이었던 남구만은 삼척첨사를 엄선하여 울릉도를 조사하고 設鎭의 가부를 파악하게 했다. 삼척영장이 영동의 책임자인 상황에서 겸직인 삼척첨사를 울릉도에 파견한다는 것은 울릉도가 강원도 영동 지역에 부속된 것으로 인식했음을 뜻한다. 남구만과 공조판서 申汝哲, 병조판서 尹趾善의 적극적인 추천을 받은 張漢相이 적임자로 선정되었다.[67] 이렇게 장한상은 삼척첨사이자, 17번째 삼척영장으로 임명되어 울릉도를 조사하게 된다.

하지만 장한상의 파견으로 수토제가 정착된 것은 아니다. 장한상의 임무는 울릉도의 실태 조사였고, 이때까지는 아무 것도 정해진 것이 없었다. 장한상이 귀환한 뒤, 설진이 불가하다는 판단 하에 대안으로 정기적인 수토를 선택하는 정책적 선회가 있었다. 그러나 定式이 만들어지기까지는 또 일정한 시간이 필요했다. 1697년에야 2년을 간격[間二年]으로 울릉도를 수토하는 방침이 정해졌다.[68] 그리고 정작 수토관을 파견하기로 했던 1698년에 되었을 때는 누구를 파견할 것인지 -이때까지는 삼척첨사가 정기적으로 가는 방침도 없었다- 조차 결정되지 않아서 다시 1년을 보류해야 했다.[69] 1699년 越松萬戶 田會一이 최초로 搜討官이라는 명칭을 가지고 울릉도를 다녀왔다.[70] 다시 3년 뒤인 1702년 삼척영장 李浚明이 수토를 시행하고 복명한 뒤에야 3년을 간격으로 윤회수토하는 정식이 만들어졌다.[71]

이렇듯 수토제는 장한상·전회일·이준명의 파견을 거쳐서 서서히 제도

---

67 『承政院日記』 360冊, 肅宗 20年 7月 己卯(13日).

68 위와 같은 기사, "若以三年一次定送爲式, 則上上年, 旣已往見而來, 明年當入送, 而聞本島必伍月間風和之時, 可以往來云, 以明年伍月間入送似宜. 而差送之人, 則每當入送之時, 稟旨差送, 何如."

69 『承政院日記』 378冊, 肅宗 24年 4月 甲子(20日).

70 『承政院日記』 50冊, 肅宗 25年 7月 15日.

71 『肅宗實錄』 卷36, 肅宗 28年 5月 己酉(28日), "鬱陵島間二年, 使邊將輪回搜討, 已有定式."

화 되었다. 이때 삼척영장과 월송만호가 교대로 울릉도를 조사하기로 했으며 이는 울릉도개척[1882]으로 삼척영장이 수토관에서 제외되기까지 지속되었다. 다만, 월송만호는 삼척진관에 소속된 변장으로서 삼척첨사의 지휘를 받았으므로 울릉도 수토는 삼척영장의 임무가 되었다고 할 수 있다.

삼척영장은 강원도 영동 지역의 속오군을 조련하고 지휘하는 임무와 함께 영동의 해방을 책임지는 자리였다. 또 관할 지역의 치안을 담당하고 여기에 울릉도의 수토를 관장하는 임무가 추가되었다. 이렇게 보면 삼척영장은 독특하면서도, 영동 지역 안에서 강력한 권위를 가지고 있었다고 할 수 있다. 다만, 이러한 위상은 영동의 지역적 특수성에서 기인하는 바가 컸는데 병사나 방어사를 둘 조건이 되지 않았음을 반증한다. 요컨대, 영동지역 안에서 삼척영장의 위상은 매우 높았으나 이는 군사적인 측면에서 영동 지역의 중요성이 높지 않았다는 의미가 되기도 한다.

Ⅳ. 삼척영장의 재임실태와 수토의 비중

조선후기의 삼척영장은 총 198명이었다. 이와 관련한 선행 연구로는 삼척영장을 194명, 169명이라고 한 서태원과 배재홍의 논문 2편을 꼽을 수 있다. 서태원은 『승정원일기』를 기본 자료로 삼고, 『조선왕조실록』·『비변사등록』·『일성록』 등의 주요 관찬사료와 몇 편 문집과 문서들을 종합적으로 검토한 것이다. 본고에서는 관련 자료들을 면밀하게 고찰했다는 점이 눈에 띄지만, 누락된 영장들이 몇 명을 미처 확인하지 못하여 실제 부임한 삼척영장이 194명이라는 결론에 도달했다.[72]

배재홍은 『關東邑誌』(1871)에 수록된 명단을 바탕으로 169명을 정리했다. 필자 역시 주 자료로 분석한 삼척의 '鎭營事例'를 의미한다. 진영사례에는 역대 삼척영장의 명단과 도임일자, 이임사유가 기록되었고, 간혹 遞差·罷職의 이유도 서술되었으며 搜討에 관한 기록도 몇 건 보인다. 배재홍이 "전원 기록되었다." 고 한 것은 절반만 사실이다.[73] 먼저 1672년부터 1870년, 『관동읍지』의 편찬시기까지 수록된 169명은 누락이 없는 '전원'이 맞다. 이 점은 필자 역시 연대기와의 비교를 통해 확인한 바 있다. 그러나 1871년부터 영장제가 폐지되는 1895년까지 삼척영장을 역임한 29명은 포함되지 못했다. 따라서 삼척영장의 재임 실태를 이해하려면 전체 명단을 확인하고 분석할 필요가 있다.

필자는 국립중앙도서관에 소장된 『외안(外案)』(古6022-245)을 통해서 29명의 명단을 추가로 확보할 수 있었다. 『외안』에는 각 도와 군현에서 근무한 관찰사·都事는 물론 영장과 첨사, 중군 등의 명단을 수록하고 있으며 대

---

72 서태원, 앞의 글, 84쪽, 2017.

73 배재홍, 「조선후기 三陟營將과 울릉도 搜討」, 『이사부와 동해』 14, 205쪽, 2018.

상 시기는 1866년부터 1895년이다. 1866~1870년까지는 시기가 중복되는데, 『관동읍지』에 나타나는 이 시기의 영장 5명 가운데서는 2명[具奭祖·尹秉善]만 『외안』에 기록되어 있다. 1870년 이후부터 4명[韓鎭忠·沈東瑾·崔致永·金弼求]을 비롯하여, 중간에 1명[王錫疇]이 누락되어 있어 24명만 확인된다. 그러나 『승정원일기』에 수록된 내용을 통해서 전체 명단을 확보할 수 있었으며[74] 최종적으로 1672년부터 1895년에 이르기까지 삼척영장으로 재임한 인물이 총 198명이었음을 확인할 수 있었다.[75]

배재홍의 기존 분석 결과를 토대로 새로 확인된 명단을 아우르면 삼척영장의 재임실태를 보다 소상히 확인할 수 있을 것이다. 여기에 더하여 수토의 횟수를 파악한다면 삼척영장의 임무에서 울릉도수토가 가진 비중도 산출이 가능할 것이다.[76] 먼저 외안에 나타난 삼척영장의 현황을 살펴보면 아래 〈표 1〉과 같다.

---

74 다행히 이 시점에는 교체 당시 임소에 머물고 있는지가 확인되는 경우가 대부분이다. 이를 『외안』의 내용과 비교하여 일람표를 작성함으로써 1870년 이후 재임한 삼척영장이 총 29명이라는 점을 확인할 수 있었다.

75 뒷면 [부표] 참고.

76 여기서 수토는 울릉도수토를 의미한다. 본래 수토는 서남해 지역에서 활동하던 왜구를 색출하거나 황당선에 대응하는 방편으로 사용되었다(신태훈, 앞의 글, 2017). 薪島鎭의 설치 이전까지 청과의 경계에 있던 薪島에서도 彌串僉使 주관으로 '月三搜討'가 시행되었다(문광균, 2021, 「조선후기 압록강 하안의 薪島 범월과 薪島鎭의 설치」, 『역사와 현실』 119). 왜구가 사라진 17세기 후반 이후에도 수군훈련인 守操의 한 절차로도 수토가 확인된다(송기중, 2019, 『조선후기 수군 연구』, 역사비평사). 그밖에 표류·조난 등에 대한 구난 및 수색작업도 수토라고 불린 사례가 여럿 확인된다. 본고에서는 삼척영장과 월송만호가 시행한 울릉도수토를 定式을 갖춘 하나의 제도로 보고 이에 한정한다.

〈표 1〉『외안』의 삼척영장 명단

	姓名	除授	到任	革任	비고
1	勸道經	*1672년 1월 부호군	1672년 4월	1673년 12월 瓜遞	진영사례
-					
166	具奭祖	1867년 6월(일기)	1867년 7월 (1868년 10월 陞敍)	1869년 2월 瓜遞	외안
167	尹秉善	1868년 12월(일기)	1869년 2월	1869년 2월 辭遞	외안
168	洪在愼	1869년 3월	1869년 3월	1869년 12월 移拜	진영사례○/외안×
169	金源默	1869년 12월	1869년 12월	1870년 12월 移拜	진영사례○/외안×
-	韓用臣	1870년 12월 제수(일기)	-	-	미부임: 동년 10월 경기도 용인 사망 확인
170	韓鎭忠	*1871년 1월 (절충 가자)	-	1872년 1월 충익위장 (삼척 임소)	진영사례×/외안× *하직일[1월 19일] 기준으로 1월 제수 추정
171	崔致永	1872년 1월 (일기)	*1872년 2월	1873년 1월 오위장 (삼척 임소)	진영사례×/외안× *하직일[1월 21일] 기준으로 2월 도임 추정
172	金弼求	1873년 1월 (일기)(절충 가자)	*1873년 2월	1874년 7월 오위장 (삼척 임소)	진영사례×/외안× *1월 26일 하직(일기)했으므로 2월 도임 추정
173	宋熙昇	1874년 7월(일기) '甲七[갑술 7월]巨濟來'(외안)	-	1875년 3월 파출 (일기)	외안
174	王錫疇	1875년 3월(일기) 동월 하직	-	*1876년 1월 오위장 (삼척 임소)	외안×
175	趙存禹 (趙存萬)	1876년 1월(일기) '丙正[병자 정월]' (외안)	-	-	외안○(오기)
175	柳曦東	1876년 12월(일기) '丙臘[병자 12월]'(외안)1877년 3월 하직	-	*1878년 6월 오위장 (삼척 임소)	외안○
176	金商鎭	1878년 6월(일기) '戊六[무인 6월]兵候來, 滿浦去'(외안) 1878년 9월 하직	-		외안○
177	張啓煥	1879년 6월(일기) '己六[기묘 6월]兵候來"(외안)1878년 9월 하직	-	*1880년 12월 오위장 (삼척 임소)	외안○
178	南俊熙	1880년 12월(일기) '庚臘[경진 12월]定平來	-	-	외안○

	姓名	除授	到任	革任	비고
179	金箕瑞	1882년 3월(일기) '壬三[임오 3월]'(외안)	-	1883년 1월 오위장 (삼척 임소)	외안○
180	李秉世	1883년 1월(일기) '癸正[계미 1월]興德來 (외안)	-	1883년 7월 拿來	외안○
181	尙禹鉉	1883년 8월(일기) '癸八[계미 8월]'(외안)	-	-	외안○
182	鄭永澤	1883년 12월(일기) '癸臘[계미 12월]' (외안)	-	-	외안○
183	柳完秀	1885년 9월(일기) '乙九[을유 9월]'(외안)	-	1886년 7월 오위장	외안○
184	張鳳鎭	1886년 7월(일기) '丙七[병술 7월]珍島 來'(외안)	-	1887년 3월 내금장	외안○
185	元有常	1887년 3월(외안) '丁三[정해 3월]洪將 來, 履歷遞'(외안)	-	1887년 4월 許用履歷	외안○
186	李周赫	1887년 3월(일기) '丁四[정해 4월]阿耳 去'(외안)	-	1887년 8월 阿耳僉使	외안○
187	王瑾鎬 (王謹鎬)	1887년 8월(일기) '丁八[정해 8월]高山里 去'(외안)	-	1888년 12월 부호군	외안○
188	金斗旭 (金斗鉉)	1888년 6월(일기) '戊六[무자 6월]'(외안)	-	1889년 2월 총어영 기사장(삼척 임소)	외안○ [기사장 미부임]
189	白樂珩 (白樂均)	1889년 1월(일기) '己正[기축 1월]兵候 來'(외안)	-	1889년 7월 격포첨사	외안○
190	李璿載	1889년 7월(일기) '己七[기축 7월]'(외안) (절충 가자)	-	1890년 1월 신광첨사	외안○ [신광첨사 미부임]
191	尹明根	1890년 1월(일기) '庚正[경인 1월]'(외안)	-	1890년 10월 오위장 (삼척 임소)	외안○
192	具周鉉	1890년 10월(일기) '庚十[경인 10월]'(외안) (절충 가자)	1890년 12월 (일기)	1891년 10월 총어영 기사장(삼척 임소)	외안○
193	尹養大	1891년 9월(일기) '辛九[신묘 9월]'(외안)	-	1892년 1월 내금위장	외안○

	姓名	除授	到任	革任	비고
194	河龍濟	1892년 1월(일기) '壬正[임진 1월]'(외안) (절충 가자)	-	1892년 7월 격포만호	외안○
195	金範九 (金範永)	1892년 7월(일기) '壬七[임진 7월]'(외안)	-	1893년 7월 충장위장 (삼척 임소)	외안○
196	沈殷澤	1893년 7월(일기) '癸七[계사 7월]'(외안)		1894년 1월 삼수군수	외안○
197	李哲鎬	1894년 1월(외안) '甲正[갑오 1월]'(외안)		1894년 7월 파직, 자급 환수(慓侮로 강등)	외안○
198	具然奎	1894년 7월(일기) '甲七[갑오 7월]'(외안)		칙령으로 영장 혁파 (1895년 7월 15일)	외안○ *마지막 삼척영장

*『외안』에 없어도 해당 시기 영장은 포함시켰음

『관동읍지』 진영사례에서는 『승정원일기』 등에는 보이지 않는 權道經이 첫 삼척영장으로 등장한다. 『승정원일기』에는 柳星緯가 가장 먼저 등장하는 삼척영장이다.[77] 그는 『관동읍지』에서 2번째 삼척영장으로 기록되었다. 권도경의 부임은 '三陟營將新設節目'이 등장 이전에 나타나므로 혼선을 야기하기도 한다.[78] 다만, 『승정원일기』에도 권도경이 병을 이유로 영장 본연의 임무인 巡歷을 거부한다는 기사가 보이기는 한다.[79] 따라서 권도경이 임명된 1672년 1월로 삼척영장의 설치시기는 1년 앞당겨지게 되고, 1895년까지 223년 간 삼척영장이 존속되었음을 알 수 있다.

이렇게 보면 198명이 재임한 평균 기간은 14개월이 조금 못된다. 이는 배재홍이 언급한 12.9개월보다는 조금 길지만 법적으로 규정된 24개월이나, 履歷으로 인정받는 기준인 15개월보다 짧았음을 알 수 있다. 이는 절충장군으로 加資된 뒤에 자급이 환수된 사례가 빈번했음을 의미한다. 실제로도 이

77 『承政院日記』 237冊, 顯宗 14年(1673) 11月 甲戌(9日).

78 『承政院日記』 230冊, 顯宗 13年(1672) 10月 乙丑(24日).

79 『承政院日記』 232冊, 顯宗 14年(1673) 1月 未詳.

런 사례는 많이 확인되지만, 이미 절충의 이상의 자급을 가진 인물이나 타 지역 영장을 거친 인물도 많았다. 따라서 삼척영장은 정3품 당상관에 해당하는 고위 무관직이었음을 알 수 있다.

다음으로 임명 당시의 관직이다. 전직은 京官職과 外官職으로 구분할 수 있는데, 전자는 도총부나 훈련원의 관직, 內禁衛將·羽林衛將·兼司僕將 등 禁軍將, 忠壯衛將·忠翊衛將·伍衛將·空闕의 假衛將 등이 포함된다. 이들은 30%를 조금 넘는 비중을 차지하는데, 副護軍 등 실직이 없는 군직도 많은 편이다. 외관직은 수령이나 변장에서 보임된 사례인데, 3품에 걸맞는 牧使·府使가 대부분이지만, 경우에 따라 郡守는 물론 縣令·縣監 등을 마치고 임명된 인물도 꽤 많았다. 그밖에 병마우후·중군 혹은 첨사·만호 등의 변장에 속하는 경우, 타도의 영장을 겸한 경우가 나머지 70%에 해당한다.

離任 사유는 보다 다양하다. 가장 많은 것은 移拜이고, 瓜滿으로 체차되거나 범법 행위로 인해 拿鞫·貶去·罷職되는 경우, 遞差·卒逝·病歸·父母喪 등의 신상 문제 순이다. 전체적으로 60% 가량이 승진되거나 과만으로 체차되었지만, 그 가운데 새로이 관직을 제수 받지 못한 경우는 1/4 이상이다. 즉, 무사히 임기를 마쳤다고 해서 반드시 바로 실직에 보임되는 것은 아니었다. 이배는 90% 이상 오위장·금군장·충익위장·충장위장·가위장 등 3품 경관직으로 옮겼다. 이처럼 비중이 상당한 탓에 배재홍은 삼척영장이 경관직으로 內遷하는 통로였다고 평가하기도 했다.[80] 다만, 상기 관직들은 대부분 외관직을 마친 인사들이 잠시 머무는 자리였으므로 이후의 관직 진출까지 살펴야만 그러한 평가가 가능할 것이다. 상위 직책에 속하는 것은 중앙군영의 중군이나 감영중군인 '巡營中軍', 외방의 절도사로 승진되는 케이스 등인데 5건에 불과하다. 그렇다면 삼척영장을 역임한 것이 무관의 이력에 큰 도

80 배재홍, 앞의 글, 211쪽, 2018

움이 되었다는 결론에는 주의가 필요하다. 타 지역 영장과의 비교를 통해서만 정확한 결론을 낼 수 있는데, 이는 추후의 과제 가운데 하나가 될 것이다. 어쨌든 삼척영장이 별영장으로서 고위 무관에 해당한다는 사실을 고려하면 승진한 인물이 많았다고 보기는 힘들다.

한편, 수토를 시행한 삼척영장은 몇 명이었을까. 울릉도 수토는 삼척영장이 영장제 연구에서 깊은 관심을 받았던 이유이기도 하다. 현재까지 수토의 시행 여부나 횟수에 관해서는 이견도 많고, 견해차도 크다. 분명한 사실은 수토 관련 기록들이 추가로 확보되면서 점차 수토의 빈도가 늘고 있다는 점이다. 최근 연구에 의하면 삼척영장과 월송만호의 울릉도수토는 총 61회 시행되었고 1694년부터 1765년까지는 3년, 1770년부터 1887년까지는 2년, 1888년부터 1893년까지는 1년으로 시행 간격이 좁혀졌다고 한다.[81] 이 가운데 삼척영장에 해당하는 사례는 26건으로 절반에도 미치지 못한다.

1787년 『항길고택일기』를 통해서 확인되는 수토 사례는 시행 주체를 알 수 없으나 삼척영장이 했을 가능성이 높아 보인다. 그러면 삼척영장이 수토관으로서 임무를 직접 시행한 사례는 총 27건이 된다. 이 경우, 수토를 시행한 삼척영장은 전체 198명 가운데 7%라는 결론이 도출된다. 새로운 수토 기록이 발견될 가능성을 배제할 수 없지만, 수토 자체가 주기성을 가지고 시행되었음을 감안하면 몇 건이 추가로 발견되더라도 10%를 넘기기 어려울 것으로 전망된다. 다시 말해, 90% 이상의 삼척영장은 수토를 시행하지 않았다고 할 수 있다.

이렇듯 수토관에 한정하면, 삼척영장의 임무 가운데 수토의 비중이 높았다고 보기는 힘들다. 그러나 삼척영장은 영동의 군사책임자로서 수토 역시 해방의 일환으로 관장했음을 감안하면 월송만호가 수토관이 된 경우에도 무

81 辛泰勳, 「朝鮮時代 鬱陵島 搜討 硏究」, 강원대학교 박사학위논문, 29~58쪽, 2023.

관했다고 보기 힘들다. 실례로 80번째 삼척영장 李潤國은 1771년 6월에 제수되어 7월에 도임하고 2개월 만인 9월 월송만호의 수토 파견 상황을 馳報하지 않았다는 이유로 파직되었다.[82] 월송만호는 삼척진관에 속했고, 따라서 영장이 겸한 삼척첨사의 휘하 변장이었다. 이는 월송만호를 수토관으로 파견하는 경우에도 삼척영장이 직접 간여한 것이라고 볼 수 있는 이유이다. 즉, 월송만호의 수토시 재임한 삼척영장 역시 수토를 시행한 것으로 보는 것이 타당하다.

월송만호가 시행한 29건의 수토까지 아울러 계산하면[83] 최대 56건의 수토에서 삼척영장이 간여했다고 할 수 있다. 이 경우, 3.5인마다 1명씩, 즉 30% 가량의 삼척영장이 수토 임무를 수행했다고 볼 수 있다. 게다가 전후의 준비와 처리까지 감안하면 수토는 사실상 삼척영장의 일상 업무였다고 생각된다.

조선후기 울릉도수토관으로 파견된 삼척영장과 월송만호는 현직관료였다. 이 점에서 전직관료로 임명된 안무사·경차관과는 차원을 달리한다. 게다가 안무사 등은 奉命使臣이라는 점에서, 정기적으로 파견되는 使命이 아니었다는 사실을 기억해야 한다. 그에 반해 삼척영장과 월송만호는 현직관료로서 수토를 시행했으므로, 수토제는 그 자체로 울릉도에 대한 '정기적'인 관리제도로 이해할 수 있다. 삼척영장의 임무 가운데 울릉도수토의 비중이 컸다고 할 수 없지만, 울릉도 그리고 그 부속도서인 독도를 관리할 수 있는 제도적 장치가 마련되었다는 점에서 수토제의 성립은 이전과는 확연히 다른 중요한 의미를 가진다.

---

82 『關東邑誌』 鎭營事例.

83 검찰사, 평해군수의 수토는 제외한다.

V. 맺음말

이상에서 삼척영장을 살펴보았다. 삼척영장에 대한 연구는 이미 많이 진척되었고, 이 글 역시도 선행 성과를 상당히 천착하여 작성되었다. 다만, 아쉬운 지점과 미흡한 부분들이 있어 이 부분을 보완하는 것으로 글의 의미를 찾고자 한다. 기존 연구의 가장 큰 한계는 강원도 내지 삼척 혹은 울릉도수토에 집중해왔던 데서 찾을 수 있다. 영장제나 영장이 지휘했던 속오군의 창설 경위 등이 유기적으로 이어지지 않기도 한다. 어째서 영동 지역에 별영장을 파견했고, 또 영장이 변장을 겸하는 독특한 사례로 남게 되었는지에 대한 의문이 여전히 남아 있다는 의미가 된다.

속오군은 임진왜란 시기에 진관체제의 한계를 극복하고 실전적인 군대를 확보하는 방안을 모색한 결과 창설된 군사조직이다. 조직을 확대하는 과정에서는 아이러니하게도 진관을 토대로 삼았으므로 일면 진관체제와 유사해보이기도 한다. 그러나 속오군은 대오를 단속한 군대를 편성함으로써 실전에서 활용하겠다는 강한 의지가 반영된 군대였다. 정묘호란 당시 진관체제에 입각한 속오군 조직의 효용성을 높이기 위해 별영장을 파견한 것은 일종의 개편이었고 이는 그 자체로 큰 의미를 가진다.

효종대에 이르면 영장제는 삼남지역 일부에 별영장을 복설하고 서북 지역을 포함한 이외 지역의 중요 지점에는 무관을 수령으로 파견하는 겸영장을 혼용하는 제도가 마련된다. 이는 세 번째 개편이라고 할 수 있다. 삼척영장은 그 이후에 파견된 유일한 별영장이자, 200여 년에 걸쳐 198명이 임명되는 등 고정적으로 운영된 몇 안 되는 사례이다. 또한 별영장이면서도 영장이 첨절제사라는 변장을 겸한 유일한 영장이 삼척영장이기도 하다.

그 결과 삼척영장은 병마절도사나 방어사가 부재한 영동 지역의 군사책임자라는 막중한 임무를 맡게 되었다. 영동에 속한 9개 고을의 군사들을 정기적으로 점검, 훈련하는 영장 본연의 임무는 물론 이후 추가된 토포사 등 치안 업무 그리고 수군첨절제사로서 해방의 임무까지 부여받았다. 삼척영장은 강원도의 유일한 수군지휘관이기도 했으므로 자연스럽게 울릉도수토까지 전담하게 되었다.

이상은 선행 연구에서도 이미 정리되었지만, 영장제 안에서 삼척영장을 이해하기보다는 주로 울릉도수토와 관련된 지점이 유독 강조되어 왔다. 이는 자칫 조선왕조가 구상한 군제에 대한 오해를 야기할 수 있다는 점에서 주의를 요한다. 울릉도수토는 중요한 임무였지만, 영장이 겸한 첨사의 부수적인 임무였다는 점은 기억해둘 필요가 있다. 다만, 이것이 울릉도수토의 중요성을 부정하는 것은 아니다. 오히려 삼척영장이라는 고위의 현직 관료가 울릉도수토를 관장했다는 점에서, 울릉도를 관리하는 정책이 공식적으로 수립되었다고 보아야 마땅하다. 이는 울릉도 그리고 그 부속도서인 독도를 경영하는 직접적인 수단이 확보되었다는 의미이기도 하다. 울릉도수토를 제도 안에 위치시키고, 그 출현 배경과 아울러 삼척영장의 임무 안에서 차지하는 비중을 분석한다면 보다 인과적이고 체계적인 논리 마련에 도움이 될 것이다.

참고문헌

1. 저서

徐台源, 『朝鮮後期 地方軍制硏究』, 혜안, 1999
金友哲, 『朝鮮後期 地方軍制史』, 京仁文化社, 2000
金鍾洙, 『朝鮮後期 中央軍制硏究』, 혜안, 2003
육군군사연구소, 『한국군사사』5~6, 육군본부, 2012
송기중, 『조선후기 수군 연구』, 역사비평사, 2019

2. 논문

서태원, 「朝鮮後期 地方軍 運用과 營將制」, 『동서사학』 6·7합집, 한국동서사학회, 2000
盧永久, 「朝鮮後期 兵書와 戰法의 연구」, 서울대학교 박사학위논문, 2002
金友哲, 「조선후기 江原道 地方軍制의 변천」, 『朝鮮時代史學報』 24, 朝鮮時代史學會, 2003
徐台源, 「朝鮮後期 淸州鎭營硏究」, 『湖西史學』 42, 湖西史學會, 2005
서태원, 「朝鮮後期 海美鎭營」, 『瑞山文化春秋』 2, 瑞山文化發展硏究院, 2006
유미림, 「장한상의 울릉도 수토와 수토제의 추이에 관한 고찰」, 『韓國政治外交史論叢』 31-1, 한국정치외교사학회, 2009
손승철, 「조선시대 '空島政策' 의 허구성과 '搜討制' 분석」, 『이사부와 동해』 1, 한국이사부학회, 2010
배재홍, 「조선후기 울릉도 수토제 운용의 실상」, 『대구사학』 103, 대구사학

회, 2011

손승철, 「중·근세 조선인의 島嶼 경영과 경계인식 고찰」, 『한일관계사연구』 39, 한일관계사학회, 2011

임선빈, 「조선시대 '海美邑城'의 축성과 기능변천: 충청병영성에서 호서좌영으로」, 『역사와 담론』 58, 호서사학회, 2011

손승철, 「울릉도 수토와 삼척영장 장한상」, 『이사부와 동해』 5, 한국이사부학회, 2013

장정수, 「병자호란시 조선 勤王軍의 남한산성 집결 시도와 활동」, 『韓國史研究』 173, 韓國史研究會, 2016

서태원, 「조선후기 三陟營將 연구」, 『이사부와 동해』 13, 한국이사부학회, 2017

신태훈, 「조선시대 島嶼地域 搜討에 대한 연구」, 『韓日關係史研究』 57, 한일관계사학회, 2017

장정수, 「병자호란 이전 조선의 大後金(淸) 방어전략의 수립 과정과 그 실상」, 『朝鮮時代史學報』 81, 朝鮮時代史學會, 2017

배재홍, 「조선후기 三陟營將과 울릉도 搜討」, 『이사부와 동해』 14, 한국이사부학회, 2018

신태훈, 「삼척영장과 울릉도 수토제」, 『이사부와 동해』 15, 한국이사부학회, 2019

이원택, 「순천장씨 학서주손가(鶴棲胄孫家)의 〈충효문무록〉과 〈절도공양세실록〉 소개, 그리고 장한상의 〈울릉도사적〉」, 『영토해양연구』 18, 동북아역사재단, 2019

문광균, 「조선후기 압록강 하안의 薪島 범월과 薪島鎭의 설치」, 『역사와 현실』 119, 한국역사연구회, 2021

장정수, 「深河戰役(1619) 당시 조선 '渡遼軍'의 편제와 규모」, 『朝鮮時代史學

報』 96, 朝鮮時代史學會, 2021

장정수, 「조선 선조대 東伍軍의 편성과 明 鍊兵教師의 역할」, 『朝鮮時代史學報』 100, 朝鮮時代史學會, 2022

장정수, 「선조대 말 건퇴 전투의 발발 배경·경과와 대(對) 여진 관계상의 변화」, 『韓國史研究』 196, 韓國史研究會, 2022

辛泰勳, 「朝鮮時代 鬱陵島 搜討 研究」, 강원대학교 박사학위논문, 2023

『항길고택일기』를 통해 본 삼척지역민의 역할
- 울릉도 수토료(搜討料)와 후망수직군(候望守直軍) -

이원택 | 동북아역사재단 연구위원

Ⅰ. 머리말

이 글은 항길고택(恒吉古宅), 항길고택문고(恒吉古宅文庫), 『항길고택일기(恒吉古宅日記)』 등을 개략적으로 소개하고, 이어서 『항길고택일기』 속에서 울릉도 수토를 위한 수토료(搜討料)와 후망수직군(候望守直軍) 등 삼척 지역민의 역할을 찾아내서 관련 사료들을 한글로 역주하여 소개하는 것이다.

『항길고택일기』는 강릉김씨(江陵金氏) 항길고택에서 18세기부터 20세기 초까지 123권의 책력(冊曆) 위에 기록한 일기를 총괄하여 지칭하는 명칭이다.[1] 그리고 『항길고택일기』 는 항길고택문고(恒吉古宅文庫)의 『도서목록』 속에 일기의 제목 몇 개가 등재되어 있다. 그리하여 『항길고택일기』를 이해하기 위해서는 항길고택과 항길고택문고에 대한 선행적인 이해가 필요하다. 그래서 이 글의 순서를 항길고택, 항길고택문고, 『항길고택일기』 순서로 구성하여 본 것이다. 필자는 항길고택 관련 내용을 이미 논문으로 발표한 적이 있는데, 이번 글에서는 항길고택의 기원에 대한 조금 더 엄밀한 정의를

1 『항길고택일기』는 책력(冊曆)에 주요한 사항들을 기록한 비망록 성격의 일기로서, 현재 약 123년간의 기록이 남아있다. 책자의 형태로 묶여 표지에 이름이 있는 경우도 있고, 표지가 없이 묶인 경우도 있는데. 이를 통틀어 '항길고택일기'라고 칭하겠다. 조선왕조실록 전체를 『조선왕조실록』으로 표기하듯이, 항길고택일기도 전체를 가리켜서 『항길고택일기』로 표기하고자 한다. 추후 저자별로 일기의 제목이 확인 또는 확정되면, 구체적인 이름을 사용할 수 있을 것이다.

시도해 보려고 하며, 명칭 '항길댁'이 '한길댁'으로 불리게 된 경위에 대하여 진전된 논의를 해 볼 것이다.[2]

다음으로 『항길고택일기』에 나타난 울릉도 수토를 위한 삼척지역민의 역할을 살펴볼 것이다. 울릉도 수토를 위한 삼척지역민의 역할은 진료(鎭料)와 수토료(搜討料), 그리고 후망수직군(候望守直軍) 등에 관한 사료를 통해 살펴볼 수 있다. 이들 수토 관련 사료를 한문으로 활자화하고 한글로 역주를 하여, 삼척지역민의 역할을 보여줄 것이다. 『항길고택일기』의 울릉도 수토 관련 사료는 그 분량이 많지 않지만, 『조선왕조실록』, 『승정원일기』, 『일성록』, 『각사등록』 등 주요 관찬 사료에서 찾을 수 없는 내용들이 포함되어 있어서, 그 사료적 가치가 매우 높다고 평가된다. 『항길고택일기』의 울릉도 수토 관련 내용은 비교적 자세히 소개된 적이 있고,[3] 사진 이미지 또한 지역 방송에서 몇 컷이 소개되기도 하였다.[4]

항길고택(恒吉古宅)은 강릉김씨 감찰공파(監察公派) 운곡(雲谷) 김자현(金子鉉, 1404~1501)의 현손(玄孫) 김인지(金仁祉)의 후손들이 세거해왔던 강원도 삼척(현재 동해시) 용정리에 있었던 고택 '항길장(恒吉庄)'을 말한다. 항길고택은 조선시대에는 강원도 삼척부에 속하였으나, 근대 이후 잦은 행정 구역 변경으로 현재는 강원도 동해시에 속하여 있다. 오랜 세월 전해오던 고택의 건물은 일제 강점기에 공장 건설로 철거되어 지금은 그 모습을 사진 속에서만 볼 수 있다. 후손들이 현재 동해시 송정동에 거주하고 있다.

---

2 필자는 "항길고택일기의 울릉도 수토 관련 기사 역주와 그 사료적 가치"(『동북아역사논총』 81호, 2023.9.)라는 논문에서 항길고택에 관련된 사항들을 소개한 적이 있다. 이번 글에서는 앞의 논문 중 항길고택에 대한 서술 가운데 범한 오류들을 정정하고, 일부 내용을 보충하는 것에 주안점을 두었다.

3 배재홍, "조선후기 울릉도 수토제 운용의 실상", 『대구사학』 103, 2011.

4 2014년 8월 16일에 방영된 「포항MBC 광복절 특집다큐멘터리 독도전」 참고. 유튜브 채널(https://www.youtube.com/results?search_query=독도전)에서 영상을 볼 수 있다.

항길고택의 옛 모습[5]

항길고택문고는 항길고택에서 대대로 보존해 온 서적과 문서들을 총칭하는 말이다. 신축년(辛丑年, 1961)에 만들어진 『도서목록(圖書目錄)』이라는 책자에 '항길문고(恒吉文庫)'라는 명칭을 사용하고 있다. 이 글에서는 그것을 근거로 '항길고택문고'라는 용어를 만들어 사용하겠다.

항길고택문고는 유구한 세월 동안 온갖 역경을 이겨내고 보존되어온 항길고택 가문의 귀중한 유산이다. 항길고택 14대 종손으로 성균관 부관장을 역임한 고(故) 김남용(金南容) 선생은 한길고택 소장 고문서가 해설과 함께 영인되어 책으로 발간되었을 때, 그 책의 인사말에 다음과 같이 서술하였다.

> 이 고문서는 500여 년간 수난을 겪으면서도 지켜온 것입니다. 여기에 수록된 고문서들은 임진왜란(1592년), 병자호란(1639년)과 같은 국난을 겪어왔을 뿐만 아니라, 근세에 와서는 한일합방(1910년)에 이어 1937년 삼척개발공사(三陟開發公社)로 누

5 배재홍, 『동해시 고문서』 2(동해문화원, 2008.)의 화보란에 항길고택의 옛 모습 사진이 실려 있는데, 그 사진을 촬영한 사진이다.

대에 걸쳐 내려오던 세거지(현 동부메탈 위치)를 강제로 철거당해 용정해변으로 집단 이주하기도 하였습니다. 더욱이 동족상잔인 6·25 사변 피난길에는 고문서들을 항아리에 담아 땅에 깊이 묻어두어 무사히 보존하고, 각종 재난과 변화불측한 시대의 변천에도 훼손되지 않고 온전하게 보존하여온 조상님의 정성과 슬기를 되새겨 봅니다.[6]

항길고택은 이처럼 오랜 세월 지켜온 가문의 소중한 문화 유산 항길고택문고를 2018년 10월 동북아역사재단에 기증하였다. 기증 당시 언론 보도[7]에서 볼 수 있듯이, 관찬 사료에서 현재까지 찾지 못한 울릉도 수토 관련 기록들이 『항길고택일기』에 수록되어 있던 사실이 주목받았다. 항길고택에서도 동북아역사재단에게 독도 수호를 위해 울릉도·독도를 열심히 연구해 달라고 하면서, 항길고택일기를 쓴 선조들의 문집, 족보들을 비롯한 고서적과 호구단자 등 고문서 일체를 연구 자료로 기증한다고 하였다. 동북아역사재단도 항길고택문고를 기증받으면서, 독도 체험관을 박물관으로 등록을 하고, 또 기증받은 귀중 자료는 문화재로 등록하여 영구히 보존하면서, 울릉도·독도 연구 및 홍보에 활용할 수 있도록 하겠다고 하였다. 다행히 최근에 독도 체험관이 전문 박물관으로 등록되어 본격적으로 항길고택문고를 연구, 교육, 전시 및 홍보 등에 활용할 수 있는 터전이 마련되었다.

한편, 동북아역사재단은 항길고택문고를 기증받기 전에 이미 일시 대여해온 『항길고택일기』의 일부를 고해상도 이미지 자료로 만들었으며, 기증받은 후에 일기의 나머지 전체를 이미지 자료로 만들었다. 그 이미지 자료를 가지고 영인본 제작을 계획하고 있었으나, 여러 가지 사정으로 영인본 제작

6 배재홍, 『동해시 고문서』 2(동해문화원, 2008.) 7쪽의 고문서 소장자의 "인사말"에서 인용하였다.

7 연합뉴스, "관찬사료서 빠진 울릉도 수토 기록된 일기 기증"(2018.10.25.)(https://www.yna.co.kr/view/AKR20181025133900005?section=search)

이 미루어지고 그에 따라 일반에 공개가 지연되었다. 필자는 동북아역사재단의 『항길고택일기』 영인본 간행 사업 담당자로서, 영인본 간행을 기다리던 기증자인 항길고택[8]과 울릉도·독도 연구자들[9]에게 그동안 깊은 미안함을 가지고 있었다. 그래서 우선 이 글을 통하여, 그 동안의 미안함을 조금이나마 갚으려 한다.

Ⅱ. 항길고택, 항길고택문고, 『항길고택일기』

1. 항길고택

지금까지 연구자들은 항길고택(恒吉古宅)에 대하여 대체로 '입향조 강릉김씨(江陵金氏) 감찰공파(監察公派) 운곡(雲谷) 김자현(金子鉉, 1404~1501)의 후손들이 강원도 삼척에서 세거해오던 고택'으로 서술해 온 듯하다. 김자현은 현감 정(玎)의 아들로, 1426년(세종 8) 생원에 급제하여 음관(蔭官)으로 이천교도(伊川教導)를 지내다가 1447년(세종 29) 문과에 급제하여 성균관 전적(典籍), 병조정랑(兵曹正郎), 사헌부 감찰(監察) 등을 역임하였다. 지방관으로 청양(靑陽), 청하(靑河) 등의 현을 다스렸고, 만년에 고향인 강릉부 교수(教授)를 지내면서 교육에 힘쓰다가 삼척 무릉계곡의 산

8 가족회의를 개최하여 항길고택문고를 동북아역사재단에 기증하기로 결정을 이끌어 주신 한길고택 고 김남용 선생의 따님 김상래 여사께 이 지면을 빌어 미안함과 함께 깊은 감사를 드린다.

9 2018년 7월 필자와 함께 항길고택을 방문하여 자료를 열람하고 자료 기증이 성사되도록 협력해 준 한국해양수산개발원의 백인기 박사 및 울진봉평리신라비전시관장 심현용 박사께도 미안함과 함께 깊은 감사를 드린다.

수 경관이 좋아 취병산 아래에 터를 잡고 정착한 입향조이다.[10]

김자현이 강릉에서 삼척으로 이주하여 살았던 곳에 대해 무릉계곡의 쇄운리(灑雲里) 취병산 아래라고 하는 곳도 있고, 용정리(龍井里) 취병산 아래라고 하는 곳도 있는 것 같다. 필자가 최근에 본 자료 『동해시 지명지(東海市地名誌)』의 "용정동" 항목에는 "조선조 문종 때 감찰(監察)을 지낸 강릉 김씨 김자현(金子鉉)이 강릉에서 (이곳으로) 이주해 왔다가 쇄운동으로 이사하였"[11]다고 기술하고 있다. 강릉에서 이곳 용정동으로 이주하였다는 의미이다. 김자현은 뒤에 용정동에서 다시 쇄운동으로 이주하였던 것이다.

그렇다면 용정동의 항길고택은 언제 다시 강릉김씨들이 거주하였는가? 항길고택에 소장되어 있는 미간행 원고 『항길댁통사(기1)초(恒吉宅通史(其一)抄)』[12]의 「항길댁(恒吉宅)과 용정동(龍井洞)」에는 다음과 같이 서술되어 있다.

> 조선조 문종 때 감찰(監察)을 지낸 강릉김씨 김자현(金子鉉)이 강릉에서 이주해 왔다가 쇄운동으로 이사하였고, 남원 정세구(鄭世矩)가 역시 강릉에서 이주해 왔으나, 후손이 없어 사위인 민달충(閔達忠: 강릉에서 이주해 옴)에게 가재(家財)를 물려주었

---

10 배재홍, 『동해시 고문서』 2(동해문화원, 2008.) 19쪽.

11 박성종 편저, 『동해시 지명지(東海市地名誌)』(동해문화원, 2017.) 311쪽.

12 『항길댁통사(기1)초(恒吉宅通史(其一)抄)』는 2018년 필자가 항길고택을 방문하였을 때, 잠깐 일별하면서 원고 표지와 함께 「항길장」 부분이 눈에 띄어 휴대폰으로 두 세 컷 찍어 왔다.(사진 참조) 그리하여 이 미간행 원고의 저자를 김남용 선생으로 생각하고 있었고, 또 최근에는 그렇게 논문에 소개하기도 하였다. 오랜 시간이 지난 2023년 10월 초순에 항길고택을 다시 방문하여, 이 미간행 원고의 중요성을 깨닫고 원고를 빌려와 차분히 검토할 수 있었다. 원고의 서문을 읽어 보고, 이 자료의 편찬자가 김기환(金起桓) 선생이라는 것을 알게 되어 깜작 놀랐다. 안타깝게도 김기환 선생은 이미 고인이 되셨다고 한다. 필자는 이전에 발표한 글에서 이 미간행 원고의 저자를 김남용 선생으로 잘못 소개한 중대한 실수를 범했는 바, 이 지면을 빌어 편찬자 및 독자 여러분에게 심심한 사과를 표한다.

으나, 사위 역시 후손이 없어, 선조 17년(1584)에 그의 외손(外孫)인 강릉(江陵) 김인지(金仁祉)에게 다시 물려주어 지금의 항길댁(恒吉宅: 현재는 송정동으로 옮김)으로 이어진다. 그 후 세조때 영일 정순석(鄭順碩), 선조때 강릉(江陵) 김인복(金仁福) 또 남양 홍일(洪溢) 등이 이주해 왔다.

민달충의 외손 김인지는 김자현의 현손(玄孫)이다. 아래의 가계도를 살펴보면, 항길고택은 입향조 김자현의 직계 후손이 아니고 방계 후손임을 알 수 있다. 그래서 좀 더 엄밀히 말하면, '항길고택'은 강릉김씨 감찰공파 운곡(雲谷) 김자현(金子鉉)의 현손(玄孫) 김인지(金仁祉)의 직계 후손들이 세거해왔던 강원도 삼척(현재 동해시) 용정리의 '항길장(恒吉庄)'을 지칭하는 용어로 보인다. 이는 다음과 같은 자료를 통해 추론할 수 있다. 『항길댁통사(기1)초(恒吉宅通史(其一)抄)』의 「항길장(恒吉庄)」이란 글을 보면 "(항길장은) 용정리에 있다. 누워있는 용이 구슬을 희롱하는 형국인데, 정축년에 허물고 북삼화학공장이 되었다. 중종 임오년(1522) 가정 원년 십일월 십팔일 장녀에게 준다.(在龍井里, 臥龍弄珠形, 丁丑廢爲北三化學工場. 中宗壬吾 嘉靖元年十一月十八日許與長女.)"라고 시작하고 있다. 이 글은 아마도 가문에 전승되던 분재기(分財記)[13]를 인용한 것으로 보이는데, 중종 때 김자현의 현손 김인지(金仁祉)의 모친이 본가에서 분급받은 재산인 듯하다.

---

13 항길고택에 전해져 온 관련된 분재기는 ①「충찬위 정세구 허여문기」, ②「충찬위 정세구 처 김씨 허여문기」, ③「정모 허여문기」, ④「참봉 민모 허여문기」, ⑤「참봉 민사성 처 전씨 허여문기」, ⑥「참봉 민사성 처 전씨 허여문기」, ⑦「승사랑 순릉참봉 김황 처 민씨 허여문기」 등이 있다. 배재홍, 『동해시 고문서』 2(동해문화원, 2008.) 378-399쪽 참고.

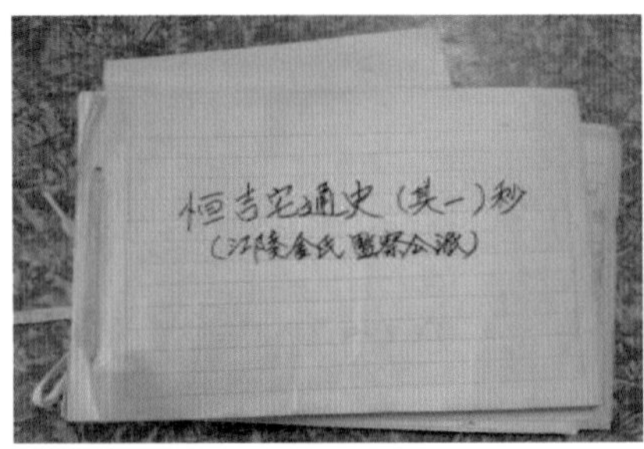

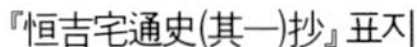
『恒吉宅通史(其一)抄』 표지

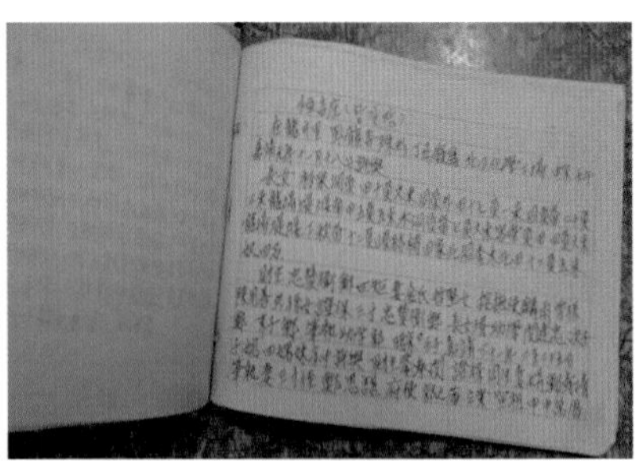
『恒吉宅通史(其一)抄』 표지

아래 〈표 1〉은 강릉김씨 21세 감찰공파 김자현으로부터 39세 김남용까지 이어지는 가계도(家系圖)이다.[14] 김남용은 족보상 39세가 되는데, 자신을 항길고택의 "14대 종손"이라고 한 것을 보면, 아마도 김인지(金仁祉)로부터 14대 장손이 된다는 의미로 보인다. 이 또한 김인지부터 항길장 즉, 항길고택이 시작되고 있음을 알 수 있다.

한편, 이 가계도에서 눈에 띄는 것은 33세 김시학(金時鶴, 1779~1830)에서 34세 김구혁(金九爀, 1798~1874)을 후사(後嗣)로 세운[立後] 점이다. 김구혁은 김시학의 후사로 들어와서 항길고택의 대를 이어갔는데, 여러 가지 의미에서 매우 중요한 인물로 생각된다. 그는 중앙 관직으로 진출하지 못하고, 삼척 지방에서 순조, 헌종, 철종대에 향청 별감, 향교 도유사, 용산서원 도유사, 경행사 별유사 등을 역임하였다. 김구혁은 애헌(艾軒) 최종원(崔鍾遠) 문하에서 수학하고, 『성학요설(聖學要說)』, 『척주절의록(陟州節義錄)』 등을

14 이 가계도는 『동해시 고문서』 2(동해문화원, 2008.)의 20쪽에 실려 있는 가계도를 약간 수정하여 만들었다. 38세 헌기(櫶起)와 39세 남용(南容)을 추가하였다. 또 고 김남용 선생이 자신이 항길고택 14대 종손이라고 한 것을 근거로 추론하면, 25세 인지(仁祉)의 14대 종손이었을 것으로 추정되어, 25세에 인수(仁壽), 인복(仁福), 인록(仁祿)을 추가로 기입하였다.

〈표 1〉 향길고택의 가계도

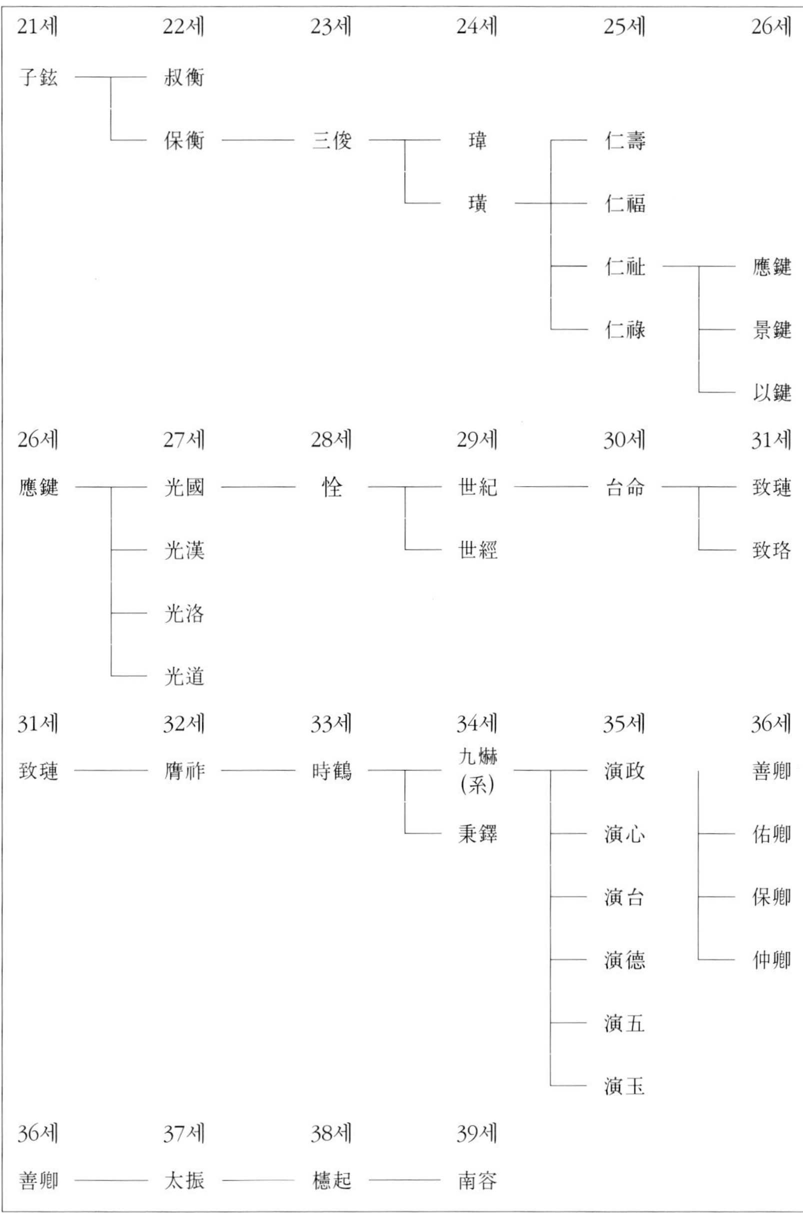
21세
22세
23세
24세
25세
26세
子鉉
叔衡
保衡
三俊
瑋
璜
仁壽
仁福
仁祉
仁祿
應鍵
景鍵
以鍵
26세
27세
28세
29세
30세
31세
應鍵
光國
光漢
光洛
光道
恮
世紀
世經
台命
致璉
致珞
31세
32세
33세
34세
35세
36세
致璉
膺祚
時鶴
九爀
(系)
秉鐸
演政
演心
演台
演德
演五
演玉
善卿
佑卿
保卿
仲卿
36세
37세
38세
39세
善卿
太振
檍起
南容

저술하고 『척주선생안(陟州先生案)』을 찬술하였다. 항길고택문고의 『도서목록』에도 그의 저술이 상당수 실려 있다. 또 그는 선대가 남긴 문적들을 정리하여 유사(遺事) 형태로 편집하였다.

김구혁은 강릉김씨 봉정파(鳳亭派) 김종집(金宗鏶)의 셋째 아들로 조부는 김광필(金光弼), 증조부는 김효지(金孝之), 고조부는 김수한(金壽漢)이다. 그는 "19세 되던 순조16년(1816)에 부친의 명으로 한길댁 김시학의 양자로 들어갔으며, 애헌(艾軒) 최종원(崔鍾遠) 문하에서 수학하였으며, 효행과 덕행으로 당시 지역사회에 명망이 있었다."고 한다.[15]

김구혁(1798~1874)의 양부는 속재(俗齋) 김시학(金時鶴, 1779~1830)이고, 조부는 죽헌(竹軒) 김응조(金膺祚, 1755-1817), 증조부는 매암(梅菴) 김치련(金致璉, 1720-1794), 고조부는 용장(龍庄) 김태명(金台命)이다. 그리고 김구혁의 가계는 아들 김연정(金演政, 1820~1898), 손자 김선경(金善卿, 1843-1885), 증손자 김태진(金泰振, 1875-1929)으로 이어진다.

김시학은 순조와 헌종대에 향청의 별감과 좌수, 향교의 장의와 도유사, 용산서원 도유사, 경행사 장의 등을 역임하였으며, 그에 관한 사적으로 김구혁이 편집한 『속재유사(俗齋遺事)』가 있다. 증조부 김치련(金致璉)도 『매암유고(梅菴遺稿)』를 남겼다. 김구혁의 아들 김연정은 철종, 고종대에 향교 장의, 용산서원 장의와 도유사 등을 역임하였다. 현재 동해시 송정동의 항길고택에는 '속재(俗齋)', '죽헌(竹軒)'이라는 현판과 함께 현대에 만든 것으로 생각되는 '항길(恒吉)'이라는 현판이 나란히 걸려 있다.[16] '죽헌'과 '속재'의 현판은 전통방식으로 만들어졌으며, '항길'의 현판은 현대 방식으로 만들어졌다.

---

15 배재홍, 『국역 척주선생안』(삼척문화원, 2003) 13쪽.

16 이 사진들을 비롯한 이 글의 사진들은 대부분 2018년 필자가 핸드폰으로 직접 촬영한 것이다.

속재(俗齋)

죽헌(竹軒)

항길(恒吉)

'항길'이라는 현판을 거론한 김에, 여기서 항길고택과 관련된 '환길댁', '한길댁', '항길댁' 등 몇 가지 명칭을 살펴보자.

앞에서 언급한 것처럼 항길고택이 이른바 항길장(恒吉庄)에서 세거한 것은 입향조 김자현의 현손 김인지(金仁祉)부터라고 할 수 있다. 항길장은 용정리에 있었으며, 정축년(1937) 북삼화학공장[17]이 들어서면서 고택이 헐리고, 용정 해변으로 강제 이주를 한 것으로 보인다.

그런데 항길고택은 학자에 따라 여러 가지 이름으로 호칭되고 있는 것 같다. 일찍이 배재홍은 '환길댁'(桓吉宅)과 '환길댁생활일기'라고 칭하기도 하고,[18] '한길댁'과 '한길댁생활일기'라고 칭하기도 하였다.[19] 2018년 봄 무렵 필자가 현지조사를 준비하며 전화로 배재홍 교수께 그 연유를 물어보았더니, '그 댁이 큰 길 가에 있어서 그 동네 사람들이 한길댁이라고 칭하고 있

17 [한국학중앙연구원디지털삼척문화대전-근대산업의발상지,삼척중공업지대(http://www.grandculture.net/samcheok/toc/GC06700018)]에는 "북삼화학공사(北三化學公社)는 당시 삼척군 북평읍 송정리[현 동해시 송정동]에 있었으며 석회질소 비료공장으로 1937년 4월 1일에 기공하고 1939년 3월 31일에 준공되어 삼척개발주식회사 북삼화학공업소로 조업을 개시하였다."고 하고, 또 "백연화학공업주식회사 삼척공장은 당시 삼척군 북평읍 쇄운리[현 동해시 북삼동]에 있었"고, "삼화제철공장은 무릉계곡 부근인 삼화와 양양에서 생산되는 철광석을 제철하기 위한 공장으로, 현재의 동해시 북삼동에 1943년 4월 25일에 건립되었다."고 한다.

18 배재홍, 『조선시대 삼척지방사 연구』(서울 : 우물이있는집, 2007.)의 여기저기에서 사용하고 있다.

19 배재홍, "조선후기 울릉도 수토제 운용의 실상", 『대구사학』 103, 2011.

다'는 취지로 대답해주었다. 그리고 현재의 '한길댁'의 위치 등 여러 가지를 친절히 가르쳐주었다. 2018년 여름 필자는 이른바 '한길댁생활일기'를 조사하기 위하여 항길고택을 처음으로 방문하였다. 당시 '항길(恒吉)'이라는 현판이 걸려 있는 것을 보고, 그 동네 사람들이 '항길댁'의 발음을 편리한대로 취하여 '한길댁'으로 부르지 않았나 추정하였다.

그런데 필자는 2023년 8월 현지조사를 통해 입수한 『동해시 지명지(東海市地名誌)』의 아래 인용문에서 '한길댁'이라고 칭한 이유를 확실하게 알게 되었다.

> 항길댁구지(恒吉宅舊址)
>
> 강릉김씨 김자현의 후손이 사는 집인 항길댁이 있던 터. 삼봉산 서쪽에 성재 동쪽 산줄기 끝에 있는데, 와룡롱주형(臥龍弄珠形)의 집터로서, 조선조 때 관로(官路)가 이 집 밑을 지났었다. 항길은 '한+길'이 음변화 한 것이며, 이것을 음차하여 적은 것이 恒吉이다. 항길댁은 1937년에 봉오동으로 이전했다가 그 후 송정동으로 옮겨 갔다.[20]

배재홍 교수도 『동해시 지명지(東海市地名誌)』의 이 내용을 따라서 '한길댁'으로 호칭한 것으로 보인다. 한편, 『항길댁통사(기1)초(恒吉宅通史(其一)抄)』의 「항길댁(恒吉宅)과 용정동(龍井洞)」에도 비슷한 내용이 다음과 같이 기술되어 있다.

> 항길댁(恒吉宅) 구지(舊址)는 성치(城峙) 동쪽 산줄기 끝, 즉 삼봉산(三峯山) 서쪽에 있었다. 옛 사람들은 그 집터를 와룡롱주형국(臥龍弄珠形局: 용이 누워서 진주를 가지고 놀고 있는 형국)이라고 하였다. 이조시대 관도(官道)가 이 집 밑으로 지나가기

20 박성종 편저, 『동해시 지명지(東海市地名誌)』(동해문화원, 2017.) 316쪽.

에 행로장(行路庄: 행길댁)이라고 한다.

위의 두 서술이 비슷한 것은 아마도 지명조사 때 채록한 동일한 자료를 사용하여서 서로 비슷하지 않은가 추정된다. 그러나 필자는 현판의 항길(恒吉)은 『주역』의 항괘(恒卦)에서 따온 것이며, 그 뜻은 집안에 항상 길(吉)한 일이 있기를 바라는 뜻을 취한 것이라고 생각한다.[21] 직접적인 증거가 되지는 않겠지만, 『항길댁통사(기1)초(恒吉宅通史(其一)抄)』의 「묘원기(墓苑記)」에는 다음과 같은 내용도 있다.

> 공(公: 金仁祉)은 용정리(龍井里) 삼봉산(三峯山) 서(西) 유좌(酉坐) 외가(外家) 구지(舊地)를 이어받으시니, 이곳이 감찰공의 창립지(創立地)요, 가호(家號)를 항길(恒吉)이라 하고, 임진란(壬辰亂)을 겪으면서 사백여년 자자손손 유업(遺業)을 계승하던 발상지(發祥地)라. … 영세항구원길(永世恒久元吉)을 기원하면서 이 글월을 삼가 쓰노라.
>
> 서기 1974년 6월 6일 13대손 김락기(金樂起) 근지(謹識)

이 인용문에서 "가호(家號)를 항길(恒吉)이라"고 칭한 것은 "김인지(金仁祉)" 때부터라는 뜻으로 읽힌다. 물론 그 주장에 대한 사료나 전거를 제시하지 않고 있는 점은 여전히 문제다. "항길(恒吉)"의 어원이 어찌 되었든, 위의 사진에서 볼 수 있는 것처럼 '항길'이라는 현판이 지금도 붙어 있고, 원고본 『항길댁통사(기1)초(恒吉宅通史(其一)抄)』 '항길댁'이라고 하였기 때문에 '항길'로 칭하는 것이 옳다고 생각한다. 다음 절에 제시한 『도서목록』의

21 『주역』 항괘(恒卦)에서 취한 것으로 보인다. 항괘는 남녀가 부부를 이루어 가정을 처음 이루는 것을 상징하는 괘이다. 가정을 이루어 항상(恒常)된 덕(德)을 가져서 길(吉)하라는 취지인 것이다.

恒吉古宅 世傳忠孝(고택소장)

사진에서 볼 수 있는 것처럼 '항길문고'라는 용어도 가문에서 이미 사용하고 있었다.

그리하여, 지금은 비록 사진에서나 볼 수 있는 고풍스러운 한옥의 고택은 철거되고 없으나, 자연재해와 전쟁 그리고 개발에 따른 잦은 이주 등 온갖 어려움 속에서 '항길문고' 등 오랜 역사적 유물과 유산을 지켜낸 노고를 치하하고 존중하는 의미에서, '한길댁' 대신에 후례(厚禮)의 뉘앙스가 들어간 용어 '항길고택'을 사용할 것을 제안한다. '항길고택'이라는 용어는 앞의 병풍 사진에서처럼 지난 세기부터 이미 사용되고 있었다. 나아가 '항길문고'는 '항길고택문고'로, '한길댁생활일기'는 '항길고택일기'로 칭할 것을 아울러 제안한다.

2. 항길고택문고

다음으로 '항길고택문고'에 대해 알아보자. 항길고택에서는 이미 자체적으로 만든 『도서목록』을 소장하고 있었다. 이 목록은 표지 사진[(辛丑十二月二十一日)圖書目錄(恒吉文庫)]에서 볼 수 있듯이 신축년 즉 1961년에 만든 것으로 추정된다. 필자가 2018년 이 목록의 사진을 찍었기 때문에 신축년은 2021년은 될 수 없고, 1961년쯤으로 추정된다. 그리고 항길고택문고의 다수 서적에 '김남용인'(金南容印)이라는 장서인이 찍혀 있는데, 아마도 이 『도서목록』을 만들 때 장서인을 찍었지 않았을까 추정할 수 있을 뿐이다. 목록의 작성자 혹은 필사자인 듯 여겨지는 뒤표지에 쓰인 '오봉(梧峯)'이 누구의 호(號)인지 잘 모르겠다. 김남용을 비롯한 그의 가까운 선대 중에 '오봉'이라는

『도서목록』의 표지(앞)

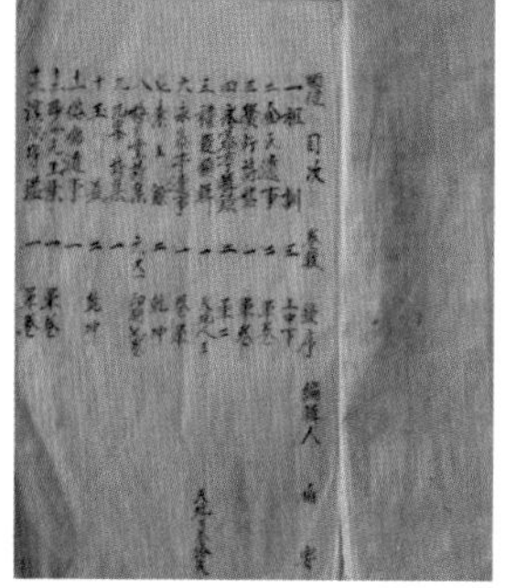

『도서목록』의 본문

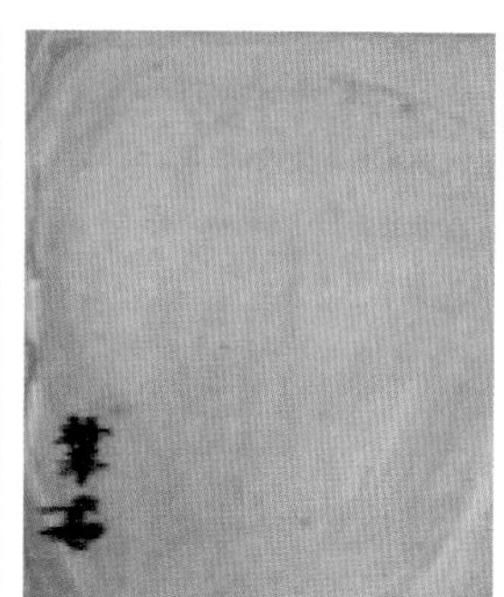

『도서목록』의 표지(뒤)

호를 족보에서 찾지 못하였다.

이 『도서목록』에는 총 201점의 도서 및 기물(器物)의 제목이 실려 있는데, 책뿐만 아니라 글씨와 그림, 그리고 여러 예식에 사용된 다양한 기물들도 수록되어 있다. 그러나 가문에서 소장하고 있던 많은 고문서들은 『도서목록』에 실리지 않았다.

항길고택문고에 대한 사료 조사는 국사편찬위원회 주관으로 두 차례 행하여졌다. 국사편찬위원회의 홈페이지에서 전자사료관(The Archives of Korean History)으로 들어가면, 「강원도 동해시 강릉김씨 소장 자료(사료군 DGW014)」를 열람할 수 있다. 그 아래 하위 사료 계열을 2건, 즉 「강원도 동해시 강릉김씨 소장 족보(DGW014_01)」와 「강원도 동해시 강릉김씨 소장 고서 고문서(DGW014_02)」로 분류하였는데, 그 기준은 사료 이력에 "족보는 국사편찬위원회 1997년 사료 수집 지원 사업으로 간접 수집하였고, 고서 · 고문서는 1999년에 직접 수집하였다."고 한 것에서 짐작할 수 있다. 소장처는 "강원 동해 강릉김씨"로, 소장자는 "김남용"으로 표기되어 있다. 모두 공개 자료로 프린터로 출력이 가능하며, PDF 파일을 컴퓨터에 다운받아 저장할 수도 있다. 자세한 목록[22]은 너무 번잡스러워 이 글에서는 생략하였다.

항길고택문고 소장 자료 중 가장 큰 주목을 받은 것은 시계열적으로 잘 보존된 족보였다. 「강원도 동해시 강릉김씨 소장 족보(DGW014_01」는 다시 11건으로 나누어지는데, 이 중에서 '강릉김씨 을축보'(乙丑譜, 1565)로 칭해지고 있는 『강릉김씨족보(江陵金氏族譜, 1565)』는 현존하는 문화유씨족보, 안동권씨족보와 함께 임진왜란 이전에 간행된 것으로 널리 알려져 있다. 항길고택문고의 목록에 을축보가 실려 있으나, 을축보의 원본은 항길고택에 소장되어 있지 않고, 다른 곳에 소장되어 있다고 한다. 국사편찬위원회의 조사에 등장하는 을축보는 영인본을 DB화 한 것이다.

포털사이트 네이버에서 '강릉김씨 을축보'를 검색해 보면, 한국학중앙연구원의 『민족문화대백과사전』의 기사로 연결되는데, 이 기사에는 강릉김씨 을축보가 "강원도 동해시 송정동의 강릉김씨 후손가에 소장되어 있다"고 서술되어 있다.[23] 그런데 이 기사의 참고문헌에 차장섭 교수의 논문[24]이 수록되어 있는데, 그 논문의 각주 7)에는 "강릉김씨 을축보는 원래 동해시 송정동에 소장되어 왔던 것으로 20여 년 전에 작성된 이 소장목록에서 확인할 수 있다. 그러나 현재는 같은 집안 친족인 울산에 있는 김기환(金起渙)씨가 소장하고 있으며, 1994년 강릉김씨 재경화수회(在京花樹會)에 의해 영인되었다."라고 서술되어 있다. 아마도 백과사전 집필자가 이 논문의 각주를 읽지 못하여, 잘못 서술한 듯싶다.

---

22 자세한 목록은 강원대학교 고민정 박사가 종으로 고문서, 고서(문집), 족보 순으로 배열하고, 횡으로 일련번호, 자료명, 구분, 소장처, 연도, 발급자, 수급자, 해제 순으로 작성한 엑셀파일을 작성하였는데, 필자가 한글파일로 바꾸면서 양식도 대폭 간소화하고, 도표도 족보, 고문서, 문집 등 세 개로 나누어 졸고(『동북아역사논총』 81호)에 실었으니, 참고 바란다.

23 https://encykorea.aks.ac.kr/Article/E0001079

24 차장섭, 「조선시대 족보의 편찬과 의의」(『조선시대사학보』 2, 1997), 41쪽.

「강원도 동해시 강릉김씨 소장 고서 고문서(DGW014_02)」는 다시 357건으로 나누어지는데, 고문서가 353건이고, 고서가 4건이다. 항길고택의 고문서는 호적표(戶籍表), 준호구(準戶口), 호구단자(戶口單子) 등 호구문서와 다양한 내용의 소지(所志), 향청이나 여러 행사의 임무에 차정하는 임명장으로 쓰인 첩(帖), 그리고 추증(追贈)이나 수직(壽職)으로 받은 교지(敎旨)가 다수 남아 있다. 그런데 항길고택의 고문서 353건의 목록에 입향조 김자현의 문과 급제 홍패(紅牌)는 누락되었다. 이 문서는 15세기의 문서로 항길고택 고문서 중 가장 이른 시기의 문서이다.[25]

끝으로 고서 4건은 『속재유사(俗齋遺事)』, 『구봉유집(九峰遺集)』, 『구봉

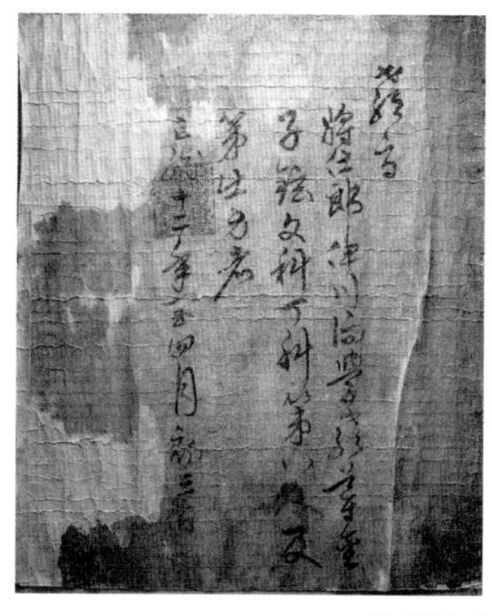

敎旨
將仕郎利川儒學敎導 金子鉉
文科丁科第八人及第 出身者
正統十二年(1447)
閏四月初三日

김자현 홍패

25 이 홍패는 강릉김씨 감찰공파의 파조 김자현의 문과급제 증서로서 감찰공파를 대표하는 상징적인 고문서라고 할 수 있다. 항길고택에서는 이 문서까지 동북역사재단에 일괄 기증하려고 하였으나, 동북아역사재단은 이 문서가 가문을 상징하는 기념물이기 때문에 가문에서 보물로 보관하기를 권했다. 그래서 이 홍패는 여전히 항길고택에서 소장하고 있다. 홍패 사진은 배재홍, 『동해시 고문서』 2(동해문화원, 2008.)의 화보란에 홍패 사진이 실려 있는데, 그 사진을 촬영한 사진이다.

집(九峰集)』, 『구봉잡록(九峰雜錄)』이다. 그런데 『구봉집』과 『구봉잡록』의 생산자를 김시학(金時鶴)으로 표기하여 놓았는데, 이는 오류로 보인다. 속재(俗齋)는 김시학의 호(號)며, 구봉(九峰)은 김시학의 양아들 김구혁(金九爀)의 호다. 『구봉집』과 『구봉잡록』의 생산자는 김구혁이다. 『속재유사』도 양부 김시학이 남긴 시, 제문, 서간 등과 양부에 대한 제문과 행장 등을 모아 김구혁이 편찬한 책이다.

다음으로 항길고택문고의 영인, 번역 및 연구 현황을 간략히 살펴보면 다음과 같다.

1991년 한길고택문고에 들어 있는 허목의 『척주지(陟州誌)』, 김구혁의 『척주선생안(陟州先生案)』과 『척주절의록(陟州節義錄)』, 김종언의 『척주지(陟州誌)』를 묶어 삼척문화원에서 『척주집(陟州集)』이라는 이름으로 영인본을 발간하였다. 이 『척주집(陟州集)』을 대본으로 하여 1997년에는 강원대학교 강원문화연구소 번역으로 『완역 척주집』을 삼척시에서 간행하였다. 2001년에는 배재홍의 번역으로 『국역 척주지』를 삼척시립박물관에서 간행하였다. 2003년에는 역시 배재홍에 의해 영인 번역되어 『국역 척주선생안』이 삼척문화원에서 간행되었다.

또 항길고택의 고문서는 배재홍에 의하여 『동해시 고문서』2(동해문화원, 2008)로 발간되었다. 여기에는 총 371건의 고문서를 수록하였다.

그동안 항길고택문고 자료를 활용하여 여러 분야에서 논문과 저작이 산출되었다.

첫째, 조선후기부터 일제시대까지 잘 간직된 항길고택의 호구자료를 활용하여 정경숙에 의하여 2개의 논문이 나왔다. "강릉김씨 호구단자 분석연구-18세기 호구단자를 중심으로-"(『인문학보』 제16집, 강릉대 인문과학연구소, 1993)와 "강릉김씨 호구단자 분석연구(2)-19세기 호구단자를 중심으로-"(『인문학보』 제17집, 강릉대 인문과학연구소, 1994)가 그것이다. 그리고 배재홍의 『조선시대 삼척지방사 연구』(2007)에는 「조선후기 삼척지방 강릉김씨 전계의 호구자료」가 실려 있다.

둘째, 항길고택문고 자료 중 가장 큰 주목을 받은 것은 시계열적으로 빠짐없이 보존된 족보였다. 차장섭의 「조선시대 족보의 편찬과 의의-강릉김씨 족보를 중심으로-」(『조선시대사학보』 2집, 1997)가 선구적인 연구이다.

끝으로 배재홍은 항길고택문고 중 『항길고택일기』를 주요 자료로 삼아 「18세기 말 정조연간 강원도 삼척지방 이상기후와 농업」과 「강릉김씨 환길댁 부조기를 통해 본 조선후기 삼척지방의 결혼식 부조문화」(이상 2007에 간행된 『조선시대 삼척지방사 연구』에 수록됨) 등의 연구 결과를 발표하였다. 아울러 배재홍은 「조선후기 울릉도 수토제 운용의 실상」(2011)을 발표하였는데, 이 논문에서도 『항길고택일기』가 주요 자료로 활용되었다.

3. 『항길고택일기』

『항길고택일기』는 국사편찬위원회의 두 차례에 걸친 사료조사에서 누락되었다. 아마도 다음 사진에서 볼 수 있는 것처럼 매우 오래되어 보존 상태가 좋지 않았고, 무엇보다도 책자를 별도로 만들어 체계적으로 기록한 일반적인 일기와 달리, 책력(冊曆)을 그대로 사용하여 상단 여백 및 해당 날짜에 여러 가지 사항들을 단편적으로 간략하게 기록해 놓아, 아마도 사료적 가치가 그다지 높지 않다고 생각한 듯하다. 게다가 『항길고택일기』는 균일하게 묶여 있지도 않고, 표지가 없는 것도 있다.

한길고택문고의 『도서목록』(1961)에는 『동우광음(東愚光陰)』, 『구봉광음(九峯光陰)』, 『속재거저(俗齋居諸[26])』 등 일기의 이름이 3개가 실려 있다. 그런데 이 『도서목록』에는 등재된 것 외에도 등재되지 않은 『면속재광음(免

26 '거저(居諸)'는 『시경』에 나오는 용어인데, 광음(光陰)과 같이 일기라는 뜻으로 쓰인다.

俗齋光陰)』과 『정중심반(靜中心伴)』 도 있고, 또 제목이 없이 묶여 있는 것도 있다. 그리고 같은 책에 묶인 책력이 순서대로 묶여 있지 않는 것도 있고, 시대가 동떨어진 책력이 서로 뒤섞인 책자도 있다. 이처럼 여러 가지 혼란으로 인해 차례로 열람하기가 어려운 상태이다.

그리하여 사진을 찍어 디지털 이미지 보정 작업을 하면서, 낱 권의 책력을 년도 순으로 정리하였다.[27] 일기가 기록된 책력 전체는 총 123권이 되었다. 보정면수[28]를 포함하여 총 3,872면의 방대한 분량이다. 시작 년도는 1747(영조23)년이고 마지막 년도는 1904년(광무8)이다. 총 123년간의 일기인 셈이다. 중간에 누락된 년도는 1700년대의 경우 1749(영조25), 1750(영조26), 1751(영조27), 1752(영조28), 1759(영조35), 1760(영조36), 1761(영조37), 1762(영조38), 1763(영조39), 1764(영조40), 1765(영조41), 1766(영조42), 1767(영조43), 1768(영조44), 1769(영조45), 1770(영조46), 1771(영조47), 1772(영조48), 1774(영조50), 1775(영조51), 1776(영조52), 1777(정조1)년이고, 1800년대는 1852(철종3), 1853(철종4), 1854(철종5), 1855(철종6), 1874(고종10), 1875(고종11), 1895(고종32), 1898(광무2), 1899(광무3)년이고, 1900년대는 1900(광무4), 1901년(광무5)으로, 총 33년이 누락되었다.

일기가 쓰인 연대 및 저자들의 생몰연대를 대조해 보면, 일기의 저자는 매암(梅菴) 김치련(金致璉, 1720~1794), 죽헌(竹軒) 김응조(金膺祚, 1755~1817), 속재(俗齋) 김시학(金時鶴, 1779~1830), 구봉(九峯) 김구혁(金

27 책력의 첫 면마다 배재홍 교수가 서기년도를 적은 첨지를 꽂아놓았는데, 연도를 확인하는데 지남(指南) 역할을 하고 있으며, 현재도 첨지가 꽂혀 있는 상태로 책력을 보관 중이다. 배재홍 교수의 숨은 노고에 감사드린다.

28 '보정면수'는 사진을 촬영하여 이미지 파일로 만드는 과정에서 늘어난 면수를 말한다. 각 연도별로 구분을 위해 채력의 앞표지와 뒤표지를 이미지로 만들어 보정하고, 또 책력의 뒷면에 기록이 있을 경우 이것을 촬영하여 이미지로 만들어 이어 붙인 것도 보정면수에 포함되었다.

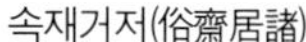

동우광음(東愚光陰) 정중심반(靜中心伴) 속재거저(俗齋居諸) 면속재광음(免俗齋光陰)

九爀, 1798~1874), 동우(東愚) 김연정(金演政, 1820~1896), 죽하(竹下) 김선경(金善卿, 1843~1885), 소하(小下) 김태진(金泰振, 1875~1929) 등으로 추정된다. 『속재거저』, 『면속재광음』, 『구봉광음』, 『동우광음』 등은 제목에 저자들의 호(號)가 들어가 있어 저자를 추론할 수 있지만, 책력이 뒤섞인 경우가 있고 또 제목 자체가 없는 경우도 있기 때문에 일기의 저자를 특정하는 문제는 향후 정밀한 연구가 요망된다.

한편, 일기에는 울릉도 수토 연도를 알 수 있는 기록이 다수 있는데, 그 가운데 몇 번의 기록은 『조선왕조실록』, 『승정원일기』, 『일성록』, 『비변사등록』, 『각사등록』 등 관찬사료에서 수토 연도를 확인할 수 없는 경우로, 이 일기에만 기록이 남아 있어 사료적 가치가 매우 크다고 할 수 있다. 일반적으로 19세기 세도정치기에 중앙의 정치가 문란하여 울릉도 수토도 제대로 행하여지지 않았을 것이라고 생각되었으나,[29] 이 일기 자료에 의하면 세도정치 시기에도 수토가 2년마다 매우 규칙적으로 실시되었음을 확인할 수 있다.

---

29 배재홍은 그의 논문 "조선후기 울릉도 수토제 운용의 실상"(『대구사학』 103호)의 121쪽에서 다음과 같이 말하고 있다. "그리고 지금까지 조선후기 울릉도 수토는 18세기까지 실시되고 19세기에는 정치적 해이함 때문에 유명무실해진 것으로 이해되어 왔다. 그러나 위 〈표 1〉을 보면 울릉도 수토는 고종 18년(1881)까지 실시되었음을 알 수 있다."

이 외에도 이 일기 자료에는 수토 관련 세금인 수토료미(搜討料米), 수토선의 도착을 탐지하기 위한 후망군(候望軍)의 운용 등 수토 관련 자료가 다수 기록되어 있어, 향후 조선후기 수토제도 연구에 매우 중요한 자료로 활용될 것으로 생각된다.

Ⅲ. 울릉도 수토를 위한 삼척지역민의 역할

1.『항길고택일기』의 울릉도 수토 관련 기사 목록

번호	연도	기사 내용	비고
1	1787(정조 11년)	진영 료미(料米) 또는 진료(鎭料)	
2	1787(정조 11년 8월)	임시 수토	배재홍
3	1789(정조 13년)	울릉도 수토료미	
4	1799(정조 23년 3월)	삼척진영 료미	
5	1801(순조 1년)	삼척진영 료미와 울릉도 수토료미	
6	1801(순조 1년 1월 7일)	영장 김최환 부임	
7	1801(순조 1년 3월 30일)	울릉도 수토료미	배재홍
8	1807(순조 7년 2월 7일)	울릉도 수토료미	배재홍
9	1809(순조 9년 3월)	울릉도 수토료미	배재홍
10	1811(순조 11년 3월)	울릉도 수토료미	배재홍
11	1813(순조 13년 2월 21일)	울릉도 수토료미	배재홍
12	1819(순조 19년 3월)	울릉도 수토료미	
13	1819(순조 19년 윤4월 9일)	수토선 출발 및 후망	배재홍
14	1823(순조 23년 3월)	울릉도 수토료미	배재홍
15	1824(순조 24년 12월 18일)	울릉도 수토료미	
16	1825(순조 25년 9월)	울릉도 수토료미	
17	1826(순조 26년 8월)	선정비 및 전별연	
18	1827(순조 27년 3월 22일)	영장 하시명 부임	

번호	연도	기사 내용	비고
19	1829(순조 29년 4월 3일)	후망 수직	배재홍
20	1841(헌종 7년 2월)	울릉도 수토료	
21	1843(헌종 9년 4월 3일)	후망 수직	배재홍
22	1845(헌종 11년 3월 17일)	울릉도 수토료미	배재홍
23	1845(헌종 11년 4월 3일)	후망 수직	
24	1859(철종 10년 4월 9일)	삼척영장 울릉도 수토 출발	배재홍
25	1859(철종 10년 4월 18일)	평해 구미진 출발	배재홍
26	1859(철종 10년 4월 25일)	망상 어내진 정박	배재홍
27	1859(철종 10년 4월 26일)	삼척영장 복귀	배재홍

배재홍은 자신의 논문에서 『항길고택일기』에 기록된 울릉도 수토 관련 기사 15개를 뽑아내 〈조선후기 울릉도 수토 실시 현황〉이란 표의 12개 년도에 수록하였는데,[30] 위의 기사 목록에서 비고란에 '배제홍'이라고 표시한 것이 그것이다. 한편, 배재홍은 위의 기사 목록 가운데 울릉도 수토료미를 수토의 증거로 제시하면서, 일기의 기록 원문을 그대로 인용하지 않고, 매 결 단위로 환산하여 표로 만들어 그의 논문에 제시하였다.[31]

그리고 『항길고택일기』에는 위의 기사 목록에 수록한 것 외에도, 삼척영장의 부임과 이임 관련 기사가 상당수 더 있으나 이번 논문에서는 번잡스러워 포함시키지 않았다. 이들 기사가 갖는 의미를 좀 더 잘 기 술하기 위해서는 추가 연구가 더 필요하여 다음번의 연구 과제로 미루어 둔다.

30 배재홍, "조선후기 울릉도 수토제 운용의 실상"(『대구사학』 103호), 117-118쪽 참조.

31 배재홍, "조선후기 울릉도 수토제 운용의 실상"(『대구사학』 103호) 139쪽의 "〈표4〉 조선후기 삼척부의 토지 1결당 수토료 납부 현황" 참조.

2. 수토 관련 기사의 원문 및 역주

1) 『항길고택일기』(1787, 정조 11년)

鎭料, 白米三斗伍升, 粘米伍升.

진료(鎭料)[32]는 백미(白米) 3말 5되, 점미(粘米)[33] 5되이다.

2) 『항길고택일기』(1787, 정조 11년 8월)[34]

鬱島有賊徒云, 三陟江陵單擧搜討飭關來到. 故今月十一日, 發舡盃珎竹邊津, 十六日鷄鳴, 廻還本邑, 異事也.

울릉도에 도적떼가 있다고 하여, 삼척과 강릉에 단독으로 수토를 거행하라는 관문(關文)이 도착하였다. 그리하여 이달 11일 울진 죽변진(竹邊津)으로 배를 출발시켜 16일 닭이 울 무렵 본 읍으로 되돌아 왔는데, 특별한 일이었다.

3) 『항길고택일기』(1789, 정조 13년)

田米二斗七刀, 大米九刀, 以盃陵島料米卽內.

전미(田米) 2말 7되와 대미(大米) 9되를 울릉도 수토료미(搜討料米)로 즉시 납부하였다.

---

32 진료(鎭料): 진료(鎭料)는 삼척진영(三陟鎭營)의 군졸들에게 지급되는 곡물인 듯하다. 삼척의 백성들이 울릉도 수토를 담당하는 삼척진영에 부담하는 세금이기 때문에 본 논문의 울릉도 수토 사료에 포함시켰다. 삼척의 백성들은 매 년 부과되는 이 진료와 함께, 울릉도 수토가 있는 해에는 추가로 울릉도 수토료(搜討料)를 부담하였다.

33 점미(粘米): 점미(粘米)는 찹쌀이다.

34 배재홍은 일기의 날짜를 12일로 특정하였으나, 내용상 12일로 특정할 수 없기에 8월이라고만 표기하였다. 그리고 이번 수토는 정기적인 수토가 아니고, 특별한 사건 때문에 진행한 임시 수토라고 할 수 있다.

4) 『항길고택일기』(1799, 정조 23년 3월)

八結, 鎭營粮米, 正租代太壹石九斗式分給, 古今亦無事也.

팔결(八結), 진영량미(鎭營粮米), 정조(正租)를 대신하여 콩(太) 1석 9되씩 나누어 지급하였는데 고금에 없었던 일이다.

5) 『항길고택일기』(1801. 순조 1년)

鎭營料米, 前以還租出給, 八結, 結作俉米捧內言. 自己未代給太, 而至于上年, 又以粟換給, 古今所無之事. 民何支扶乎? 欝陵島料米, 亦以此粟換大米, 督持.

삼척 진영(鎭營)의 료미(料米)는 전에는 조(租)로 바꾸어 출급(出給)하였는데, 팔결에 대하여 결 당 오미(俉米)씩 작성하여 봉납(捧內)했다고 한다. 기미년(己未年)부터 콩으로 대신 지급하였는데, 저번 해에 이르러 또 속(粟)으로 바꿔 지급하였으니, 고금에 없었던 일이다. 백성이 어찌 지탱하겠는가? 울릉도 요미(料米: 수토료미)도 또한 이 속(粟)을 대미(大米)로 바꿔 독촉하여 가져간다.[35]

6) 『항길고택일기』(1801. 순조 1년 1월 7일)

新營將金最煥到任.

신영장 김최환이 도임하였다.

7) 『항길고택일기』(1801. 순조 1년 3월 30일)

欝島料米, 八結, 大米二斗八合, 田米二斗七刀四合四夕, 內收.

울릉도 료미(料米: 수토료미)는 팔결(八結)에 대미(大米) 2말 8홉, 전미(田米) 2말 7되 4홉 4석을 거두어들인다.

35 삼척진영의 료미와 울릉도 수토료미의 부과 실태를 함께 기록하고 있는 바, 삼척진영의 세금 수취 정황을 자세히 알 수 있는 사료라고 할 수 있다.

8)『항길고택일기』(1807, 순조 7년 2월 7일)

盃島料米, 每結, 白米二刀, 田米三刀伍合式收.

울릉도 료미(料米: 수토료미)로 매 결 당 백미 2되, 전미 3되 5홉씩 거둔다.

9)『항길고택일기』(1809, 순조 9년 3월)

盃島粮米, 每結, 田米四刀, 大米二刀.

울릉도 양미(粮米: 수토료미)는 매 결 당 전미는 4되이고, 대미는 2되이다.

10)『항길고택일기』(1811, 순조 11년 3월)

盃島粮, 每結, 田米四刀, 大米一刀式, 收內.

울릉도 양미(粮米: 수토료미)는 매 결 당 전미 4되, 대미 1되씩 거둬서 납부한다.

11)『항길고택일기』(1813, 순조 13년 2월 21일)

盃島料米, 每結, 田米三刀一合, 大米二刀式收.

울릉도 료미(料米: 수토료미)는 매 결 당 전미 3되 1홉, 대미 2되씩 거둔다.

12)『항길고택일기』(1819, 순조 19년 3월)

搜討料米, 一結, 大米二刀, 小米三刀三合式收.

울릉도 수토료미(搜討料米)는 1결에 대미는 2되, 소미는 3되 3홉씩 거둔다.

13)『항길고택일기』(1819, 순조 19년 윤4월 9일)

鎭將以鬱島入去次, 發向平邑. 沿海諸邑結幕[36]候望.

---

36 원문에 "盃島入去發次向平邑"으로 되어 있는데, 去와 發 사이의 교정표시에 따라 두 글자의 위치를 서로 바꾸었다. "沿海諸邑結幕" 부분은 글자가 흐려서 판독이 어려운데, 전후의 문맥을 고려하면서 판독하였다.

삼척진 영장이 울릉도로 들어가려고 평해읍을 향하여 출발하였다. 바닷가의 여러 읍에서 천막을 치고 멀리 망을 보았다.

14) 『항길고택일기』(1823, 순조 23년 3월)

○討料○, ○○○報, ○○小大米各收○.[37]

수토료미(搜討料米)는 ○○○보(報)하고, ○○ 대미와 소미를 각각 납부한다.

15) 『항길고택일기』(1824, 순조 24년 12월 18일)

搜討料白米十石, 自本邑年年擔當, 已爲屢百年流規, 本官議于巡使, 移于蔚珍·平海兩邑, 本倅德惠, 口碑難忘, 故記之耳.

울릉도 수토료 백미 10석은 본 읍이 해마다 담당하여 이미 수백 년이 흐른 상규가 되었는데, 본관(本官: 삼척부사)이 순찰사[巡使]와 상의하여 울진과 평해 두 읍으로 옮겼으니, 본 읍 우두머리의 은덕과 혜택은 입으로 외우고 비석에 새겨 잊을 수 없기에 그것을 기록한다.[38]

16) 『항길고택일기』(1825, 순조 25년 9월)

鬱陵島搜討時料, 大米十六石餘斗, 自古及今, 本邑結役當之. 今本倅閔師[39]寬與營門相議, 移定蔚珍[40]邑, 此是莫大之澤.

---

37 글자가 흐려 판독이 어려우나, "○討料○"는 지금까지의 용법을 볼 때 "搜討料米"가 거의 확실하다. 중간의 "○○"도 문맥상 "每結"이나 "一結"이 되어야 할 것 같다. 마지막의 "○"은 문맥상 "納"이나 "內"이 되어야 할 것 같다.

38 비슷한 내용이 배재홍의 『국역 척주선생안』(134쪽)의 부사 민사관(閔師寬) 조목에 다음과 같은 내용이 나온다. "갑신년(1824, 순조24) 정월에 부임하였다. … 진미(鎭米)를 울진과 평해로 이전하였다. 이 때문에 불망비(不忘碑)를 세워 그를 칭송하였다.(甲申正月來. … 鎭米移蔚·平兩邑, 是故立石頌之.)

39 원문에는 思로 되어 있으나, 師로 바로잡는다.

40 珍자 다음에 平海가 빠진 듯하다. 바로 앞 1824년 12월의 기사에서는 울진과 평해라

울릉도 수토시 양료(粮料)로 대미(大米) 16석 몇 말을 예부터 지금까지 본 읍의 결역(結役)으로 그것을 충당하였다. 지금 본 읍의 우두머리 민사관(閔師寬)이 영문(營門)[41]과 상의하여 울진읍(蔚珍邑)에 배정하였으니, 이는 막대한 혜택이다.

17) 『항길고택일기』(1826, 순조 26년 8월)

舊官閔師[42]寬, 以善政不忘, 爲立碑於東門外. 餞別自鄕中慰床, 所過遠德近德, 各其慰行. 前後所無以記之.

구관 민사관(閔師寬)에게 그의 선정(善政)을 잊지 못하여 동문 밖에 비석을 세워주었다. 전별(餞別)은 고을 안에서부터 상을 차려 위로했으며, 지나가는 원덕과 근덕에서도 각각 위로 행사를 하였는데, 전후에 없었던 일이기에 그것을 기록하여둔다.

18) 『항길고택일기』(1827, 순조 27년 3월 22일)

新營將河始明到任.

새 삼척영장 하시명(河始明)이 부임하였다.[43]

19) 『항길고택일기』(1829, 순조 29년 4월 3일)

越松搜討候望守直, 本村六統給書.

월송만호의 수토선이 돌아오는 것을 망보는 것을 수직하라고 본촌 6통에 문서를 보냈다.[44]

고 하였다.

41 영문(營門) : 강원 감영의 관찰사를 가리킨다.

42 원문에는 思로 되어 있으나, 師로 바로잡는다.

43 하시명은 수토를 하고 첩정(牒呈)을 감원감사에게 올리고, 강원감사는 그 첩정을 근거로 장계(狀啓)를 올렸는데, 그 장계가 『일성록(日省錄)』(순조 27년 5월 19일)에 실려 있다.

44 수토선이 어디로 도착할지 모르기 때문에 민간에서 후망수직군(候望守直軍)을 징발

20) 『항길고택일기』(1841, 헌종 7년 2월)

搜討, 田[45]米參斗三升受來, 改量十一升, 舂精十升, 故每結加受二升三合式, ○役.

수토료(搜討料)는 전미(田米) 3말(斗) 3되(升)를 받아왔는데, 11되로 양을 바꾸어 10되를 찧을 수 있으므로, 매 결(結)마다 2되 3홉(合) 씩 더 받는다. 역(役)을 부과한다.

21) 『항길고택일기』(1843, 헌종 9년 4월 3일)

搜討候望守直軍, 三牌晝給.

수토선이 돌아오는 것을 망보는 수직군(守直軍)으로 세 무리의 부대를 낮에 보냈다.

22) 『항길고택일기』(1845, 헌종 11년 3월 17일)

盃陵搜粮, 小米, 每結, 二升式收內.

울릉도 수토 양료(粮料)로 소미를 매 결 당 2되씩 거두어 납부한다.

23) 『항길고택일기』(1845, 헌종 11년 4월 3일)

搜討候望守直軍, 三牌晝給.

수토선이 돌아오는 것을 망보는 수직군(守直軍)으로 세 무리의 부대를 낮에 보냈다.

24) 『항길고택일기』(1859, 철종 10년 4월 9일)

營將鬱陵島發行, 姜在毅.

하였는데, 삼척영장의 수토뿐만 아니라 월송만호가 수토를 담당할 때에도 삼척 지방의 후망수직군을 동원했음을 알 수 있다. 또 이 기사를 통해 1829년 4월에 월송만호가 수토하였음을 알 수 있다.

45 田 : 料자 위에 田자를 겹쳐 쓴 것으로 보인다. '搜討料田米'로 써야 하는데, 田자를 빠뜨리고 썼다가 후에 料자 위에 田자를 쓴 것으로 보인다. 수토료(搜討料)라는 용어는 일기에 자주 나오지만, 수토전(搜討田)이라는 용어는 일기에서 찾을 수 없다. 田자를 뒤로 붙여 田米가 되어야 한다.

영장(營將: 삼척영장)이 울릉도로 출발했는데, 강재의(姜在毅)이다.

25) 『항길고택일기』(1859, 철종10년 4월 18일)

平海九尾津發船.

평해(平海) 구미진(九尾津)에서 배가 출발했다.

26) 『항길고택일기』(1859, 철종10년 4월 25일)

夕, 搜討船泊望祥面於乃津.

저녁에 수토선(搜討船)이 망상면(望祥面) 어내진(於乃津)에 정박하였다.

27) 『항길고택일기』(1859, 철종10년 4월 26일)

鎭將還營.

진장(鎭將: 삼척진 영장)이 삼척진영(三陟鎭營)으로 돌아왔다.

Ⅳ. 맺음말

조선시대에 울릉도와 독도를 어떻게 통치하였는가에 대한 연구는 조선 정부의 해양도서 관리정책의 중요한 방식이었던 수토정책과 수토제 연구로 초점이 모아져서 진행되었다. 명청시대 중국의 해금정책의 영향으로 조선과 일본도 해금정책을 실시하여 동아시아 해양은 해금의 시대를 맞게 되었다. 이와 같은 해금정책에 따라 조선 정부는 육지에서 멀리 떨어진 섬들에 대해서는 섬을 비워두면서 섬을 관리하는 방식을 영토 관리의 기조로 삼았던 것이다. 그래서 비워둔 섬에 몰래 사람들이 도망해 들어가거나 섬에서 몰래 거주하는 사건이 발생하면 사람들을 다시 육지로 데려오는 쇄환정책이나 수토정책을 실시하였다.

울릉도의 경우 조선 전기에는 쇄환정책이란 이름으로 영토를 관리하였으며, 여기서 한걸음 더 나아가 조선 후기에는 울릉도에 주기적으로 군대를 보내 순찰을 하는 수토제도를 만들어 200여 년 동안 적극적으로 영토를 관리하였다.

조선후기 울릉도 수토제에 대한 연구는 그동안 매우 활발히 진행되어 왔으며, 상당한 성과를 산출하였다. 그 과정에서 『항길고택일기』에 울릉도 수토와 관련된 내용들이 상당수 기록되어 있다는 사실이 배재홍에 의해 보고되었고, 울릉도·독도 연구자들의 주목을 받게 되었다. 그렇지만 『항길고택일기』는 1990년대에 이루어진 국사편찬위원회의 두 차례 사료 조사에서 누락되었고, 또 사료 원본 자체에 대한 열람이 쉽지 않아 후속 연구들이 많이 나오지 못했다.

그리하여 이 글에서는 우선 지난 몇 백년간 『항길고택일기』 등 가문의 고문헌 자료를 대를 이어 관리해 온 항길고택의 내력을 소개하고, 이어서 항길고택의 고문헌 및 고문서를 망라한 항길고택문고에 대하여 소개하였다. 아울러 현재까지 항길고택문고 관련 연구를 소개하여 학계의 관심사와 연구 진행 상황을 일별할 수 있도록 하였다. 마지막으로 『항길고택일기』의 전체 규모를 파악할 수 있도록 간략히 소개하였다.

그리고 울릉도 수토를 위한 삼척주민들의 역할에 대하여 수토료 및 수토 후망수직군 등 울릉도 수토 관련 기사를 뽑아내 한문 원문과 함께 한글 번역문을 제시하여 해당 자료를 독자들이 직접 확인할 수 있도록 하였다.

『항길고택일기』의 울릉도 수토 관련 기사가 중요한 이유는 세 가지 차원에서 이야기할 수 있다. 첫째, 『조선왕조실록』·『승정원일기』·『비변사등록』·『일성록』·『각사등록』 등 관찬 사료에서 현재까지 발견하지 못한 내용의 사료들을 포함하고 있다는 점이다. 울릉도 수토를 하러 간 군인들에게 지급할 울릉도 수토료(搜討料) 또는 수토료미(搜討料米)를 울릉도 수토가 있는 해에는 삼척의 주민들이 어김없이 납부하였던 사실이 기록된 것은 『항길고택일기』에서만 볼 수 있는 중요한 내용이다.

두 번째로 울릉도 수토를 마치고 돌아올 때, 후망 수직군(候望守直軍)을 조직하여 무사히 배가 도착할 수 있도록 돕는 후망에 대한 기록은 아마도 이 『항길고택일기』 외에 다른 자료에서는 찾아보기 어려운 것이라고 할 수 있다. 당시 삼척지방의 후망 수직군은 삼척영장이 수토할 때는 물론이고 월송만호가 수토할 때도 삼척지방에서 똑같이 운용되었다는 사실도 『항길고택일기』에서 확인할 수 있다.

셋째, 19세기 초중반 이른바 세도정치 시기에는 정치 일반이 문란하였으므로 울릉도 수토제도 역시 문란해져서 수토가 제대로 행하여지지 않았을 것이라는 의견도 있었다. 그러나 『항길고택일기』의 수토 관련 기사의 내용이 알려지고, 또 『각사등록』의 수토 관련 기사도 알려져, 두 자료가 결합되자, 세도정치 시기의 울릉도 수토가 오히려 앞 시대보다 더 규칙적으로 잘 시행되었다는 것이 밝혀지게 되었다.

참고문헌

『圖書目錄(恒吉文庫)』, 『陟州先生案』, 『恒吉古宅日記』

배재홍, 『국역 척주선생안』, 삼척문화원, 2003.
배재홍, 『조선시대 삼척지방사 연구』, 서울 : 우물이있는집, 2007.
배재홍, 『동해시 고문서』 2, 동해문화원, 2008.
박성종, 『동해시 지명지』, 동해문화원, 2017.

정경숙, "강릉김씨 호구단자 분석연구-18세기 호구단자를 중심으로", 『인문학보』 16집, 강릉대 인문과학연구소, 1993.
정경숙, "강릉김씨 호구단자 분석연구(2)-19세기 호구단자를 중심으로", 『인문학보』 17집, 강릉대 인문과학연구소, 1994.
차장섭, "조선시대 족보의 편찬과 의의", 『조선시대사학보』 2, 1997.
배재홍, "18세기 말 정조연간 강원도 삼척지방 이상기후와 농업", 『대구사학』 75, 2004.
배재홍, "조선후기 울릉도 수토제 운용의 실상", 『대구사학』 103, 2011.
이원택, "항길고택일기의 울릉도 수토 관련 기사 역주와 그 사료적 가치", 『동북아역사논총』 81호, 2023.9.

〈부록〉 울릉도 수토 관련 기사 원본 이미지]

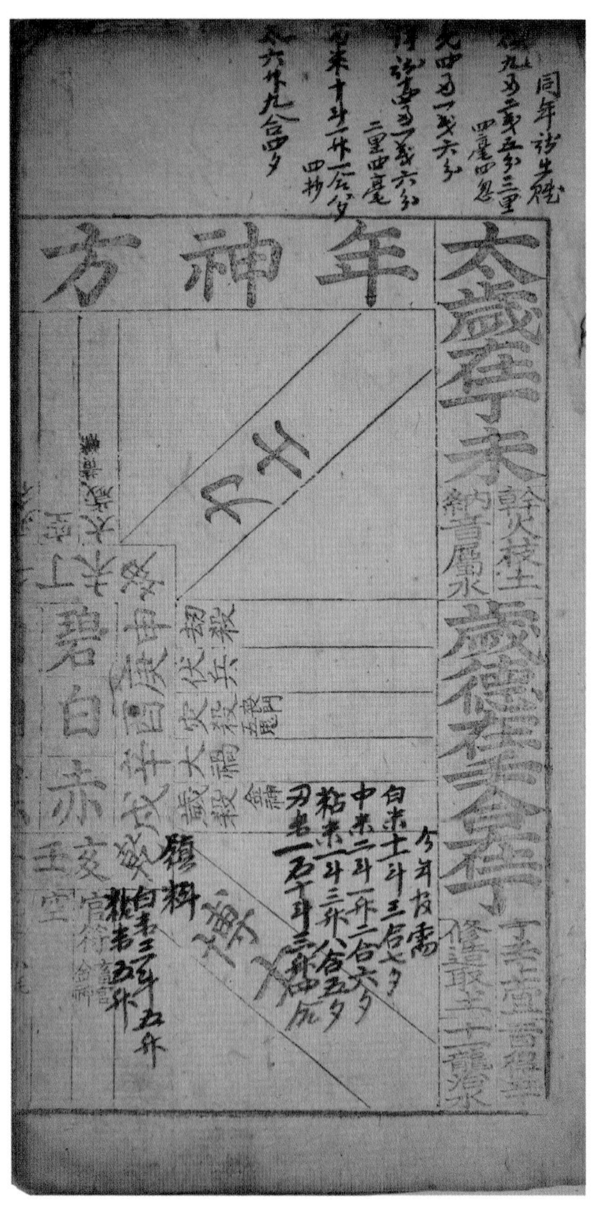

1.『항길고택일기』(1787, 정조 11년)

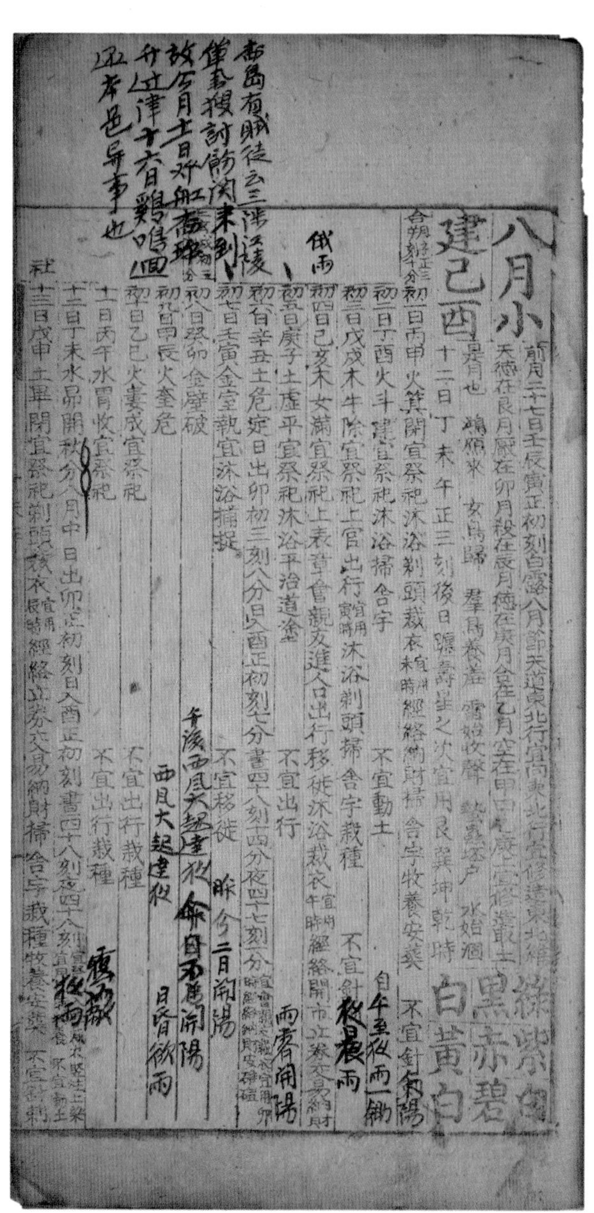

2. 『항길고택일기』(1787, 정조 11년 8월)

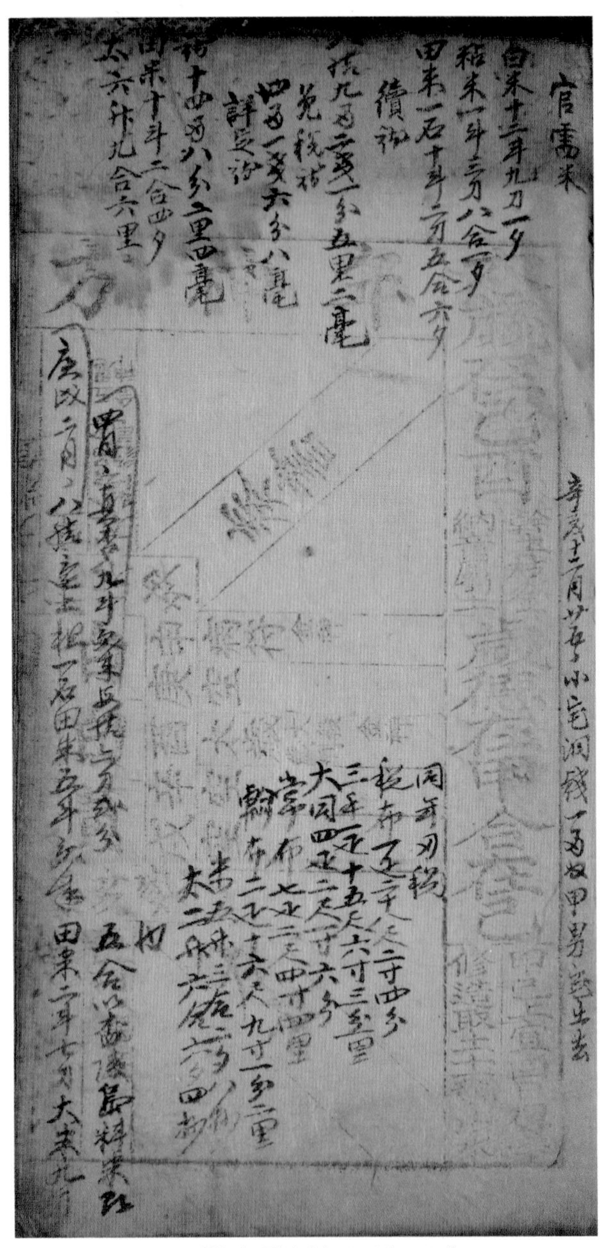

3. 『항길고택일기』(1789, 정조 13년)

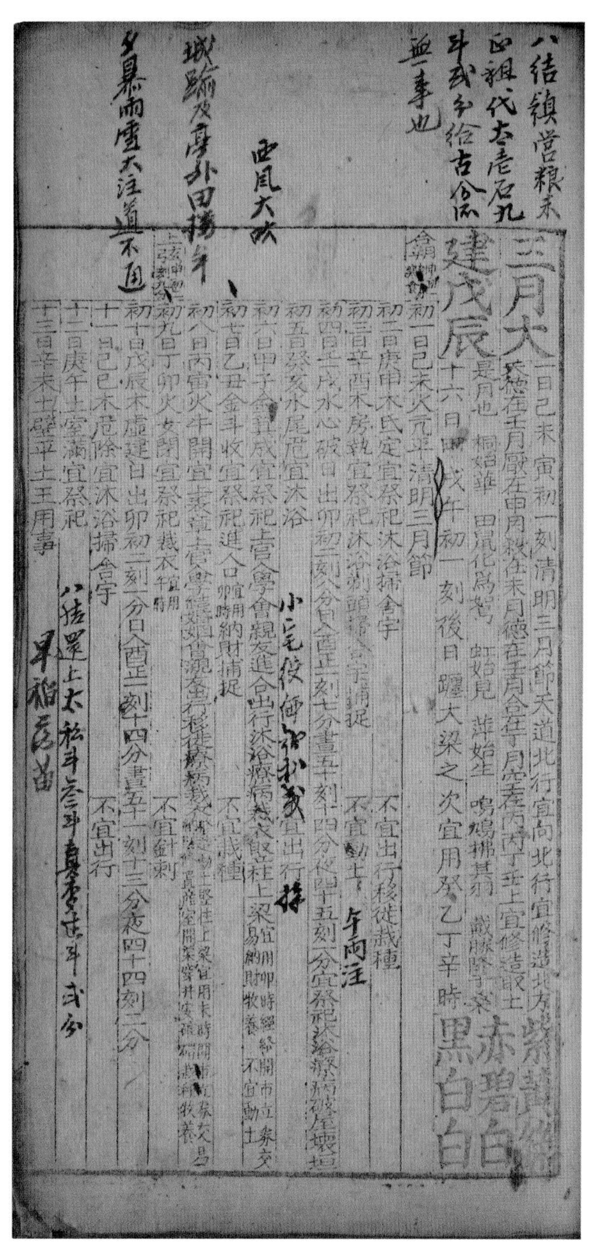

4.『항길고택일기』(1797, 정조 23년 3월)

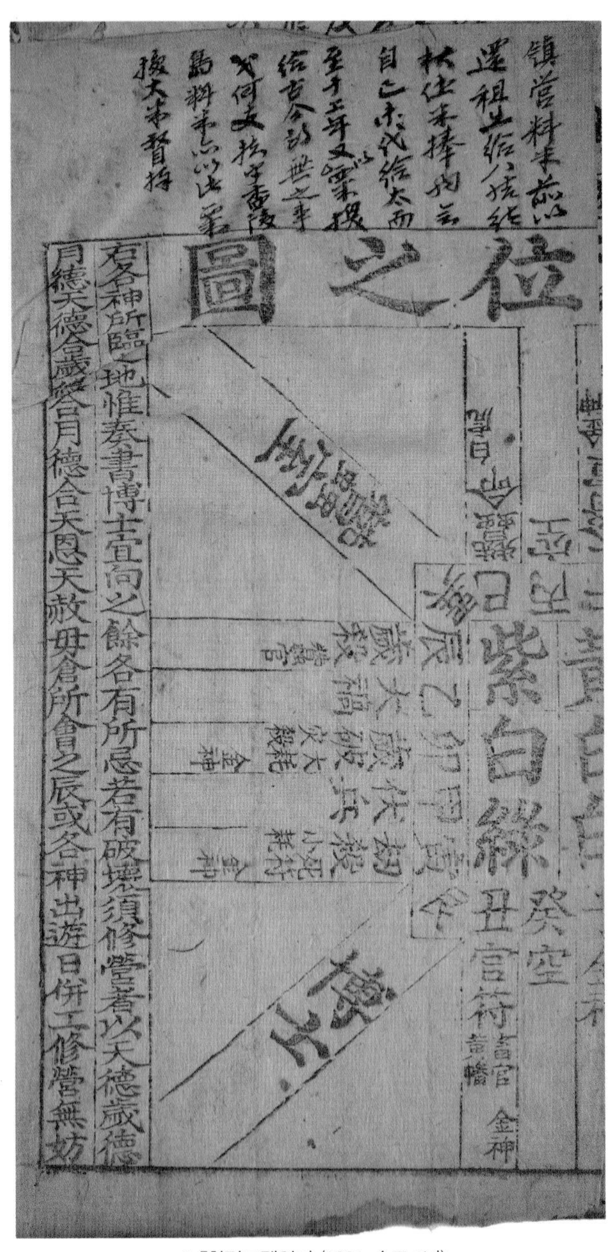

5.『항길고택일기』(1801, 순조 1년)

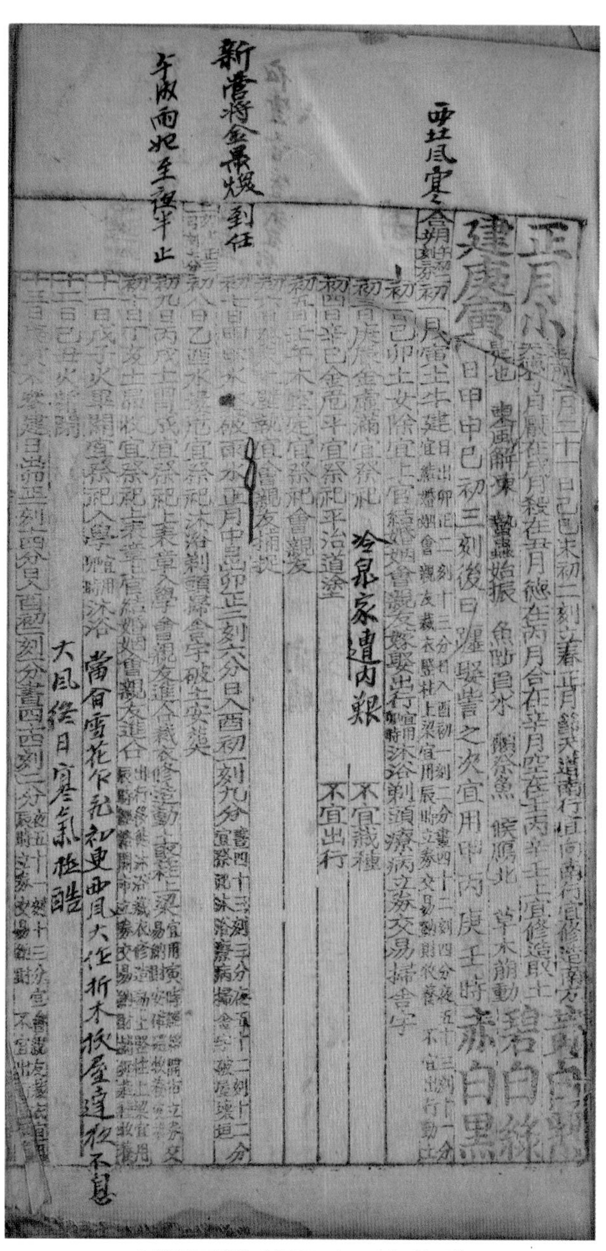

6. 『항길고택일기』(1801, 순조 1년 1월 7일)

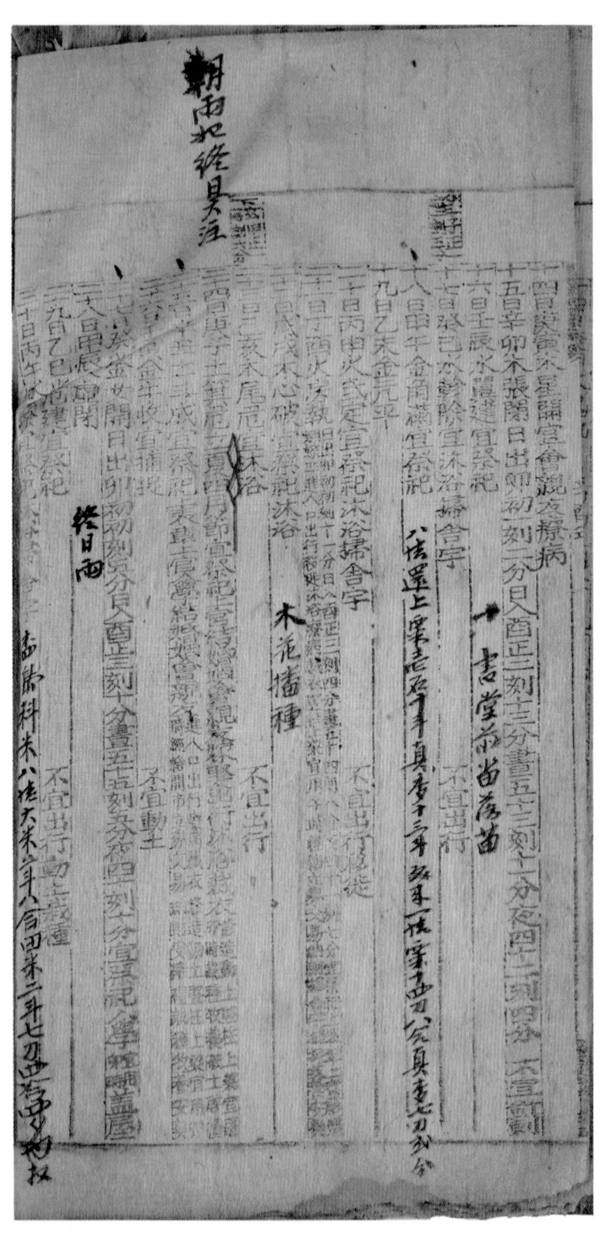

7. 『항길고택일기』(1801, 순조 1년 3월 30일)

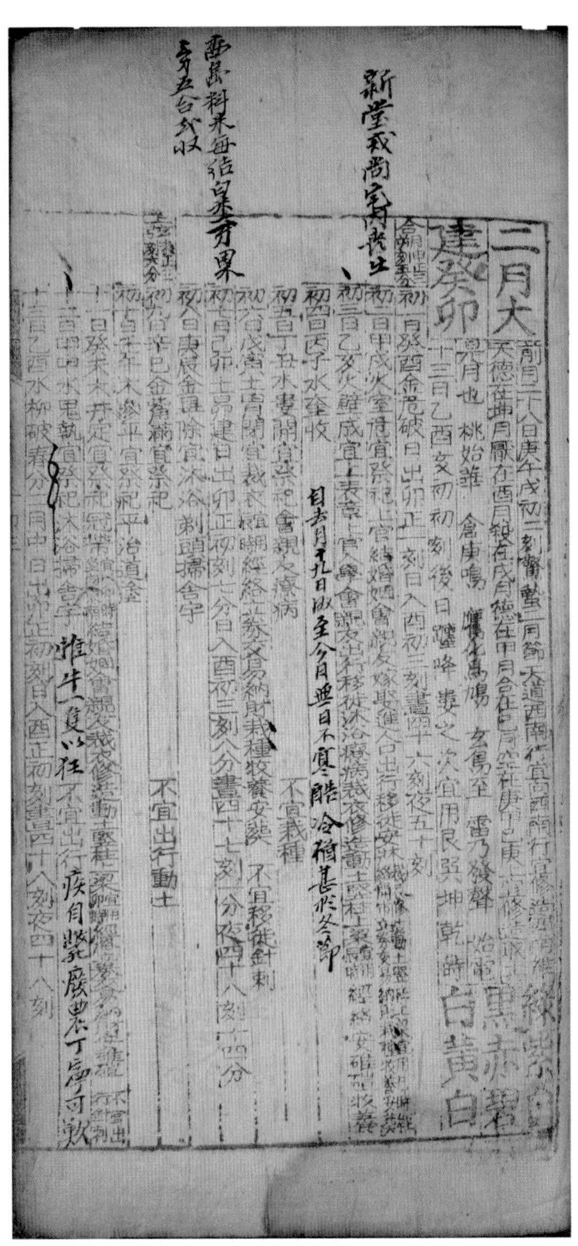

8.『항길고택일기』(1807, 순조 7년 2월 7일)

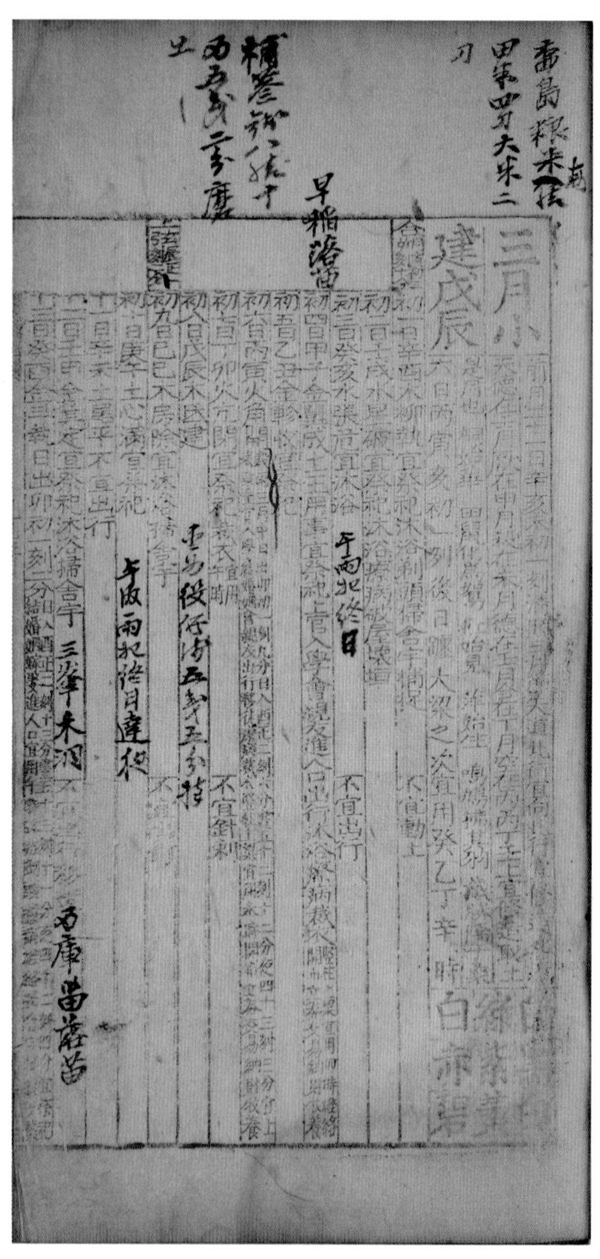

9.『항길고택일기』(1809, 순조 9년 3월)

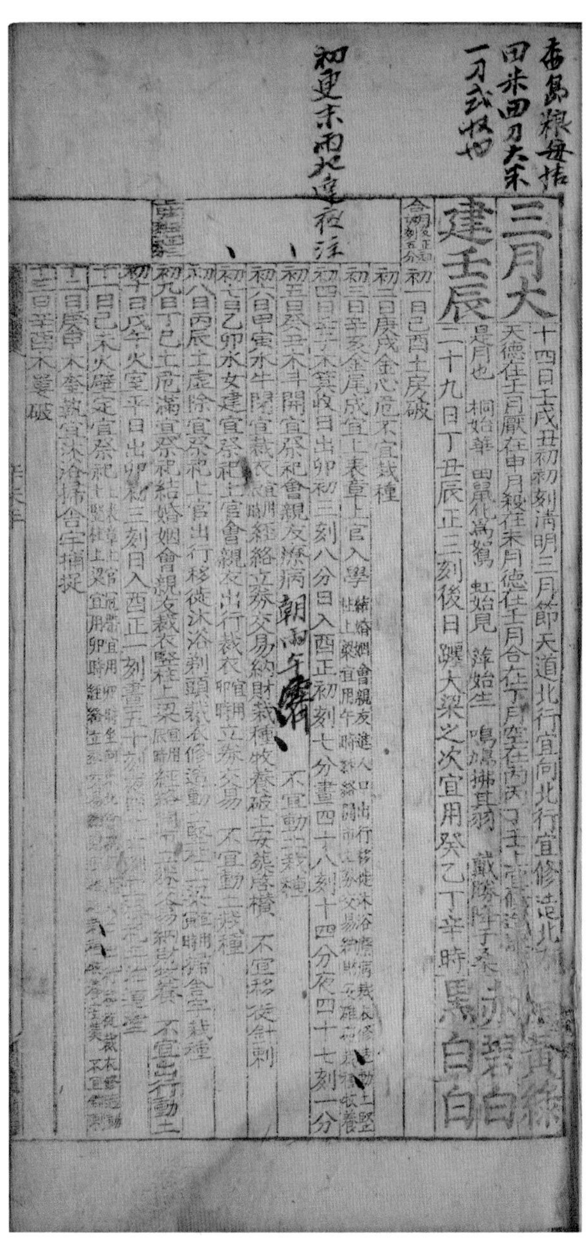

三月大 建壬辰

十四日壬戌丑初初刻清明三月節天道北行宜向北行宜修造北

天德在壬月厭在申月殺在未月德在壬月合在丁月空在丙

是月也 桐始華 田鼠化爲鴽 虹始見 萍始生 鳴鳩拂其羽 戴勝降于桑

二十九日丁丑辰正三刻後日躔大梁之次宜用癸乙丁辛時

初一日己酉土房破

初二日庚戌金心危不宜栽種

初三日辛亥金尾成宜上表章上官入學

初四日壬子木箕收日出卯初三刻八分日入酉正初刻七分晝四十八刻十四分夜四十七刻一分

初五日癸丑木斗開宜祭祀會親友療病

初六日甲寅水牛閉 不宜移徙針刺

初七日乙卯水女建宜祭祀上官會親友出行裁衣 不宜動土栽種

初八日丙辰土虛除宜祭祀上官出行移徙沐浴剃頭裁衣修造動土

初九日丁巳土危滿宜祭祀結婚姻會親友裁衣豎柱上梁

初十日戊午火室平日出卯初三刻日入酉正一刻晝五十

十一日己未火壁定宜祭祀

十二日庚申木奎執宜沐浴掃舍宇捕捉

十三日辛酉木婁破

10.『항길고택일기』(1811, 순조 11년 3일)

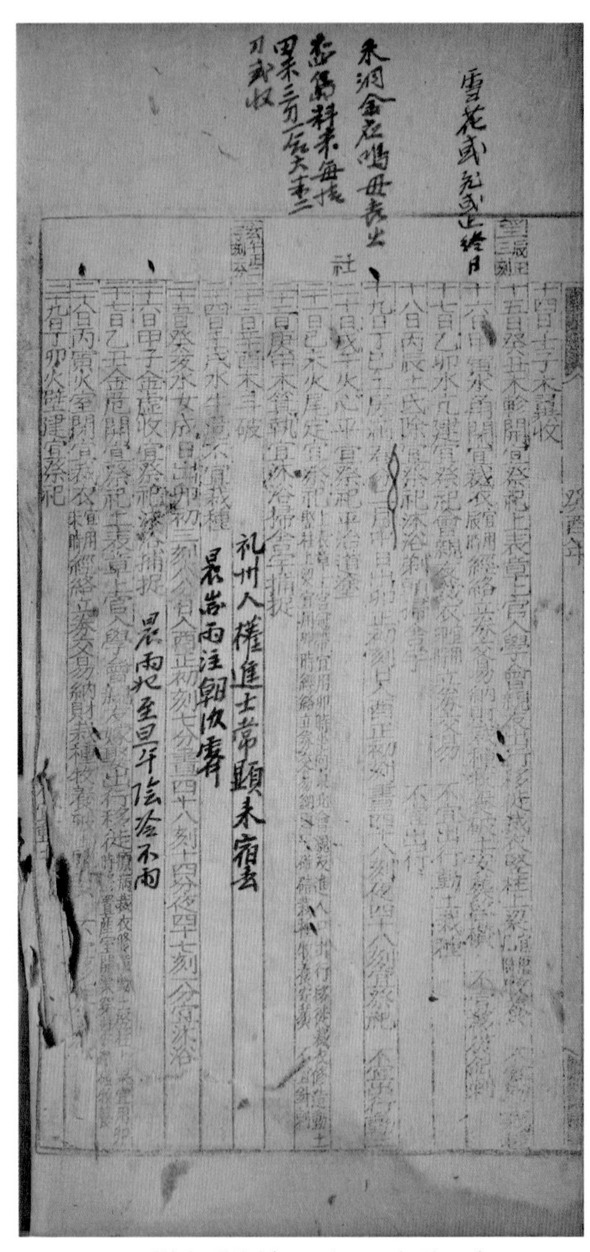

11. 『항길고택일기』(1813, 순조 13년 2월 21일)

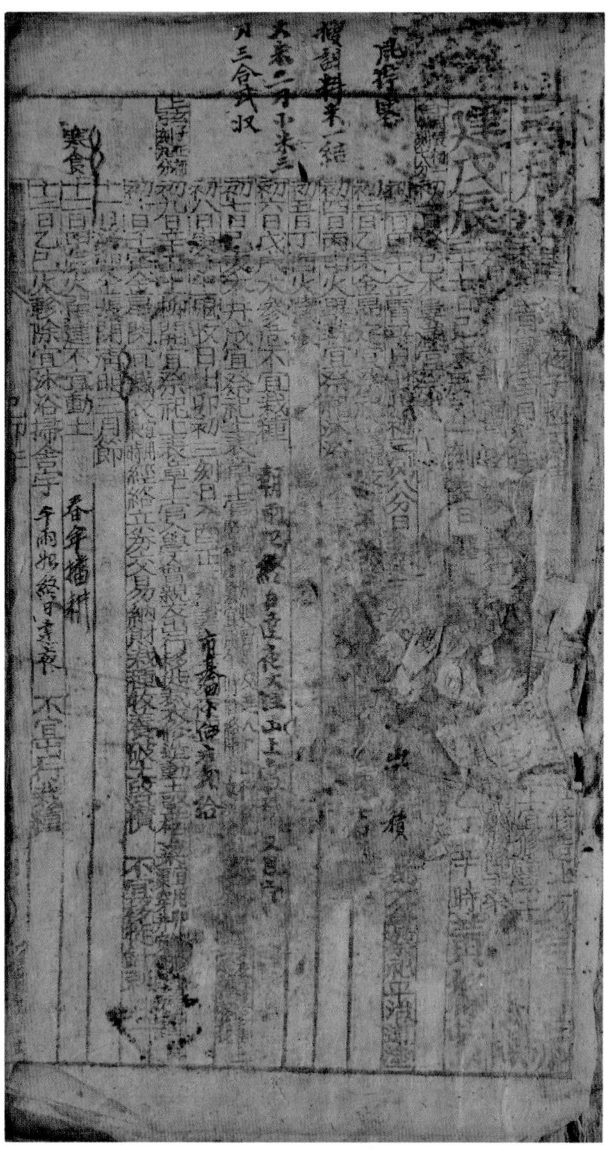

12. 『항길고택일기』(1819, 순조 19년 3월)

13. 『항길고택일기』(1819, 순조 19년 윤 4월 9일)

14. 『항길고택일기』(1823, 순조 23년 3월)

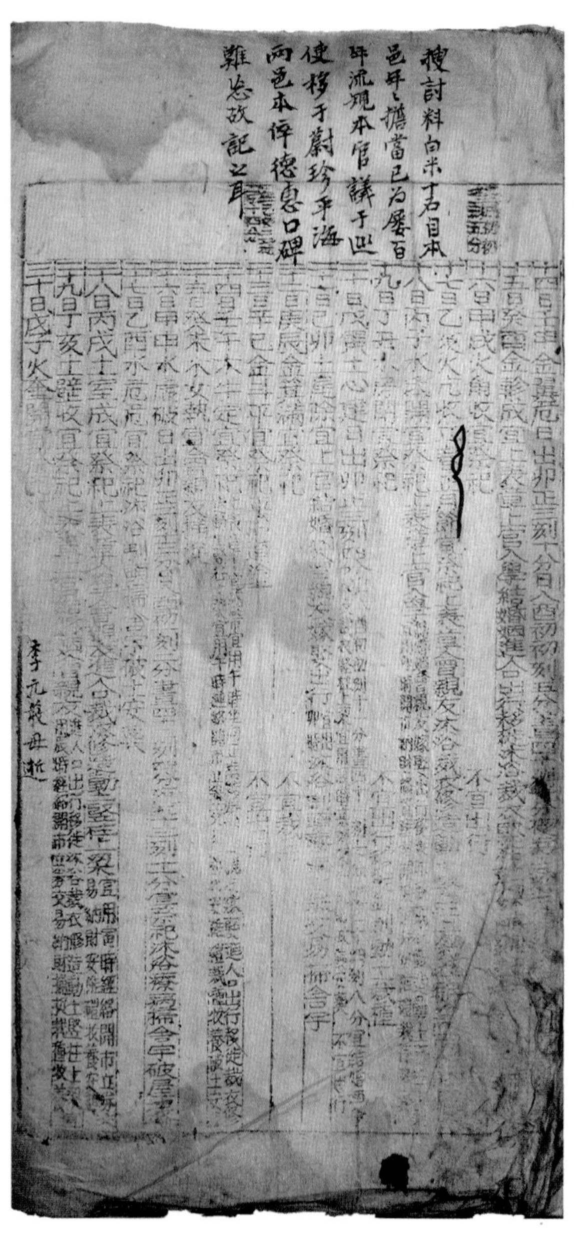

15. 『항길고택일기』(1824, 순조 24년 12월 18일)

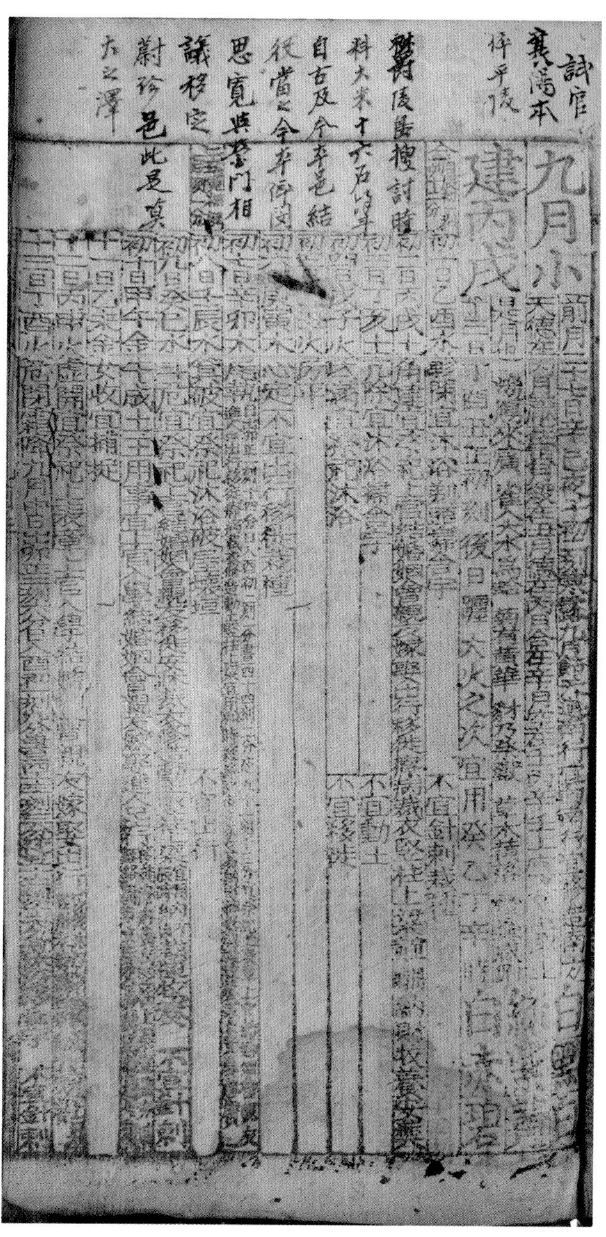

16. 『항길고택일기』(1825, 순조 25년 9월)

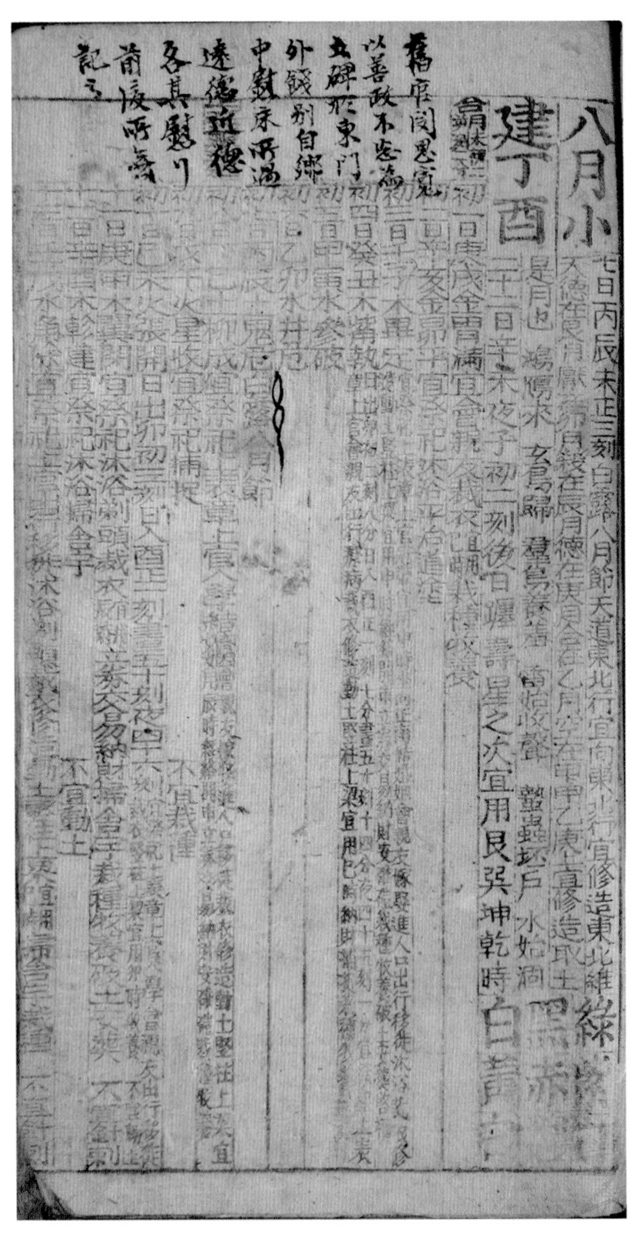

17.『항길고택일기』(1826, 순조 26년 8월)

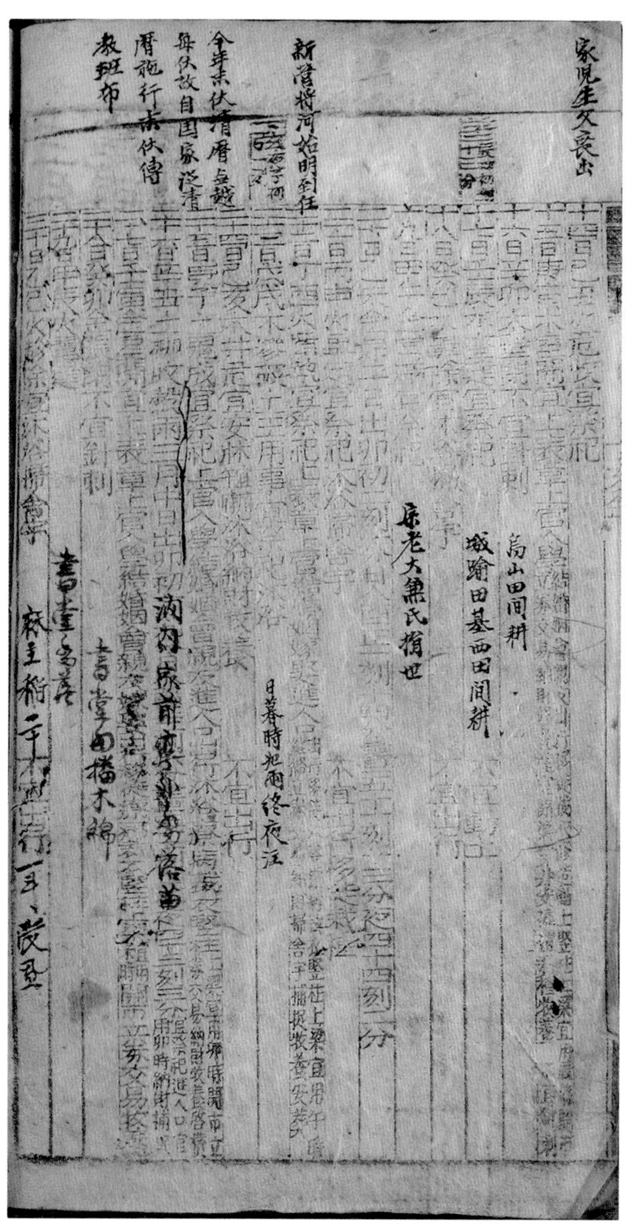

18. 『항길고택일기』(1827, 순조 27년 3월 22일)

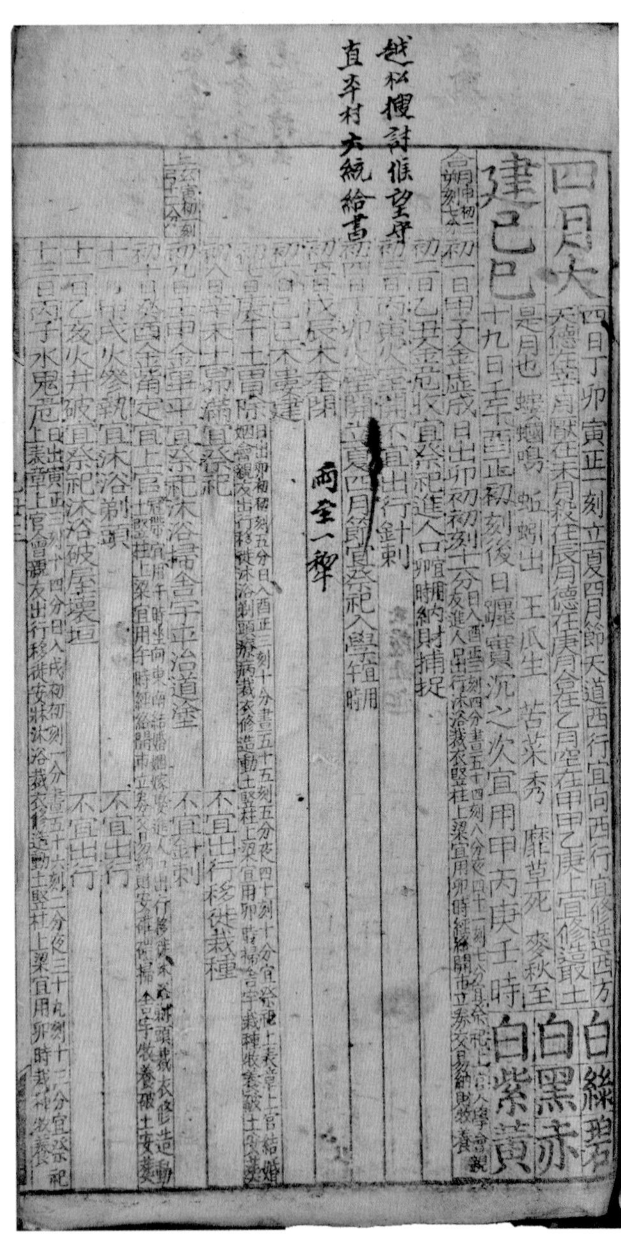
四月大 四日丁卯寅正一刻立夏四月節天道西行宜向西行宜修造西方

建巳 是月也 螻蟈鳴 蚯蚓出 王瓜生 苦菜秀 靡草死 麥秋至

十九日壬午酉正初刻後日躔實沈之次宜用甲丙庚壬時

白 綠 碧 白 黑 赤 白 紫 黃

初二日乙丑金危收 宜祭祀進人口

初三日丙寅火室開 不宜出行針刺

初四日丁卯火壁閉 立夏四月節 宜祭祀入學

初五日戊辰木奎閉

初六日己巳木婁建

初七日庚午土胃除

初八日辛未土昴滿 宜祭祀

初九日壬申金畢平 宜祭祀沐浴掃舍宇平治道塗

十一日甲戌火參執 宜沐浴剃頭

十二日乙亥火井破 宜祭祀沐浴破屋壞垣

19.『항길고택일기』(1829, 순조 29년 4월 3일)

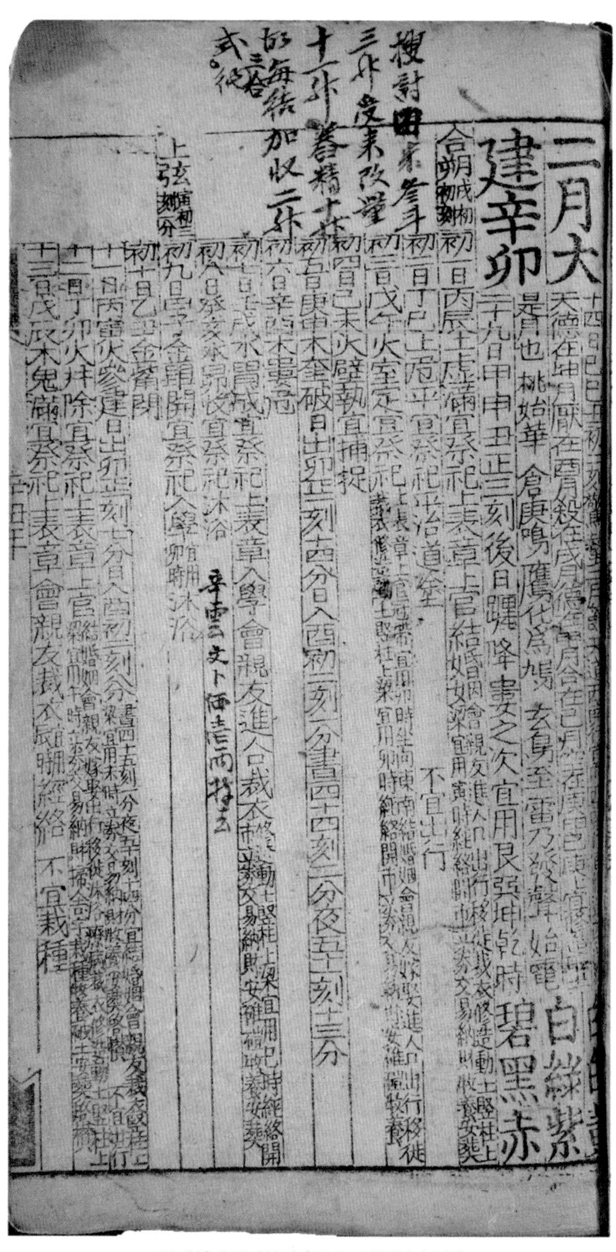

20.『항길고택일기』(1841, 헌종 7년 2월)

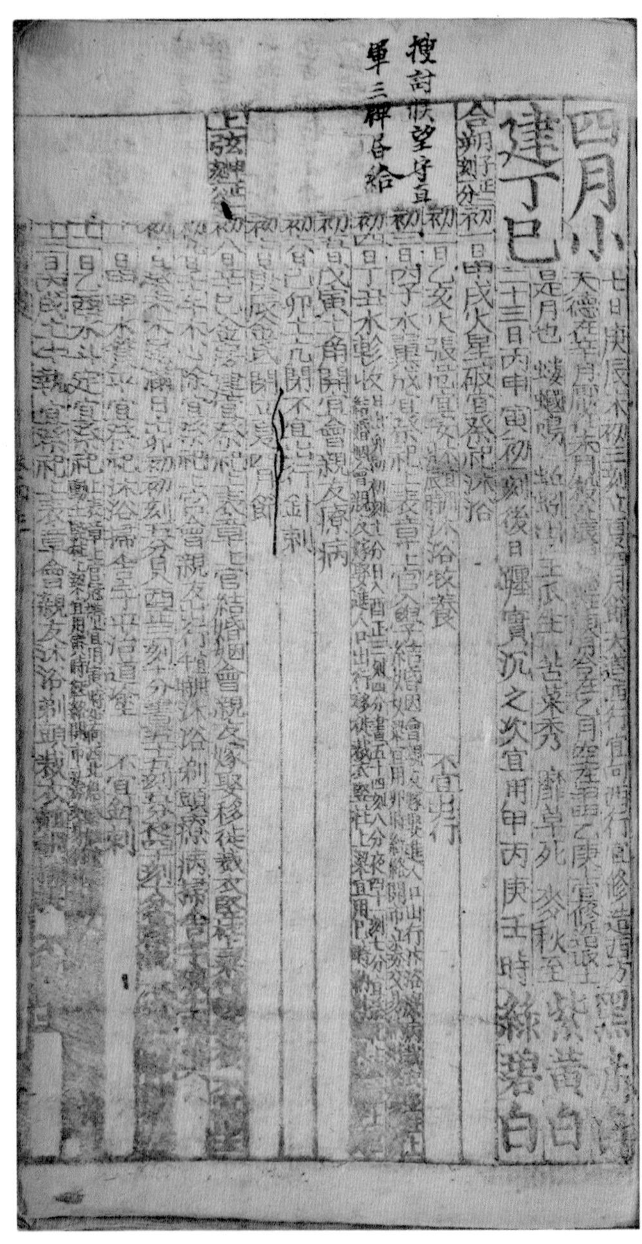

21. 『항길고택일기』(1843, 헌종 9년 4월 3일)

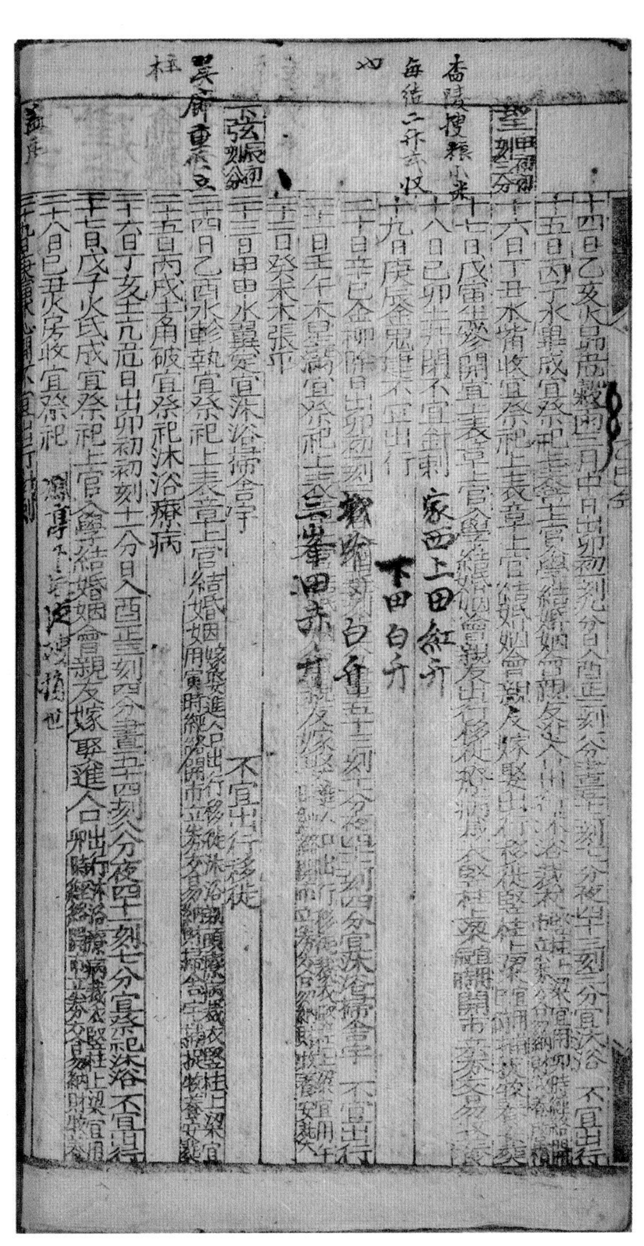

22. 『항길고택일기』(1845, 헌종 11년 3월 17일)

四月大

建辛巳

初一日辛卯木尾開

初二日壬辰水箕閉

初三日癸巳水斗建

初四日甲午金牛除

初五日乙未金女滿

初六日丙申火虛平

初七日丁酉火危定

初八日戊戌木室執

初九日己亥木壁破

初十日庚子土奎危

十一日辛丑土婁成

十二日壬寅金胃收

十三日癸卯金昴開

碧白綠

赤白黑

23.『항길고택일기』(1845, 헌종 11년 4월 3일)

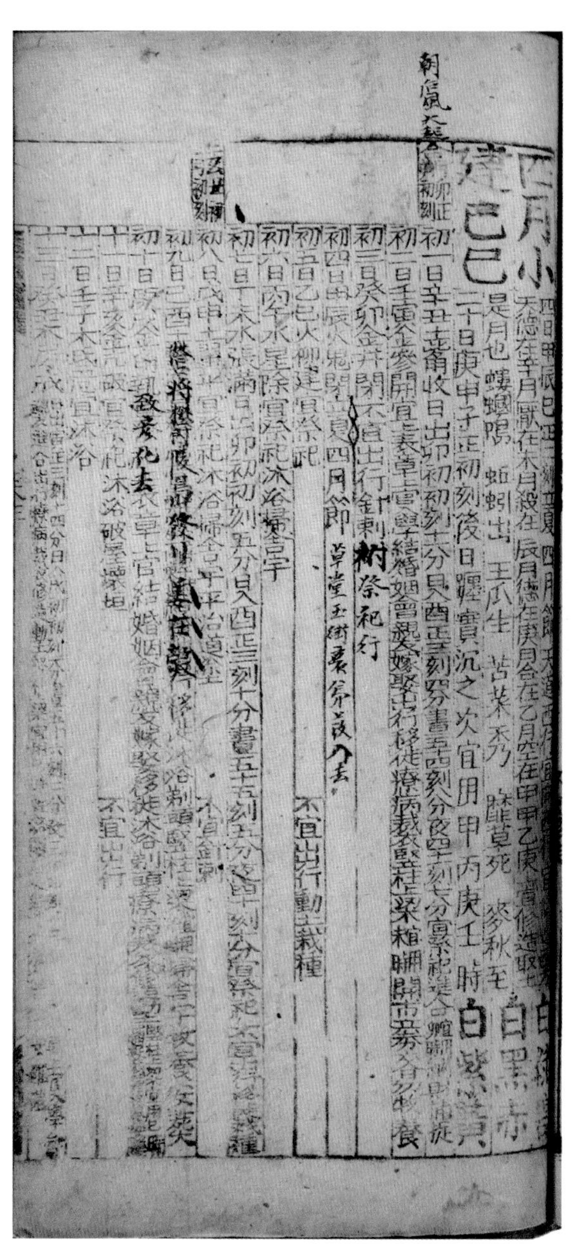

24.『항길고택일기』(1859, 철종 10년 4월 9일)

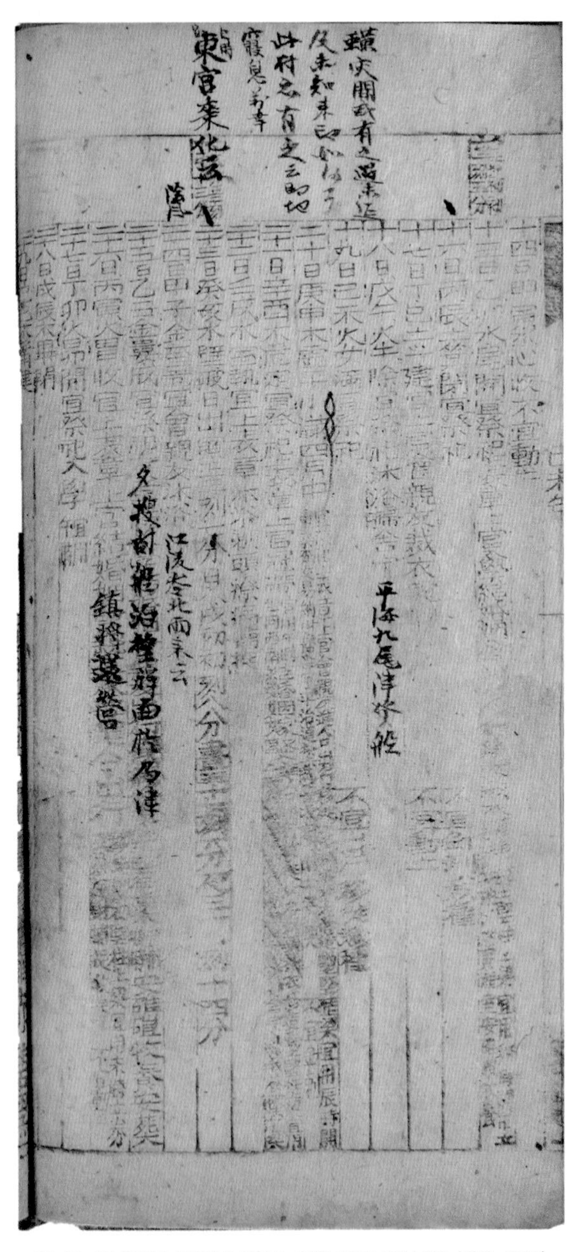

25, 26, 27.『항길고택일기』(1859, 철종 10년 4월 18일, 25일, 26일)

제3편

'이사부독도기념관'의 역할과 기능

체험공간으로서의 이사부독도기념관의 역할
- 독도체험 교육 및 독도체험관의 성과를 바탕으로 -

정은정 | 동북아역사재단 독도체험관장

Ⅰ. 머리말

교육부와 동북아역사재단은 2012년 수도권 최초로'살아있는 독도 교육 학습의 장'의 기능을 수행할 수 있는 독도체험관을 설립하였다. 이후 2014년부터 전국에서 독도를 간접 체험할 수 있는 독도전시관 구축 사업을 시작하여, 2023년 독도 교육을 위한 독도전시관 또는 독도체험관 건립을 완료한다. 일본정부의 독도에 대한 해양영토 주권에 대한 침탈이 지속되자, 우리정부는 독도에 대한 국내외 홍보와 미래세대를 위한 교육을 강화하는 것으로 대응하였다. 이번 발표를 통해 독도 영토주권 수호에 대한 교육과 홍보를 위한 거점으로 역할을 하고 있는 독도체험관(독도전시관)의 운영을 통한 성과와 전국 독도 관련 교육·홍보 시설 현황을 짚어보고, 체험공간으로서 이사부독도전시관의 역할을 제안해 보고자 한다.

Ⅱ. 일본정부의 독도에 대한 해양영토 주권 침해와 한국 정부의 대응

일본정부는 2000년대 초 문부과학성 교과서 검정에 주변국에 대한 역사를 심각하게 왜곡한 교과서를 검정·통과시키는 등 역사왜곡을 정부가 주도

하여 한국을 비롯한 주변국과 심각한 마찰을 일으켰다. 그동안 매년 있는 일본 문부과학성의 학교급 교과서에 대한 검정 때마다 주변국에 대한 역사왜곡은 지속되었고, 그에 대한 시정을 요구하였지만, 그 전보다 나아지는 것이 아니라, 오히려 더 심각한 상황이 지속되었다. 독도에 대한 해양영토 주권 침해는 초·중·고등학교의 교육과정 지침인 학습지도요령에 역사왜곡을 주도할 수 있는 근거를 일본정부 주도로 제시하고, 왜곡된 기술이 있는 교과서가 버젓이 문부과학성의 검정을 통과하는 것으로 이어졌고, 일본정부의 방위백서에도 지속적으로 언급되면서 한일 간에는 독도를 둘러싼 갈등국면은 장기화 되었다. 일본 교과서 역사왜곡 기술이 식민지기를 넘어서 소위 일본명 다케시마는 일본의 땅이라는 왜곡된 기술이 교과서에 등장하던 즈음, 교육부는 2010년 독도교육 강화방안을 수립하고, 2011년부터는 연간 독도교육 기본 계획을 발표하여 일본정부에 대한 규탄과 동시에 우리의 주장을 강화하는 것으로 구체화하였다. 구체적인 활동으로 그동안 2009, 2015, 2022 개정 교육과정에 '범교과 학습 주제'에 독도교육을 포함시켜 학교급 교육과정과 학교 현장과 연계하여 실질적인 독도교육 강화가 이뤄지도록 하였다. 특히 교육부 산하 기관인 동북아역사재단은 간접 체험을 통한 독도 교육의 실질적인 성과 제고를 위해 수도권 최초로 독도체험관을 설립하여 운영하도록 했고, 그 성과를 바탕으로 시도 지역교육청 독도체험관 구축을 순차적으로 진행하기도 하였다. 동시에 학교급 독도부교재를 개발하여 학교 현장으로 보급하고, 독도지킴이학교 동아리 지원, 독도교원 연수, 독도 동아리의 독도체험 발표대회와 독도 과거 대회와 같은 이벤트를 추진하여 독도에 대한 지속적인 관심을 유도하여 실질적인 교육성과 제고를 위해 적극적으로 지원해 왔다. 우리 정부 차원에서는 2005년에 제정한 '독도의 지속가능한 이용에 관한 법률(약칭: 독도이용법)'을 통해 범정부 차원에서 독도를 비롯한 해양영토 주권 강화를 위한 입체적인 정책을 수립하여 시행하고, 매년 그 성과를 점검하고 관리해 오고 있다.

1. 일본 교과서 역사왜곡과 한국 독도교육 강화

일본정부가 초·중·고 학습지도요령(교육과정 지침)과 교과서 검정을 통해 독도에 대한 부당한 영유권 주장을 지속하여 일본 미래세대에 대한 교육을 강화하자, 한국 내에서도 학생들을 위한 실질적인 체험 중심의 독도교육 강화의 중요성이 지속적으로 제기되어 왔다. 그 일환으로 교육부는 실질적인 독도교육을 강화할 수 있는 방안을 발표하려고 하였고, 단계적으로 실천할 수 있는 방안을 구체적으로 제시하였다. 첫 번째로, 학교의 교과목 및 기타 교육 활동의 편제(2015 개정교육과정 총론 해설, 교육부)라고 일컬어지는 교육과정에 독도교육을 포함시켰다. 「2009 개정 교육과정」은 독도와 관련한 교육을 강화하기 위해 중학교 역사(하)의 한국 근현대사를 3개 영역에서 4개 영역으로 늘리고 2개 영역에서 독도 관련 서술을 강화하도록 했으며, 10시간 이상 교육을 권장하도록 하였다. 이후, 교육부가 2011년부터 매년 발표하는 「독도교육 기본 계획」의 내용을 보면 독도교육 강화를 위한 매년 어떠한 정책과 구체적인 성과가 어떻게 지속되고 있는지 알 수 있다. 정리한 것은 〈표 1〉과 같고 자세한 내용은 아래와 같다.

2011년은 중학교 일본교과서 검정 결과에 그동안 모든 지리와 공민 교과서에서 언급된 '독도'에 관한 내용이 처음으로 역사교과서에 기록되었고, 해당 교과서가 검정을 통과하게 되었다. 2004년 2005년 2007년에 이어 교육부는 강력하게 항의하는 성명을 발표하고, 우리 학생들의 독도교육 강화 방안에 따라 실질적인 지원을 확대해 나가게 되었다. 2010년에 동북아역사재단(독도연구소)에 의뢰하여 '영토에 대한 올바른 수호의지와 미래지향적인 민주시민 의식 함양'이라는 독도교육의 목표를 효과적으로 달성하기 위해 개발된 초등학생용 독도학습 부교재 보급이 시작되었고, 동시에 온라인 연수 콘텐츠인 '찾아가는 사이버 독도 교실'이라는 교원 연수 콘텐츠를 개발하여 부교재가 활용될 수 있도록 구체적이고 실질적인 지원을 하는 한편, 학교 현장의 관심을 확산시키기 위해 독도지킴이학교 동아리 활동을 확대 지원해 나갔다.

2012년은 일본 문부과학성에서 여전히 '독도'를 비롯한 주변국의 역사를 왜곡한 고등학교 교과서가 검정을 통과시켜, 이에 대해 교육부는 초중등학교의 독도교육을 체계화하는 다양한 독도교육 정책을 발표하는 한편, 일본의 부당한 독도 영유권 주장과 역사왜곡에 대한 우리 정부의 단호하고 엄중한 대응으로 학생은 물론 일반인 모두가 독도에 대한 강력한 수호의지를 갖도록 하겠다고 발표하였다. 지난해 초등학교부터 개발, 보급을 시작한 독도 부교재는 중고등학교로 확대되어 200만부가 보급되었고, 독도 다큐멘터리 시각 자료도 보급하여 자칫하면 흥미를 잃을 수 있는 교육에 대해 재미와 관심을 유발할 수 있도록 하였다. 또한, 학교 현장의 부담을 줄이고, 학교에서 실천이 가능하도록 창의적 체험 활동 시간을 활용하여 10시간 이내 교육이 이뤄지도록 권장하였으며, 독도 아카데미 등 독도 탐방 교육을 확대하고, 전국 중고등학생을 대상으로 독도 과거대회를 열어 교육의 성과로 우리 학생들이 구체적인 '독도가 우리 땅'인 이유를 논리적으로 무장할 수 있도록 하는 행사를 확대하였다. 그리고 가장 주목할 만한 것은 직접 가기 어려운 독도를 간접 체험하는 체험 중심의 독도 교육 강화를 위해 독도체험관을 수도권 최초로 설립하였다는 것이다.

2013년 일본 문부과학성의 고등학교 검정 결과에는 일본사A, B와 세계사A 등 3종의 교과서에 독도 관련 기술은 물론, 지도 표기 등 새롭게 기술이 확대되자, 교육부는 학생 눈높이에 맞춘 다양한 독도교육을 실천할 것을 표명하고, 전국 곳곳에 '찾아가는 독도전시회'사업을 새롭게 시작하여 농·산

어촌 등 격오지와 독도지킴이학교 거점학교 내 상설전시관을 마련하였다.

서울의 독도체험관을 통해 학생뿐 아니라, 일반인을 대상으로 독도에 대한 다양한 정보 및 살아 있는 체험의 기회를 제공하여 독도 영토주권 의식 확산, 외국인에게도 독도 영유권 홍보, 다양한 독도 교육 및 홍보활동을 지속하고자 하였다. 또한, 역사교육강화방안을 발표하여 독도뿐 아니라, 체험 중심의 역사교육 강화, 교원의 역사교육 전문성 강화, 역사 교육과정 및 평가 개선, 학술지원 확대 및 역사왜곡 대응을 강화하는 역사교육 지원 체제를 구축하였고, 문화재청과 문화체육부와 협업하여 역사관련 현장이 체험학습장으로 적극 활용될 수 있도록 하여 영토주권 의식뿐 아니라, 미래세대의 역사의식을 강화할 수 있도록 하였다.

2014년에는 일본정부가 독도를 한국이 불법점거하고 있다는 내용을 담은 중고등학교 학습지도요령 해설서를 발표하여, 그동안의 독도에 대한 막연한 교육에서 역사적, 지리적, 국제법적으로 명백한 우리 고유 영토임을 논리적으로 이해하고 설명하는 교육으로 전개되었다. 독도 학습 부교재 보급을 지속하는 한편, 교육부는 2012년 구축한 체험 중심의 독도교육을 위한 독도체험관을 시도 교육청에도 구축하는 사업을 시작하였고, 결과적으로 독도 부교재와 다양한 일회성 이벤트를 통한 독도에 대한 관심은 독도체험관을 통해 그 성과가 축적되고 고도화 되었다. 이와 관련한 성과와 고도화 내용은 별도의 장에서 소개하려고 한다.

2015년에는 독도 부교재 이외에도 그동안 연구 성과를 토대로 독도 교재 2종(우리 땅 독도를 만나다, 지도와 사진으로 보는 동해와 독도)을 일본 시마네현 소위'다케시마의날' 즈음 배포하였으나, 일본정부는 4년마다 진행되는 중학교 교과서 검정에서 일본명 '다케시마'를 한국이 불법 점거하고 있음을 기술한 교과서를 검정 통과시키는 등 역사 왜곡을 지속하였다.

2016년 일본 고등학교 사회과 교과서 검정에도 일본의 영토인 독도를 한국이 불법 점거하고 있다는 내용이 기술된 교과서가 검정을 통과하자, 교육부는 각 학교에 4월 한 달 중에 독도교육주간을 운영하도록 하여, 독도교육을 더욱 강화하고자 하였다.

2017년 일본은 초중학교에 적용될 신학습지도요령과 고등학교 사회과 교과서 검정 결과를 발표하였다. 여전히 일본정부의 교과서 역사 왜곡이 계속되자, 교육부는 독도 수호를 위한 독도교육실천연구회를 지원하는 한편, 세계 102개국 청년 대표들과 행사를 하는 등 외국인대상 홍보를 강화해 나갔다.

2018년에도 일본 정부는 고교 학습지도요령 개정안을 발표하고, 같은 해 일본 도쿄 중심지에 영토주권전시관을 개관하여 '독도'에 대한 도발을 지속해 나갔다. 이에 교육부는 독도 교육 기본계획에 독도교육주간을 4월 한 달간 '우리 땅 독도 사랑'을 주제로 계기 수업 실시, 일본 독도영유권 주장에 대한 학교 현장의 대응으로 체험과 활동 중심의 실천적 독도교육을 강화하고, 독도 주권 수호에 대한 국민적 공감대를 확산, 학생과 시민 모두가 생활 속 독도 사랑을 실천하는 데 중점을 두었다. 그해 전국 청소년 독도동아리를 대상으로 청소년 독도체험 발표대회를 개최하는 한편, 실천적 독도교육 지원을 통해 교원의 역량을 강화하여 교육 현장에서 독도교육을 확산할 수 있는 토대를 마련하였다.

2019년 일본 초등학교 교과서 검정 결과 발표, 2020년 중학교 사회과 교과서 검정 결과 발표, 2021년 일본 고등학교 교과서 검정 결과 발표 등 매년 계속되는 학교급 교과서 검정 결과에서 왜곡 기술된 교과서가 버젓이 통과되었고, 주변국의 항의는 반복되었다. 일본의 독도를 둘러싼 노골적이고 집요한 영토해양 주권 침탈 야욕은 국내외 시민, 미래세대에 대한 교육과 홍보에 대한 지속적인 강화로 이어졌고, 우리 국민들의 지속적인 관심으로 나타났다. 1982년에 발표된 '독도는 우리땅'은 학교 현장에서 가르치는 내용을 토대로 일부 가사를 변경하였고, 이 노래는 독도가 대한민국 땅임을 명쾌하고 논리적으로 설명할 수 있는 내용을 가사로 담고 있어 학교뿐 아니라, 우리 국민들의 사랑을 꾸준히 받아오고 있다.

〈표 1〉 독도 교육 강화 사업 연도별 주요 현황(2011년-2023년)

연도	주요 내용
2010	독도 교육 강화 방안 발표(이후 2011년부터 독도교육기본계획 수립)
2011	2009년 개정교육과정 내 독도교육 내용 강화(독도바로알기 부교재 배포 등)
2012	독도체험관(수도권 최초) 개관, 독도바로알기대회(제1회) 개최
2013	독도 교육 10시간 의무화
2014	청소년 역사체험 발표대회, 독도아카데미, NIE 경진대회, 국내 원어민 교사, 유학생, 재외 국민 및 외국인 교육 등 독도 관련 교육 다양하게 실시
2015	2015년 개정 교육과정 발표(초·중학교 사회, 고등학교 지리, 역사, 기술·가정 교과에 독도 교육 내용 확대)
2016	독도교육주간 운영
2017	다양한 교과에서 활용 가능한 학생 활동과 체험 중심의 독도 교수·학습자료를 개발하여 보급 및 독도교육실천연구회 지원
2018	학생 참여형 수업을 위한 독도교육자료 개발 및 보급, 독도체험발표대회(제1회)
2019	독도전시관 해설사 양성 과정 운영(독도체험관)
2020	독도교육연구학교 운영
2021	독도체험관 확장이전, 시도교육청 독도전시관 개선(인천·대전·경기·충북·경남·전남)
2022	학교 현장 맞춤형 독도교육 지원 및 학생참여형 독도체험 콘텐츠 개발·보급
2023	시도교육청 독도전시관 개선(대구·광주·경북·세종)

2. 독도 교육 강화 정책의 성과

앞서 언급한 바와 같이 매년 일본정부의 교과서를 통한 역사왜곡과 일본 극우 정치인들의 부적절한 발언 등으로 한일 관계는 갈등이 지속되어 왔고, 우리 내부에서도 독도, 동해 표기 등 영토해양 주권을 둘러싼 교육을 통한 인식 강화의 필요성이 지속적으로 제기되었다. 「독도 교육 기본 계획」이 2010년 6월에 수립이 되고, 학교에 보급될 독도교육 부교재 개발이 진행이 되면서 우리정부도 미래세대에게 '독도'를 비롯한 3면이 바다로 접한 우리의 영토해양 주권의식을 강화하기 위한 교육의 체계를 세워 이해를 바탕으로 논리적인 설명을 할 수 있는 교육을 시작하였고, 교육성과는 우리 국민의 지속적 관심으로 나타났다.

2011년부터 초·중·고교 학교급 총186만부 보급을 시작으로 2017년까지 7년간 학교급 교육 현장에서 직접 활용할 수 있는 부교재를 배포하였고, 이후에는 부교재 이외 수업에 활용할 수 있는 다양한 교육 자료, 시청각 장애인을 위한 부교재 등을 개발하여 배포하였다. 자세한 연도별 추진 현황은 〈표 2〉와 같다.

2013년부터는 연간 10시간 이내 독도교육을 의무화하는 정책을 시행하였으나, 학교 현장에서는 사실상 실행에 어려움이 있어 1시간 이상 탄력적으로 학교 상황에 따라 운영될 수 있도록 하여 짧은 시간이라도 독도교육이 이뤄질 수 있도록 권장하였다. 하지만, 이러한 노력에도 불구하고, 학교 현장의 실상은 독도교육을 담당할 교사가 부재하고, 독도 교육을 위한 부교재는 다양한 활용을 기대하기에는 부족한 면이 많았다. 그리고 입시 위주의 교육 환경에서 10시간 이상 부교재를 활용한 독도 교육은 학부모 반대 등으로 현실적으로 운영에는 한계가 있었다.

〈표 2〉 독도 바로 알기 부교재 배포 및 교육자료 보급 현황

연도	실적	학교급	배포 부수
2011	초·중·고(3종) 186만부	초등학생(6학년)	630,000부
		중학생(2학년)	630,000부
		고등학생(1학년)	600,000부
2012	초등학생 70만부	초등학생	700,000부
2013	초·중·고(3종) 185만부	초등학생(6학년)	550,000부
		중학생(3학년)	650,000부
		고등학생(1학년)	650,000부

연도	실적	학교급	배포 부수
2014	초·중·고(3종) 11,615개교, 200만부	초등학생	700,000부
		중학생(역사문헌)	700,000부(3,228개교)
		고등학생(국제법)	700,000부(2,343개교)
2015	초·중·고(3종) 200만부	초등학생	650,000부
		중학생	700,000부
		고등학생	650,000부
2016	초·중·고(3종) 182만부	초등학생	548,000부
		중학생	594,000부
		고등학생	685,000부
2017	초·중·고(3종) 175만부	초등학생(6학년)	510,000부
		중학생(3학년)	590,000부
		고등학생(1학년)	650,000부
2018	학생 참여형 독도 교육자료	초·중·고교 학생용	독도체험 워크북 3종, 독도교육 영상자료
2019	초·중·고 발달 및 시각 장애인 교육 자료	발달장애인용(초중고) 시각장애인용(통합)	특수학교용(4종)
2020	독도교수·학습 과정안 및 PPT(8종)	초·중·고교 학생용	디지털 교재(4종, 초 2종 중·고 각 1종) 영상자료(6종, EBS 영상) 시청각 장애인용 교재(각2종, 초·중)
2021	독도 교수·학습자료	초·중·고교 학생용	자기주도 학습 독도교육 콘텐츠(15종) 독도VR 학습 콘텐츠(2종) 특수교육용 독도 교수·학습 자료(3종)
2022	학생참여형 독도 교육 콘텐츠	초·중·고교 학생용	독도 AR 콘텐츠(1종) 독도 메타버스 콘텐츠(3종) 독도 교육 포스터(2종)

초등학교3~4학년군 독도 바로알기

초등학교 독도 바로알기

중학교 독도 바로알기

고등학교 독도 바로알기

역사현안 수업지도안 - 독도

이미지 출처: 동북아역사재단 독도아카이브

Ⅲ. 독도체험관 및 독도전시관 등 교육·홍보 시설

교육부와 동북아역사재단은 2012년에 수도권 최초로 체험 중심의 독도체험관을 개관하였고, 지난해 2022년 10월 영등포 타임스퀘어로 확장·이전하여 재개관하였다. 앞서 언급한 것과 같이 교육부와 시도 교육청은 2014년부터 전국에 독도체험관을 순차적으로 구축하여 운영하는 한편, 체험 콘텐츠 개발과 지원, 전체 시설 보완도 구축 연도에 따라 단계적으로 해 나갔다. 2020년 코로나19로 시도 교육청 독도체험관 개관이 좀 지연되기도 하였지만, 올해 연말이면 부산까지 독도체험관을 개관하여 전국적 독도체험관의 기반을 완성하여 부족한 학교 현장의 독도교육의 내실화를 위한 지원을 지속적으로 해 나갈 수 있을 것이다. 교육부 이외 정부 부처와 지자체에서 만든 독도 관련 시설도 20여개 만들어지는 등 최근 10여 년 간 직접 가기 힘든 독도를 간접 체험할 수 있는 공간으로 독도전시관이나 홍보관, 체험관이 건립되었다. 최근에는 코로나19 이후 늘어난 국내 여행에 대한 관심과 2021년 울릉크루즈 취항으로 좀 더 쉽게 울릉도와 독도를 갈 수 있게 되면서 직접 독도를 찾는 이들도 많이 늘어났다. 특히 이러한 현상은 일본 정부가 2018년에 도쿄 시정회관(한국의 구민회관 격) 지하에 설치한 영토주권전시관을 7배나 확장된 접근성이 좋은 지상 1층 공간으로 확장이전하여 소위 일본명 다케시마에 대한 홍보와 미래세대에 대한 교육을 확대해 나간 것이 계기가 되어 우리 국민들의 관심이 일시적으로 증가하였고, 정부 차원에서의 지원으로 확대되는 결과로 이어졌다.

1. 전국적인 독도체험 교육기반 조성

앞서 언급한 바와 같이 전국에는 독도체험관이 17개 있다. 2012년 서울에 동북아역사재단 주도로 개관하여 운영이 되었고, 2013년부터 '찾아가는 독도전시회'를 추진하였으나, 상설 전시관의 필요성이 제기되어 경남, 전북(2014년 고창에 만들어진 독도전시관은 2023년 부안으로 확장이전), 충북 등 3개 지역, 2015년에는 대전, 충북, 전남, 경기 등 4개 지역에 독도전시관을 순차적으로 구축하였다. 당시에는 '독도'에 관한 기획전시를 상설전시 형식으로 만들었기 때문에 독도에 대한 역사적, 지리적, 국제법적인 내용에 대한 패널 위주의 전시였고, 관람객들의 눈높이가 고려되지는 못했다. 독도 교육의 성과를 제고할 수 있는 성과물이 많지 않았고, 적은 예산과 추진할수 있는 사업기간이 길지 않아 구축성과는 있었지만 내용의 교육적 성과에는 한계가 있음이 예견되었다.

2년간 총 7개 시도 교육청에 독도전시관을 개관한 즈음, 체험중심의 독도교육이 중요하게 언급되면서 구축성과 보다는 교육적 효과를 염두에 둔 전시관을 구축하기로 하였다. 이때부터 재난이 시도 교육청 독도체험관 구축 사업에 참여하게 되었다. 재단이 참여하게 되면서 독도전시관이 아닌 독도체험관 구축사업으로 체험 중심의 콘텐츠를 보강한 전시관을 만들기 시작했다. 이는 독도교육에 대한 학교급 눈높이를 고려한 교육의 필요성과 체험위주 콘텐츠를 활용한 교육성과의 중요성이 제기되면서 독도체험관 구축 건수를 늘리는 성과보다는 구축된 체험관의 내실화, 교육의 효과적 측면을 우선적으로 고려하게 되었던 것으로 보인다. 교육부와 시도 교육청에서 운영중인 독도체험관 주요 현황은 〈표 3〉과 같다.

〈표 3〉 전국 독도체험관 현황

구축 년도	시·도 (소재지)	위치	시설 등 현황	비고
2014	경남 (진주)	경남교육청 과학교육원	· 역사관, 자연관, 체험관(실시간 영상, 독도 모형 등) · 과학교육원 연계 프로그램 개발·활용	
	전북 (부안)	전북교육청 학생해양수련원	· (체험관) VR체험실, 디지털 아카이브, 독도 모형 등 · (체험버스) 3D영상관, 독도VR 등 찾아가는 독도체험 제공	
	충북 (진천)	충북교육도서관 진천문학관	· (체험관) VR체험실, 디지털 아카이브, 독도 모형 등 · (체험버스) 3D영상관, 독도VR 등 찾아가는 독도체험 제공	
2015	경기 (수원)	경기평생교육 학습관	· 역사관, 자연관, 체험관(디지털 패널, 실시간 영상 등) · 독도 어린이 도서관 프로그램 개발·운영	
	대전 (동구)	한밭교육 박물관	· 독도 실시간 영상, 독도 모형, 독도 관련 서적 등 · VR 기기, 디지털 독도 키오스크 운영	
	인천 (중구)	인천학생교육 문화회관	· 독도의 역사, 자연환경, 영상관, 포토존, 독도 모형 등 · 온라인 방탈출 게임 프로그램, 독도 AR체험	
	전남 (여수)	여수교육 지원청	· 역사관, 자연관, 체험관(독도 VR, 독도 포토존 등) · 학부모 독도 해설사 교육 및 운영(자체 활동지 개발)	
2016	대구 (수성구)	대구창의융합 교육원	· 역사관, 자연관, 체험관(독도 VR, 독도 포토존 등) · 학부모 독도 해설사 교육 및 운영(자체 활동지 개발)	

구축 년도	시·도 (소재지)	위치	시설 등 현황	비고
	광주 (동구)	광주학생독립 운동기념회관	· 독도 체험존(영상관, 고지도 체험, 아카이브, 사진전 등) · 역사관, 자연관, 독도 관련 도서 등 자료 열람 제공	
2017	세종	새롬고등학교	· 역사관, 자연관, 체험관(독도 VR, 독도 포토존 등) · 새롬고 독도교육 프로그램과 연계한 체험활동 제공	
	경북 (안동)	경북교육청 연구원	· 역사관, 자연관, 체험관(독도 VR, 엽서쓰기. 포토존 등) · 독도신문 키오스크, 디지털 아카이브 등 공간 조성	
2018	충남 (아산)	충무교육원	· 역사관, 자연관, 영상관, 체험관, 포토존 등 · 충무교육원 독도교육 프로그램 연계 체험활동 제공	
2019	울산	울산학생 교육문화회관	· 독도 3면 영상, 독도 신문 만들기, 포토존 등 · 터치 모니터(자연, 해양자원찾기, 생물찾기, 퀴즈 등)	
2020	제주	제주교육 박물관	· 체험 시설(숨은 독도 생물 찾기, 독도 신문, VR 등) · 독도 알림이, 등대 체험, 아카이브, 포토존 등	
2021	강원 (원주)	원주교육 문화관	· 체험 시설(숨은 독도 생물 찾기, 독도 신문, VR 등) · 독도 알림이, 등대 체험, 아카이브, 포토존 등	
2023	부산	부산교육 박물관	· 독도 관련 전시, 체험 활동(2023년 개관 예정)	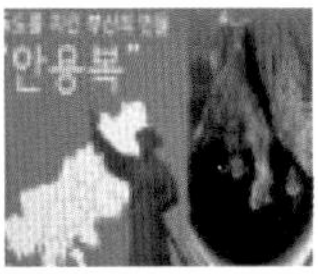

* 출처:「독도 교육 기본 계획」에서된 표에 일부 내용을 수정

2. 국내외 '독도'전시 및 홍보기반 조성

1990년대 말, 2000년대 초 일본 우익 정치인의 망언에 그치지 않고, 일본 정부의 역사왜곡 교과서의 검정 통과와 매년 발표되는 방위백서에서 '독도는 일본 땅'이라고 지속적인 주장, 영토주권전시관을 통한 독도에 대한 침탈 야욕이 노골화되면서 우리 국민들의 독도에 대한 관심은 더 높아져 갔다. 이러한 국민의 관심을 반영하여 1997년 경북 울릉군에 최초 설치된 독도박물관에 이어 국립어린이청소년도서관 독도전시관, 해양수산부 해양과학기술원 동해독도홍보관 등 관련 부처와 지자체 등에서도 독도를 적극 홍보하기 시작하였고, 해외 동포들 중심으로 독도를 교육하고 홍보할 수 있는 활동과 시설이 만들어졌다. 최근 독도교육강화, 독도박물관과 독도 체험관 운명을 지원할 수 있도록 관련 법안에 대한 개정안 발의가 되었다. 관련 법이 개정된다면, 국내외에서 독도를 만날 수 있는 공간은 더 늘어날 것이다. 국내 정부와 공공기관 등에서 구축한 독도 관련 시설은 〈표 4〉와 같이 정리해 볼 수 있다.

〈표 4〉 국내 독도 관련 교육 홍보 시설 현황

구축년도	명칭	운영기관	소재지
1997	독도박물관	지자체	경상북도 울릉군 울릉읍
2007	동해독도홍보관	한국해양과학기술원	경상북도 울진군 죽변면
2009	어린이독도체험관	국립청소년어린이도서관	서울특별시 강남구
2009	독도체험관	경북교육청 구미도서관	경북 구미시 산책길
2010	독도교육체험관	경상북도교육청정보센터	경북 경산시 원효로
2011	독도교육체험관	경상북도교육청문화원	경북 포항시 북구 환호로
2013	독도문경교육관	경북교육청	경상북도 문경시 중앙로
	독도가상체험실	경상북도교육청해양수련원	경북 영덕군 고래불로
	안용복기념관	지자체	경상북도 울릉군 북면

구축년도	명칭	운영기관	소재지
	독도학교	독립기념관	충청남도 천안시 동남구 목천읍
2017	수토역사전시관	지자체	경상북도 울릉군 서면
	독도의용수비대기념관	독도의용수비대기념사업회	경상북도 울릉군 북면
2020	수토문화전시관	지자체	경상북도 울진군 기성면
2021	우산국박물관	지자체	울릉군 서면 남서길
	울릉도독도해양생태관	한국해양과학기술원	경상북도 울릉군 북면
	해양과학체험전시관	한국해양과학기술원	부산광역시 영도구 해양로
	해양홍보관	국립해양조사원	부산광역시 영도구 해양로
2022	이사부독도기념관	지자체(삼척시)	강원도 삼척시 정라동

Ⅳ. 체험공간으로서의 독도체험관 운영 성과 및 이사부독도전시관의 역할

전국에 있는 독도 관련 시설의 이름이 다양한 것은 여러 이유가 있겠지만, 2012년 재단이 설립한 독도체험관은 일방적인 전시가 아닌 독도에 대한 다양한 간접 체험을 고려한 교육적 성과를 우선적으로 염두에 두고 설립이 되었다. 2014년부터 시작된 독도전시관도 체험과 부족한 내용의 콘텐츠 보완을 위해 연차적으로 개선 사업을 진행하고, 독도전시관의 이름도 독도체험관으로 바꾸어 가고 있다. 이번 학술회의의 발표 주제가 되는 체험공간으로 독도체험관의 분명하고 확실한 성과는 직접 가기 힘든 독도를 서울에서 그리고 일상에서 간접 체험할 수 있는 공간을 제공함으로써 막연한 독도에 대한 구체성이 생기고, 이를 토대로 '독도가 대한민국의 땅'임을 명확하게 이해하고 논리적으로 설명할 수 있게 하는데 큰 역할을 해왔다. 지난 10

여 년간 학교 현장의 변화와 독도체험관 운영을 통한 성과와 한계를 짚어보면서 향후 개관하게 될 이사부독도전시관의 운영에 있어 도움이 될 역할을 제시해 보고자 한다. 어쩌면 운영을 앞둔 이사부독도전시관에 대한 기대라고도 할 수 있겠다.

1. 독도 간접 체험 공간 운영 성과

앞서 여러 번 언급한 바와 같이 우리나라에서 미래세대에 대한 독도교육과 홍보 강화의 필요성은 일본 문부과학성의 역사가 왜곡된 교과서에 대한 검정통과가 지속되고, '독도는 일본 땅'이라는 주장이 점점 노골화 되면서 일본정부에 대한 규탄만이 아니라, 우리 스스로가 독도를 더 잘아는 것이 중요하다고 생각했기 때문이다. 교육부가 제시한 독도 교육 강화 방안은 독도 영토주권 강화를 위한 실질적이고 중요한 정책이 되었다. 2010년부터 체계적인 독도교육 강화 방안을 마련하였고, 그 일환으로 독도를 간접 체험할 수 있는 독도체험관은 2012년 건립하였다. 시도 교육청에서 운영하는 독도체험관 건립으로 성과를 확대해 나가는 한편, 독도부교재 개발 및 배포 등 실질적인 학교 현장 교육 강화를 지원해 왔지만, 참고한 여러 논문에서 우리나라의 독도교육은 전문가 부재와 독도 교육 내용을 내실화 하기에는 어려움이 많다는 것이 자주 언급되었다. 그렇다고 전국 유·초·중·고교 학교급에서 독도 교육에 대해 무관심하거나 필요성을 느끼지 않기 때문에 해결되지 않는 것은 아니다. 독도 교육을 위한 전문가가 부족하고 학생들에게 대한민국 국민으로 소양 차원에서 쉽고 재밌게 자연스럽게 독도를 접할 수 있는 체험 교육을 하고 싶지만, 다양한 맞춤형 콘텐츠가 부족했던 것이 사실이다.

2012년 개관한 독도체험관은 중학생 수준으로 이해할 수 있는 독도에 대해 국내뿐 아니라, 외국인들에게 적극적으로 홍보할 수 있도록 잘 만들어졌다. 하지만, 막상 개관을 하고 독도의 역사와 자연, 국제적 관점에서 설명하기에는 교과서 밖에서 이뤄지는 활동이라 흥미는 있지만, 전시내용만 보고 이해하기는 쉽지 않았다. 체험 활동의 특성상 초등학생들이 가장 부담 없이 다녀갈 수 있는 곳이지만, 학년에 따라 독도체험관의 전시를 둘러보는데는 어려움이 있었다. 즉 역사를 배우지 않는 1~4학년과 한글이 아직 서툰 1~2학년에게는 각기 다른 방식의 독도 교육이 진행되어야 체험을 통한 교육성과가 제고될수 있었다하여 2015년부터 독도체험관을 방문하는 학교급별 맞춤형 교육 프로그램을 개발하여 운영하여 높은 만족도를 기대할 수 있었다. 2016년부터는 전면 시행된 자유학기제(중학교 시기 한 학기 또는 두 학기를 지정하여 진로 체험을 통해 학생들의 꿈을 키우자는 의도로 시험기간 동안 진로체험이나 각종 현장체험 활동 등으로 교육을 받는 제도이다., 출처 나무위키)와 연계하여 중고등학교대상으로 확대하여 다양한 진로 체험 활동(도슨트 체험, 박사에게 듣는 독도이야기, 독도 노래가사 바꾸기 등)으로 학교현장과 청소년 관람객들에게 좋은 평가를 얻었다. 2018년부터는 기성 교구가 아닌 자체 교육 내용에 맞는 체험 교구도 맞춤형으로 개발하여 활용하고, 시도교육청 독도체험관에서도 활용할 수 있도록 하였다.

2019년에는 시민대상 교육(독도체험관 해설사 양성과정)을 시작하고, 2020년 코로나19으로 인해 비대면 교육을 시작하여 전국에서 독도체험관을 꼭 방문하지 않아도 온라인을 통해 이론 교육과 체험 활동을 진행할 수 있도록 하였다. 학교급 교육 프로그램의 내용과 연도별 교육 프로그램 운영 성과는 〈표 5〉, 〈표 6〉과 같다.

〈표 5〉 독도체험관 교육 프로그램 운영 성과

연도	계	미취학/초등저학년	초등학교	중고등학교
2015	1,050명	291명	759명	-
2016	2,930명	1,173명	1,308명	449명
2017	1,939명	396명	1,308명	235명
2018	2,242명(일반 120 포함)	636명	546명	940명
2019	2,708명(일반 360 포함)	510명	682명	1,156명
2020	18,340명(비대면 포함)	6,043명	1,683명	10,614명
2021	25,517명(비대면 포함)	6,249명	2,160명	17,108명
2022	23,289(비대면 포함)	7,064명	5,198명	11,027명
2023	4,000명(현장 교육 기준)	1,000명	1,000명	2,000명

〈표 6〉 독도 교육 프로그램 및 교육자료 현황

교육 주제	프로그램명	학교급	참고 자료
자연	독도의 신비한 보물상자를 열어라 (스티커북, 동영상)	유치원, 초등 저학년, 미취학 등	
역사	이사부와 나무사자 (팝업북, 동영상)		
자연	말랑말랑 독도야 뭐하니 (AR, 체험 카드) 열려라, 독도!(학습지)	초등학생 1~4학년	
역사	독도 바다사자는 어디로 갔을까? (학습지) 인물로 배우는 독도 역사 (만들기 교구)	초등학생 3~6학년	
통합	독도 봄·여름·가을·겨울 나는야, 독도탐험가, 독도 도슨트 체험 (독도 등고선 만들기 교구)	중·고등학생	
통합	독도 메타버스 (온라인 독도체험관 및 독도 역사·자연 주제 온라인 게임 등)	전학년	

교육 주제	프로그램명	학교급	참고 자료
통합	독도 터널북 만들기 (만들기 교구)	전학년	

동북아역사재단 독도체험관(영등포)

뿐만 아니라, 독도체험관은 서대문에서 영등포 타임스퀘어로 약 2.6배(기존 575m^2 확장 약 1,460m^2) 넓어져 동시 수용 인원이 80명에서 200명으로 대폭 확대되고, 서대문에 비해 1일 유동인구가 20여만 명이 다니는 곳에 위치한 독도체험관의 변화는 관람객 실적에서 볼 수 있는데, 지난 2012년에서 2022 5월까지 서대문 개관 시기에는 약 28만명 여명이 다녀간 것과는 달리 영등포로 확장이전한 이후 11개월만에 무려 20여만 명 이상이 다녀갔으며, 입지여건으로 인해 다양한 세대의 시민들과 정보 소외 계층, 외국인들의 자연스러운 방문으로 이어져 자연스럽게 독도에 대한 관심으로 이어지는 효과를 얻었다. 특히 독도체험관 도입부는 〈독도의 현재〉 전시관을 따로 두어 오랜 시간 울릉도와 독도는 우리 삶의 터전이었음을 강조하여 울릉도·독도가 하나의 섬이었음을 인식하도록 하였다. 그 외에도 〈독도의 역사〉, 〈독도의 자연〉, 〈독도의 미래〉 전시관과 체험 공간이 있고, 최근 박물관으로 등록하여 독도 전시 및 체험교육을 위한 전문기관으로 운영하여 관람객들의 좋은 호응을 얻고 있다.

2. 독도 전시 및 교육 해설 전문가 양성

독도 교육의 성과는 독도를 간접 체험할 수 있는 공간 조성이나 독도 바로 알기와 같이 부교재 배포와 같은 정책 시행으로 성과를 낼 수 있겠지만, 결국 많은 전문가를 양성하는 것이 독도 교육 성과를 제고하는데 실질적인 역할을 할 것이다. 그동안 독도체험관은 2019년부터 독도전시해설사 양성과정을 통해 150여명의 이론 교육을 완료했고, 100여명이 울릉도 독도 답사까지 완료했다. 이들의 시도교육청 독도체험관 전시해설과 교육 프로그램 운영에 참여하고, 특히나 확장이전한 독도체험관의 부족한 전시해설 운영에 중요한 역할을 하고 있다. 독도 교육의 필요성만큼 독도 교육에 관심이 많은 사람들이 있고, 이들이 독도해설사 양성과정에 참여하고 있다. 이들은 전국을 대상으로 양성되었기 때문에 전국적으로 부족한 독도 교육을 위한 인력 충원에 역할을 할 수 있을 것이다. 지속적으로 미래세대의 독도 교육을 위해 독도 교육에 관심 있는 시민들을 대상으로 전문 교육 과정을 진행하여 인력 풀을 확보한다면, 부족한 독도 교육 관련 전문 인력을 보충하고, 전국적으로 질높은 수준의 수요자 맞춤형 미래세대 나아가 외국인대상 교육과 홍보까지 성과를 지속해 갈 수 있을 것이다.

3. 이사부독도전시관의 역할

이사부독도전시관은 2015년 12월 강원도 삼척시가 발표한 "1천500여년 전 이미 울릉도·독도를 신라 영토로 복속시킨 이사부 장군의 해양영토 확장 정신을 기리고 역사를 통해 미래를 개척해 나가는 문화공간으로 자리 잡을 수 있도록 추진하겠다."(출처: 경상매일신문, 2015.12.28.자)라고 발표한 이후, 2016년 상반기 설계 완료 및 하반기 착공 일정으로 진행할 것임을 밝히면서 본격적으로 시작되었다. 하지만, 실제로는 2017년 국제공모전을 통해 선정된 설계안이 2019년 520년에 지어진 삼척포진성(三陟浦鎭城) 성벽 일부 발견 등으로 건축 중단 및 설계 도안 수정 등의 과정을 거쳐 2022년 마무리가 되었다. 건립이 마무리된 지금까지 아직 이사부독도전시관을 직접 보지 못한 상황에서 독도 체험 공간으로서의 역할을 제안하는 것에는 한계가 분명 있을 것이다. 이미 이사부독도전시관 건립을 앞두고, 한국이사부학회에서 발행하는 『이사부와동해』학회지에 실린 「이사부기념관의 활용과 운영 : 교육활동을 중심으로」(임정은, 2017.), 「이사부 독도기념관의 기능과 역할」(김영수, 2019.) 글에서 제안된 내용에 비해 새롭고 더 나은 제안을 드리는 것도 어려울 것이지만, 독도를 간접 체험하는 공간으로서 독도체험관을 운영한 경험과 성과를 중심으로 앞으로 독도를 간접 체험할 수 있는 공간으로서 이사부독도전시관의 역할을 몇가지 제안드리고자 한다.

조사한 자료에 따르면 이사부독도전시관 건립 사업은 우산국 정벌 출항지 조성, 영토수호관 건립, 수군역사 등을 복원하고 관련 축제와 아카데미 교실을 추진하고, 교육은 전국 초중고생, 대학생, 일반인을 대상으로 이사부와 독도에 관한 교육을 집중하여 국민들의 영토관과 국가관을 높이고, 울릉도·독도와 연계한 관광벨트화로 관광지로도 활성화한다는 계획이다. 그러한 목적에 맞게 착공 5년만에 완공된 이사부독도전시관은 관광안내센터와 영토수호기념관, 독도체험공간, 복합휴게공간 등 총4개 공간으로 각각 유연하게 다른 용도로 쓰일 수 있도록 지어졌다.(출처: '바다 위 독도처럼'… 건축으로 땅의 역사 표현한 삼척 이사부독도기념관, 동아일보 2023.2.1.자) 지난해 4월에 이사부 장군의 동해수호의 역사적 의미를 되살리고 독도를 실제 방문하는 것과 같은 실감 체험을 제공하기 위해 이사부독도기념관에 실감미디어 조성 사업을 추진한다고 발표하였지만, 아직 이사부독도전시관에 대한 구체적인 내용이 공개된 것은 없다. 하지만, 사업 추진과 관련한 여러 자

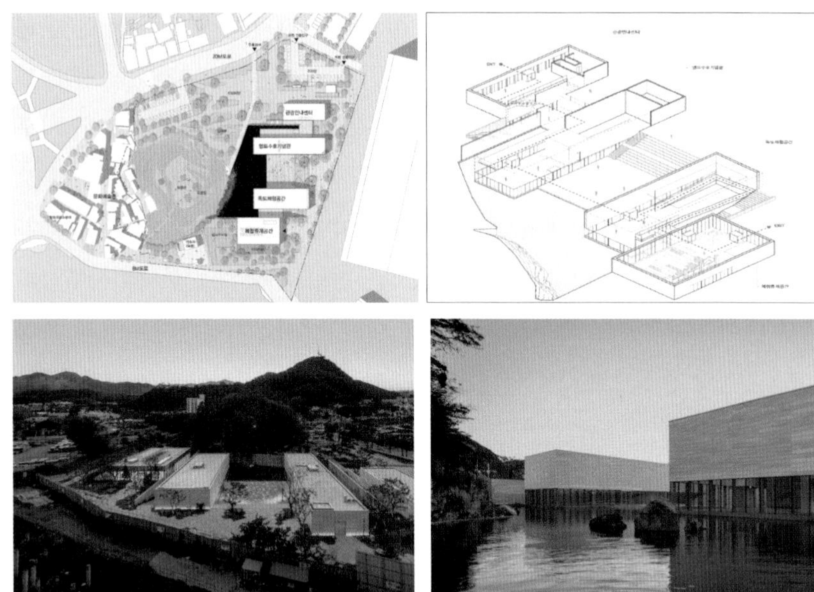

*사진 출처: SIMPLEX ARCHITECTURE, 이사부독도기념관

료와 신라장군 이사부를 학술적으로 연구하는 구심체인 한국이사부학회가 2010년에 창립되었고, 지금까지 꾸준히 활동을 해 온 성과들이 이사부독도 전시관에 잘 반영되었을 것이기에 전시에 있어 충실하고 전문적인 연구를 바탕으로 한 충실한 내용의 전시관이 조성되었을 것이라는 것에는 의심할 의지가 없을 것이다.

전국에 있는 독도 관련 시설에서 독도에 대한 지리적 위치뿐 아니라, 대한민국에서 현존하는 가장 오래된 역사서인『삼국사기』(三國史記)에 기록된 512년 하슬라주(지금의 강원도 강릉시) 군주인 이사부가 나무사자를 이용하여 해상왕국이었던 우산국을 정벌하고, 신라로 복속 시킨 일화는 독도의 역사를 이야기하는 가장 중요한 첫 요소이다. 역사를 배우지 않은 미취학, 초등 저학년에게도 이사부 장군의 울릉도·독도 복속 이야기는 흥미롭다. 우선 이 점에서 이사부독도전시관의 역할을 언급하고 싶다.

1982년 천연기념물 제336호로 지정되어 입도가 제한되어 있던 것을 2005년 정부방침을 입도허가제(승인)를 신고제로 전환하면서 매년 4만여 명에 불가했던 독도 입도객이 2022년 한해 30여만 명으로 찾고, 울릉도로 이르는 뱃길이 편리해지면서 더 많은 이들이 독도를 찾을 것으로 예상된다. 그들에게 우리 역사에서 기록한 울릉도·독도와 이사부 장군의 이야기를 마치 그 시기로 돌아간 것처럼 간접 체험할 수 있는 콘텐츠를 연구에 기반하고 상상을 더해서 개발·보급하여 전국의 독도 관련 시설에서 전시와 교육에 활용할 수 있도록 적극적으로 지원한다면, 울릉도와 독도를 직간접적으로 방문한 사람들에게 독도의 역사를 알리는데 큰 도움이 될 것이다. 지금까지 독도체험관은 독도에 관한 역사와 자연에 관해 전문적인 기관에서 연구한 결과를 토대로 그 내용을 정리하고 다듬어 미래세대를 위한 교육 콘텐츠로 만들어 보급하였다. 미래세대는 계속 바뀌고, 기존에 개발된 콘텐츠만을 활용해도 그 내용은 풍부하다고 할지 모르지만, 역사를 배우지 않는 미취학, 초등 저학년에게 검증된 기관에서 연구된 내용에 상상력이 보태진 고대 역사 속 이사부 장군의 이야기나 우산국의 설화를 토대로 한 체험 콘텐츠는 재미와 내용으로 쉽게 이해할 수 있는 좋은 소재가 될 것이다. 물론 개발된 콘텐츠가 이사부독도전시관이 플랫폼이 되어 구현이 되고, 직접 체험할 수 있어야 그 성과가 클 것이다. 일본정부가 소위 일본명 다케시마라고 부르는 독도를 일본의 땅이라고 본인들에게 유리한 사료들로 주장하는 상황에서 자유로운 상상력을 발휘해 콘텐츠를 생산하는데는 늘 조심스러운 면이 있지만, 전문적인 연구를 토대로 다양한 상상력을 가미한 콘텐츠는 독도의 역사이야기를 좀더 다양한 세대와 외국인에게도 흥미를 끌게 하는 데는 좋을 것이다.

독도체험관이 확장이전을 하는 계기로 울릉도와 독도를 하나의 섬으로 오랜 역사 속에서 우리 삶의 터전이었음을 강조한 것은 유동인구가 많은 곳,

즉 일상에서 만나는 독도가 동해 바다 한가운데 있는 섬이 아니라, 한반도 육지와 함께 뱃길을 따라 울릉도를 거쳐 독도로 다다를 수 있는 구체성을 갖게 하고, 조금더 흥미로운 관심으로 한발 더 다가갈 수 있게 하는데 기여했다고 생각한다. 이사부독도전시관의 위치가 이사부 장군이 우산국 복속을 위해 출정식을 가진 곳이라는 의미에 더해 사료에 기록된 독도에 관한 역사의 시작 장소라는 역사성이 부각되기를 바란다. 전국에 독도와 관련 시설이 30여개 이상 다양하게 존재하고 있고, 교육부와 해양수산부가 독도에 대한 역사와 자연에 관한 전문적 내용과 지속성을 담보하기 위한 지원을 해 오고 있다. 울릉도·독도가 속한 지자체에서도 적극적인 역할을 해 오고있다. 강원도 소속이었던 울릉도·독도의 역사가 시작된 이곳, 장소의 역사가 있는곳에 세워진 이사부독도전시관이 전국의 독도 관련 시설들을 통합적으로 지원하는 한축으로 역할과 책임을 다한다면, 독도관련 시설을 종합해 내는 의미도 클 것이다.

영토교육에 대해 강경리(2021)는 발표한 글을 통해 "생활공간으로서 영토에 단순히 사상이 어떻게 배열되어 있는가를 가르치는 것이 아니라, 개인, 집단, 국가가 이를 어떻게 받아들이며 이해하는가, 그리고 이를 통해 어떤 사회적, 공간적 관계가 이루어지고 있는가, 그리고 이들이 인간 개인과 지역 주민의 삶에 어떤 영향을 미치는가에 관심을 두어야 한다."고 적고 있다. 일본의 역사왜곡과 독도를 둘러싼 영토해양 주권에 대한 도발이 계속되는 한, 우리 국민들의 독도에 대한 관심은 지속될 것이나, 아무리 가는 길이 편리해졌다고 하지만, 동해 한가운데 있는 울릉도를 거쳐 독도로 직접 이르는 체험은 관심에 비해 여전히 어렵고 제한적인 것이 사실이다. 그런 면에서 육지에서 만나는 독도, 독도 역사의 시작인 상징적인 곳에서 만날 수 있는 이사부독도전시관에서 독도 역사의 시작을 다양한 스토리로 재미있게 만나고, 현재의 독도에 이르기까지 완결된 스토리의 영토교육을 위한 체험 공간이 제시된다면, 미래세대를 위한 교육적 기능과 효과는 물론, 국내외 시민들의 관심을 끌고 독도를 홍보할 수 있는 중요한 거점이 될 것이다. 신라가 삼국을 통일하였지만, 여전히 경주 일대로만 국한된 인식이 강원도로 확대되는 효과는 덤으로 얻을 수 있을 것이다.

끝으로 이사부독도전시관이 체험 공간으로서 기존에 부족한 이사부와 관련 체험 콘텐츠를 개발하고, 거점으로서의 역할을 주도하는 것뿐 아니라, 전시관으로서의 전문성을 더욱 발전시켜 나가기를 바란다. 국내 여러 기관에서 사료를 연구하고, 해제하여 대중적으로 소개하고 교육과 홍보 자료를 만들고 있지만, 여기저기 흩어진 독도에 관한 역사 연구의 결과물을 512년부터 현재에 이르까지 잘 정리하고, 전시해 주기를 바란다. 체험 공간은 재밌고, 즐거울 수 있는 게임적 요소, 편하게 다가갈 수 있는 가벼움이 있어야 하지만, 사실에 입각한 역사는 언제나 진지해야 하고, 1500년 역사의 시간 순서대로 울릉도·독도를 만날 수 있는 이사부독도전시관이 되었으면 하는 것이다. 공간의 규모와 건립 시기에 따라 한계가 있지만, 이사부독도전시관은 독도를 주제로 종합적인 내용을 아우르는 거의 유일한 공간인만큼 충분한 공간을 할애하여 독도에 관한 사료를 다양한 전시와 체험 방식으로 일목요연하게 만날 수 있기를 바란다. 또한, 지속되는 연구의 결과물이 집대성되고 업데이트되는 기능과 역할도 소홀하지 않았으면 한다.

Ⅴ. 맺음말

우리 해양영토인 동해바다의 울릉도·독도에 관한 관심과 연구, 교육은 지속될 것이다. 울릉도와 독도에 관한 연구는 완결된 현재가 아니라, 끊임없이 속도를 내야 하는 진행형이다. 특히 미래세대를 위한 교육과 외국인들에게 알리는 홍보는 더없이 중요할 것이다. 일본정부는 2018년 일본 도쿄에 '영토주권전시관'을 개관했고, 2년 후인, 2020년에는 도쿄 한복판, 도쿄 정치의 한복판에 7배나 확장된 규모의 전시관을 재개관하였다. 일본 교과서에 '다케시마는 일본땅'이라는 문구를 한국의 지속적인 규탄과 시정 요구에도 불구하고, 서스럼없이 오히려 더 노골적으로 왜곡 기술하고, 미래세대에 대한 교육과 홍보를 강화하고 있다. 한국정부는 독도 관련 제도를 정비하는 동시에 교육부는 독도 교육을 강화하고, 재단에 독도연구소를 설치하여 독도에 관한 전문적인 연구를 지속하면서 2012년 서대문에 독도체험관을 수도권 최초로 개관하고, 2020년 영등포로 확장이전, 2019년부터는 광화문 지하보도에 독도전시관을 운영하고 있다. 이곳을 찾는 한국의 미래세대에게는 영토해양 주권 교육의 성과를 제고하는 계기가 되고, '독도'에 대해 잘 아는 미래세대가 얼마나 늘고 있는지, 우리 국민들의 관심이 얼마나 높은지 모니터링 할수있는 공간이 되고 있다. 일본의 땅이라고 배운 독도(일본명 다케시마)에 대해 왜 한국은 자기땅이라고 주장하는지 진심으로 알고 싶어하는 일본 젊은 세대들이 늘고 있는 것도 실감하게 된다. 일본 우익인사들의 익숙한 망언이 아닌 일본 미래세대의 진지한 방문과 그들의 질문은 그들을 맞이하는 우리를 당혹스럽게 한다. 2000년대 초, 일본이 과거 침략전쟁의 역사를 왜곡하기 시작하면서, 30년 후 변화를 기대한다고 말한 것처럼, 일본의 미래세대는 주변국에 대한 왜곡된 역사에 대한 학습으로 지금 혼란스럽다. 이는 동북아의 항구적인 평화를 위태롭게 하고 있다. 일본을 적대시하는 독도 교육이 아닌 평화로운 한일간의 미래를 위한 영토해양주권 교육을 위한 전시관으로 울릉도·독도의 아름다움을 홍보하는 곳으로 이사부독도전시관이 그 역할을 다해주기 바란다.

참고문헌

교육부 누리집

진재관, 「바람직한 학교급별 독도 교육의 강화 방안」, 『獨島硏究』11, 영남대 독도연구소, 2011.

김호동, 「우리나라 독도교육 정책의 현황과 과제」, 『獨島硏究』17, 영남대 독도연구소, 2014.

박경근, 전기석, 신재열, 「중학생들의 독도(Dokdo) 인식 및 바람직한 독도교육에 관한 연구」, 『獨島硏究』21, 영남대 독도연구소, 2016.

임정은. 「이사부기념관의 활용과 운영 : 교육활동을 중심으로」, 『이사부와 동해』, 한국이사부학회, 2017.

안민자, 「박물관 프로그램을 통한 청소년 진로교육과 사회화 과정」, 『국립중앙박물관 교육논문집』, 2018.

김영수, 「이사부독도기념관의 기능과 역할」, 『이사부와 동해』, 한국이사부학회, 2019.

박재홍, 「우리나라 중학교 독도 교육의 현황과 과제」, 『獨島硏究』28, 영남대 독도연구소, 2020.

이광현, 「우리나라 고등학교 독도 교육의 현황과 문제점」, 『獨島硏究』28, 영남대 독도연구소, 2020.

박성혜, 「어린이박물관 교육프로그램의 역할-국립중앙박물관 어린이박물관을 중심으로」, 국립중앙박물관, 『박물관 온라인 역사 학습 자료 개발』 최종보고서, 2020.

조혜진, 「박물관 교육은 무엇을 추구하는가(시각적 사고전략을 적용한 교육프로그램의 개발)」, 『국립중앙박물관 교육논문집』, 2020.

이우진·이원근, 「'2015 개정 교육과정'의 초등학교 독도교육 분석」, 『獨島研究』30, 영남대 독도연구소, 2021.
강경리, 「중학교 자유학년제의 독도교육 발전 방안」, 『獨島研究』31, 영남대 독도연구소, 2021.
서일보, 「메타버스를 활용한 독도 교육프로그램 사용자 경험 분석」, 『獨島研究』33, 영남대 독도연구소, 2022.
강경리, 「대학교육의 독도교육 발전 방안: 대학생의 독도교육에 대한 경험과 인식을 바탕으로」, 『獨島研究』33, 영남대 독도연구소, 2022.
엄태봉, 「일본 '영토·주권 전시관'의 영토 문제 관련 홍보·전시에 대한 연구」, 『獨島研究』34, 영남대 독도연구소, 2023.
기타 자료: 이사부독도전시관 및 독도교육강화 관련 다수 기사 등

이사부독도기념관 설립과 대중관람 활성화 방안
- 의암류인석기념관 사례를 중심으로 -

이흥권 | 의암류인석기념관장

Ⅰ. 머리말

삼척 이사부독도기념관은 2012년 이사부의 날 제정을 위한 전문가 포럼을 시작으로, 2015년 서울 한성백제박물관에서 '삼척 이사부 독도영토 수호관'건립을 위한 학술심포지엄을 개최하면서 기념관 설립사업의 첫 삽을 뜨게 되었다. 당시 국회에서 198억 원에 달하는 '이사부 역사문화 창조사업'을 위한 실시설계비 4억 원이 통과되었다. 정부는 2006년 동북아역사재단을 설립하여 일본의 역사왜곡과 독도침탈야욕에 대한 대응을 하고 있으나, 제대로 된 영토수호 교육시설이 없어 이사부 장군의 출항지인 삼척에 '독도영토 수호관'을 건립한다는 것은 매우 의미있고 뜻깊은 일이었다.

2015년 이후 삼척시와 이사부학회는 꾸준히 각자 역할에 대해 최선을 다하고 있었다. 시는 중앙과의 관계, 공모전 등을 통해 수호관 건립에 재력, 인력을 아끼지 않았고, 한국이사부학회는 삼척포진성 발굴성과를 학술대회를 통해 공유하고, 전문가들을 불러 이사부·출항지 관련·수토관련 등 수많은 논문들을 발표하면서 수호관 건립에 힘을 실어주었다.

현재 기념관 형태가 완성된 단계이지만 이제 시작이라고 봐야 할 것이다. 기념관 운영에 있어 유물수집, 자료수집, 학예사 인력문제, 소방안전관리자, 시설관리문제 등 수많은 문제에 부딪치고 있다. 또한 공립박물관 설립조건, 박물관 인증제, 전시 설계, 현장체험학습, 그리고 기념관을 어떻게 활성화 할 것인가에 대해 다음 글을 통해 말씀드리고자 한다.

Ⅱ. 공립박물관 설립 조건

공립박물관을 설립, 운영하려는 경우 그 설립목적을 달성하기 위하여 반드시 필요한 박물관 자료수집과 필수 인력인 학예연구사 및 수장고 시설을 갖추어야 등록할 수 있다. 이사부 독도기념관은 아래와 같은 조건들을 구축하여야 한다.

1. 이사부 독도 관련 자료수집

· 기관 소장 신라시대, 이사부 유물과 관련하여 파악하여야 한다.
· 지자체, 기관 소장 삼척 관련 기증자료(사본, 이미지파일)를 파악하여야 한다.
· 개인 소장 유물(토기편 등), 신라시대 유물을 수집하여야 한다.
· 개인 소장 조선시대 수토, 영장관련 문서를 수집하여야 한다.
· 개인기록(자서전, 회고록, 편지 등) 지역사 자료 등을 수집하여야 한다.

2. 관장과 학예연구사 및 청소년지도사 채용

· 학예연구사 관장을 채용하여야 한다.
· 박물관 운영에 따른 필수 인력 충족, 학예연구사 2명 이상, 또는 수토 전공 박사를 채용하여야 한다.
· 문화예술교육사 또는 청소년지도사 2명을 채용하여야 한다.
· 그 외 시설관리직 소방안전관리자 2명 충족하여야 한다.

3. 1종 전문박물관 등록

박물관은 소장품을 기반으로 하여 조사, 연구, 전시와 함께 교육적 기능을 수행하는 기관이다.

전문박물관은 자료 100점 이상, 학예사 1명 이상 보유, 시설은 100제곱미터 이상의 전시실 또는 2000제곱미터 이상의 야외 전시장, 수장고, 사무실 또는 연구실, 자료실, 도서실, 강당 중 1개 시설, 도난방지시설, 온습도 조절 장치를 갖추어야 한다.

4. 공립박물관 평가인증제

국공립박물관은 3년에 1회씩 평가인증제를 받는데, 다음과 같은 요건을 충족 시켜야 한다.

· 체계적인 운영 계획의 수립-운영계획의 적정성
· 운영 형태-운영관리의 적정성
· 박물관장 전문성-박물관장의 전문성
· 적정한 조직 및 인력 관리-학예일력
· 효과적인 재정 관리-재정 지속성, 소장품·전시·교육 예산 및 집행액
· 안전한 시설관리-전시실, 수장고 등의 소방·안전 관리의 적정성
· 소장품 수집-소장품 수집 전문성 및 적극성
· 소장품 관리-소장품 관리, 보존, 정보관리 적정성
· 연구- 연구 및 성과 공유
· 전시-전시사업 성과 및 실시 실적
· 교육- 교육, 체험 사업의 성과 및 실시 실적

· 관람객 관리-관람객 확보 및 노력
· 상생협력-공공 문화기관으로서의 소통 노력, 지역사회 협력 강화, 지역사회 활동 적극도, 자원봉사자 활용
· 법적 책임 준수-개인정보 보호교육, 장애인 인식개선 교육, 무장애 시설, 장애인·노인·임산부 편의시설 설치기준 부합 여부, 어린이 편의시설, 사회적 기업 및 중증장애인 생산품 우선 구매 실적

Ⅲ. 현장체험학습의 장

현재 초등학교와 중학교는 현장체험학습을 진행한다. 학생들이 학교에서 배운 역사지식을 유적지 답사를 통해 당시 역사를 쉽게 이해하게 한다. 다음은 의암류인석기념관의 현장체험 학습 프로그램에 대해 어떻게 운영하고 있는지 보고자 한다.

1. 의암류인석기념관 프로그램 운영

의암류인석기념관에서는 학생들이 오면 우선 먼저 안전교육을 진행한다. 그 다음 학생들의 연령에 맞추어 프로그램을 진행한다. 학교상황에 따라 반일제와 전일제로 나누어 진행한다.

· 반일제 운영(2시간)

시간	단위 프로그램	학습활동	활동장소
10:00~ 10:20	여는 마당	· 안전교육(일반·화재) · 일정 소개	의병수련관 (실내)
10:20~ 10:30	사당예절배우기	· 사당 출입 예절 배우기 · 분향 방법 배우기	사당(실외)

시간	단위 프로그램	학습활동	활동장소
10:30~11:20	의병무기, 신표, 심의 등 만들기 진행	· 의병무기의 종류에 대해 알아보기 · 전통 활과 화살 만들기	교육활동실(실내)
11:20~12:10	국궁체험	· 국궁 이론 배우기 · 국궁 실습 진행	국궁장(실외)

· 전일제 운영(4시간)

시간	단위 프로그램	학습활동	활동장소
10:00~10:20	여는 마당	· 안전교육(일반·화재) · 일정 소개	의병수련관(실내)
10:20~10:50	기념관 워크시트	· 체험활동지와 펜 수령 · 의암기념관에서 활동지 풀기	실내·외
10:50~11:20	독립운동이야기	· 체험활동지 풀이 · 근현대사와 항일 의병 강의	의병수련관(실내)
11:20~11:40	사당예절배우기	· 사당 출입 예절 배우기 · 분향 방법 배우기	사당(실외)
11:40~12:30	의병수첩만들기	· 전통방식 오침제본으로 수첩만들기 · 역사적으로 중요한날 알아보기	교육활동실(실내)
12:30~13:20	점심시간	· 점심 식사	급식소(실내)
13:20~14:10	국궁체험	· 국궁 이론 배우기 · 국궁 실습 진행	국궁장(실외)
14:10~14:30	닫는 마당	· 설문조사, 귀가	의병수련관(실내)

· 독도탐방 1박2일 캠프 운영

독도탐방 1박2일이 가장 좋은 체험학습으로 생각한다. 삼척지역, 강원지역, 전국 우수학생을 순차적으로 무료로 모집하여 함께 독도탐방을 다녀옴으로써 이사부 리더십과 독도 영유권 인식을 높일 수 있다.

현재 이사부기념사업회가 주최하는 이사부 청소년 여름사관학교 캠프가 3박4일로 진행되고 있으며 청소년 40여명이 참여한다. 이들은 이사부 리더십 교육, 이사부 사자탈 만들기, 이사부길 행군 등 다양한 프로그램을 진행하고 있다.

2. 청소년수련활동 인증제

청소년수련활동인증제는 청소년활동 진흥법 제35조에 의거하여 시행되는 제도로, 국가가 청소년수련활동이 청소년의 균형 있는 성장에 기여할 수 있도록 활동의 내용과 수준을 향상시키기 위하여 운영하는 제도이다.[1]

· 목적

청소년이 안전하고 유익한 활동을 선택하여 참여할 수 있도록 양질의 프로그램 제공한다.

청소년에게 안전하고 질적 수준이 담보된 다양한 청소년활동 정보를 제공한다.

참여한 활동내용을 국가가 기록, 유지, 관리하여 자기계발과 진로모색에 활용하도록 자료를 제공한다.

건전한 청소년활동 선택의 장을 조성하고 청소년활동 전반에 대한 국민적 신뢰를 확보한다.

· 특징

사전 인증: 프로그램 실시 전, 또는 참가자 모집 전 인증을 신청하여 인증 여부가 결정된다.

서면 인증: 인증을 신청하려는 자는 관련 자료를 서면으로 작성하여 제출한다.

프로그램 인증: 운영하고자 하는 수련활동을 개별 인증하고 관리한다.

---

1 https://www.kywa.or.kr/business/business3.jsp

· 인증은 누가 신청할 수 있는가.

국가 및 지방자치단체이고, 수련시설을 설치·운영하는 자 및 위탁운영단체이고, 청소년이용시설이며, 개인·법인·단체 등 청소년수련활동에 필요한 프로그램을 개발하여 실시하려는 자이다.

· 어떤 활동을 인증신청 하는가.

인증을 신청하여야 하는 대상은 청소년 참가 인원이 150명 이상인 청소년수련활동과 위험도가 높은 청소년수련활동이다. 인증신청을 할 수 있는 대상은 청소년 시기에 필요한 기량과 품성을 함양할 수 있는 교육적 활동으로 인증 기준을 충족하는 청소년활동이다. 위험도가 높은 청소년수련활동(수상활동, 항공활동, 산악활동, 장거리걷기활동, 그 밖의 활동)도 포함된다.

다음 표는 의암류인석기념관의 인증된 프로그램이고 현재 7개를 유지중이다.

	활동명	인증번호	유효기간	대상	비고
1	의병리더십캠프(중등) 1박2일	7811호	2018.8.22.~2024.8.21	중등	유지
2	의병리더십캠프(초등) 1박2일	7812호	2018.8.22.~2024.8.21	초등	유지
3	의암류인석 독립운동교실(중학교)	7813호	2018.8.22.~2024.8.21	중등	유지
4	의암류인석 독립운동교실(초등학교)	7814호	2018.8.22.~2024.8.21	초등	유지
5	의병리더십캠프(고등학교) 1박2일	8532호	2019.6.26.~2025.6.25	고등	유지
6	의병난타교실	9467호	2020.6.24.~2024.6.23	초등	유지
7	비대면교육	10411호	2022.3.2.~2026.3.1.	초등	유지

* 자료: 의암류인석기념관 청소년인증 프로그램[2]

2 http://ryu.or.kr/

Ⅳ. 박물관 전시

1. 상설전시

박물관이 갖는 사회, 문화적 역할과 성격의 변화로 그 주요 기능이라고 하는 '전시'는 시대에 따라 큰 변화를 겪고 있다. 전시는 일차적으로 관람객들에게 역사적 사실의 이해와 해석이 가능하도록 만들어졌으므로 전시를 살펴본다는 것만으로 교육활동이 진행된다. 최근 전시는 관람객과 소통할 수 있도록 체험적 요소를 반영하거나 이해를 효과적으로 돕는 연출들이 도입되고 있다.[3] 국립중앙박물관은 상설전시, 특별전시, 디지털 실감 영상관, 공간오감, 온라인 전시관, 우리문화재 국외 전시, 소속 국립박물관 전시, 전시도록 등으로 구성되어 있다. 그러나 일반 지역 박물관인 경우 상설전시와 기획전시로 나누어져 있으며 디지털 실감 영상관은 모두 구비되어 있는 것은 아니다. 박물관 상설전시는 가장 기본적인 전시로 본 기관의 설립목적을 역사유물과 함께 메시지를 통해 대중에게 직접 전달하고 소통하는 방식이다. 수호관의 상설전시 순서는 다음과 같은 목차를 참고하기 바란다.

신라장군 이사부

신라의 우산국 복속과 동해의 제해권 확립

· 신라의 동해안 진출

· 왜의 동해안 침탈

· 우산국복속과 동해의 제해권 확립

3 임정은,「이사부기념관의 활용과 운영: 교육활동을 중심으로」,『이사부와 동해』13, 2017.

울릉도의 무인도화와 독도영유권 문제

· 우산국의 실체와 복속형태

· 동여진 약탈과 울릉도의 무인도화

· 왜구의 동해안 침탈

조선전기 요도와 삼봉도의 실체

· 울릉도 거민쇄출

· 요도탐색

· 삼봉도와 독도

· 자산도와 가지도

안용복 사건을 통해 본 조일간의 경계분쟁

· 제1차 분쟁과 '죽도도해금지령'

· 제2차 분쟁과 '원록구병자년조선주착안일권지각서'

1696년, 안용복의 제2차 도일 공술자료

울릉도 공도정책의 허구성과 수토제

· '공도정책'의 허구와 '거민쇄출'

· 수토제의 실시

울릉도 수토와 삼척영장 장한상

· 수토계획과 목적

· 울릉도 수토 현황

· 독도확인과 왜에 대한 경계

조선후기 수토기록[4]

4 손승철, 『독도, 그 역사적 진실』, 경인문화사, 2017.

2. 기획전시

상설전시와 달리 기획전시는 특별한 행사에 진행하는 전시, 또는 여러 유물의 특징을 하나로 묶어 대중에게 전달하고자 하는 특별한 내용이 있을 때 진행하는 전시이다. 기념관은 의암제와 휘호대회를 통해 의암 선생의 명언 중에서 일부를 시제로 하여 진행하는 대회로 수상한 작품을 전시함으로써 기획전시에 속한다. 이사부독도기념관은 '삼척동해왕이사부독도축제'나 수토했던 날을 기념으로 독도·수토·인물 중심으로 기획전시를 진행하는 것이 좋겠다.

3. 디지털 실감 영상관

최근 박물관에서 새롭게 접근하는 것이 바로 디지털 실감 영상관이다. 디지털 실감 영상관은 현대 박물관이 반드시 갖추어야 할 필수 항목이다. 이사부독도기념관은 이사부 울릉도 복속, 수토 과정, 안용복 등을 주제로 하여 관광객들에게 쉽게 접근할 수 있도록 실감콘텐츠를 구현하여 생명력을 불어넣어 실감 나게 영상을 즐기도록 한다. 또한 관객들에게 친숙함과 행복감을 느끼게 한다.

V. 기념관 활성화 방안

1. 홍보

1) 자체 홈페이지 제작

우선 기념관은 홈페이지를 제작하여야 한다. 메인 디지인에서 차별화를 다루는 것은 경쟁이 치열한 온라인 환경에서 기념관 활성화의 성공에 중요한 역할을 한다. 홈페이지 주 목적은 무엇인지, 목표를 명확하게 설정한다면 디자인과 콘텐츠 작성에 있어 큰 도움이 된다. 사용자 입장에서 홈페이지를 이용하는 과정을 고민하여야 한다. 입력할 수 있는 정보는 최소한으로 하여야 하고, 빠른 로딩, 핸드폰과의 호환성, 홈페이지 보안 등 모든 요소를 고려하여야 한다.

2) 지역 신문 활용(봄내, sm 투데이, 춘천사람들)

강원도민일보, 강원일보 외 지역 신문을 적극적으로 활용하여야 한다. 춘천에는 봄내 춘천시시정 소식지와 'MS 투데이', '춘천사람들'이라는 지역 신문이 있다. 봄내는 1개월 1호, 두 신문은 주 1회이다. 지역민들이 많이 보는 신문으로 큰 비용을 들이지 않고도 홍보효과를 톡톡히 볼 수 있다.

3) 도청, 시청 홈페이지 및 공식블로그, 알리미 서비스 활용

도청, 시청 홈페이지는 매일 몇만명의 이용자들이 홈페이지를 방문한다. 지역에서 최고의 홍보수단으로 지역민들과 소통의 장으로 활용하고 있다. 춘천 행복알리미 문자서비스는 1회 문자로 4만명의 춘천시민들에게 전달된다. 의암류인석기념관 같은 경우 춘천 행복알리미 문자서비스 효과로 토요의병놀이마당 1년 예약이 모두 완료되었다.

4) SNS 유튜브, 페이스북, 인스타그램 등 온라인 서비스 이용

온라인 서비스를 주로 온라인 교육프로그램 활용, 기념관 영상 홍보, 또는 항공사진, 사계절 사진을 올려 기념관 홍보에 활용하고 있다. 주기적인 관리와 서비스를 통한다면 온라인을 통한 효과도 충분히 볼 수 있다.

5) 삼척 관광지와 수호관 소개의 웹 가이드북 제작

이사부 독도 기념관 뿐만 아니라 주변 관광지, 먹거리, 체험장을 소개하는 웹가이드북을 만들어 배포하여야 한다. 소개에 그치는 것이 아니라 서로 협력하는 관계로 기념관과 주변 지역을 하나로 이어지는 체계망을 구성하고 장기적인 발전을 도모하여야 한다.

2. 여가문화 조성

1) 이사부 일대기 전국 공모전 개최

공모전을 통해 이사부 일대기 시나리오를 받을 수 있다. 의암류인석기념관은 2021년 공모전을 통해 많은 시니리오를 받았고, 그중 세 작품을 선정하여 계약을 맺고 수정 사용할 수 있는 판권을 공유함으로써 추후 공연, 판소리등 창작에 사용하고 있다.

2) 만화책, 애니메이션 제작 및 무료 배포

만화책을 만들어 매년 들어오는 체험교육생에게 무료로 배포한다. 또한 수호관에서도 관광객들에게 무료로 배포하고, 만화책을 바탕으로 애니메이션을 제작하여 어린이들의 눈높이에 맞게 어린이들의 애국·애신 정신을 고취시킬 수 있다.

3) 가족단위를 위한 휴식공간 제공

수호관은 현재 복합휴게공간 조성에 기획되어 있다. 춘천 애니메이션 박물관 야외는 관람객, 가족단위 사람들이 놀러와 주말 휴식을 취하는 장소로 활용하고 있다. 수호관은 주변지역을 매입하여 보다 넓은 장소로 관람객들의 휴게장소로 만들어야 한다.

4) 이사부 일대기 창작 음악과 공연

의암류인석기념관에서는 2021년부터 류인석선생 창작 음악곡 관련 3년차 사업을 진행하였다. 1차 연도는 시나리오 공모전을 진행하고, 2차 연도는 가사와 곡을 작성하고, 3차 연도에는 완창을 진행함으로써 일대기 창작 음악극 공연을 완성하였다. 이사부독도기념관을 이사부 관련 일대기를 연차적인 사업으로 진행하여야 한다.

5) 출항의 날 기념행사

이사부 독도 기념관 만이 매년 진행할 수 있는 행사를 주최하여야 한다. 이사부 출항의 날을 정해 매년 출항지에서 전통제사를 지내는 형식으로 시청, 향교, 종친회와 함께 협력하여야 한다. 강원도에는 크게 율곡제, 의암제, 운곡제 세 제사가 매년 진행되고 있으며 많은 사람들이 관심을 갖고 찾아온다. 출항의 날 기념행사는 삼척을 더 알리고 삼척관광지를 여행하는 기회를 제공하여 여가문화도 함께 즐길 수 있는 관광지역으로 발돋움 할 수 있다.

3. 교육 프로그램 제작

1) 온라인 교육콘텐츠 개발

기념관은 현재 비대면 교육을 청소년인증센터에 등록하고 있다. 의병무기 만들기, 독립운동이야기, 의병신표만들기, 전통책만들기 등 비대면 교육을 제작하여 우리가 재료를 제공하고 학생들은 학교에서 영상을 보면서 프로그램을 쉽게 접할 수 있도록 청소년들에게 제공하고 있다. 이사부독도기념관 역시 이사부, 수토 관련 비대면 온라인 교육을 제작할 수 있다.

2) 초, 중, 고학생을 위한 교육프로그램 제작

현재 춘천시 초등학교 80%가 의암류인석기념관에서 체험학습을 진행한다. 그 이유는 무료버스 이용, 체험학습 재료 무료 제공을 실시하고 있다. 국궁체험, 의병무기 만들기, 의병가 및 의병난타 배우기, 의병보물찾기, 오리엔티어링 등 프로그램은 최고의 인기를 누리고 있다. 초, 중, 고학생을 위한 적합한 프로그램을 제작하여 이사부독도기념관을 체험학습의 장으로 만들어야 한다. 이사부 뗏목체험, 이사부 활 만들기, 미니 나무사자 만들기, 이사부 배 만들기, 이사부 검 만들기, 수토보물찾기 등 학생들의 취미를 유발 할 수 있는 프로그램을 제작하여야 한다.

의병신표 만들기 / 의병 난타 / 국궁 체험

의병신표 만들기 / 사당 예절배우기 / 독립운동이야기(강의)

의암 심의 만들기 / 의병무기 만들기 / 의병신표 만들기

〈의암류인석기념관 체험프로그램〉

3) 가족단위, 다문화 가족, 외국인 대상 교육콘텐츠 개발

의암류인석기념관은 현재 토요의병놀이마당을 통해 주말마다 가족들이 함께 진행하는 프로그램을 진행한다. 이 역시 코로나가 풀리면서 가족들의 여가문화를 활성화 시키기 위한 최적의 프로그램이다. 다문화 가족, 외국인도 주말체험프로그램에 적극 참여하고 있어 2022년에는 500가족이 다녀갔다.

의병무기 만들기

의병 북난타, 의병가 배우기

의병 수첩 만들기

의병무기 만들기

의암 심의 만들기

의병무기 만들기

〈의암류인석기념관 가족 체험프로그램〉

난타교실

건강교실

난타교실(지도자반)

〈지역주민연계프로그램〉

4) 지역주민 연계 프로그램 개발

가정리는 현재 연령대가 높은 어르신들이 많다. 기념관은 어르신을 위한 건강교실, 의병난타 등 의암문화학교 프로그램으로 지역주민을 위해 봉사하는 형식으로 주민들과의 소통을 진행하고 있다. 지역주민들도 적극 협조하고 있으며 지역주민들과의 소통은 매우 중요한 것으로 이사부독도기념관은

지역주민들의 자랑거리가 되어야 하고 자긍심을 높일 수 있는 기회가 되어야 한다.

4. 관람객 지원 프로그램

1) 학술대회개최 및 도록제작

박물관은 교육뿐만 아니라 더 중요한 것은 학술연구를 진행하여야 한다. 매년 학술대회를 개최하고 그 연구성과로 수호관 발전 방향에 이바지 하여야 한다. 또한 학술대회를 통해 기념관 총서 발간을 진행하여야 하고 박물관 도록도 출판하여야 한다. 도록은 박물관 이미지로 어떻게 제작하는 가에 따라 박물관 위상도가 결정된다.

2) 삼척동해왕 이사부 축제의 날 행사 지원

삼척에서는 매년 '삼척동해왕이사부독도축제'를 진행한다. 수호관은 축제장 행사장에 부스운영을 권장한다. 체험프로그램을 진행함으로써 시민들과 직접 접촉할 수 있고 기념관 홍보에도 큰 작용을 할 수 있으며 더욱 많은 시민들이 수호관을 찾을 수 있다.

3) 주변 관광지와 연계하여 역사탐방 체험프로그램 기획

기념관은 국내유적지 탐방과 해외 유적지 탐방 프로그램을 운영하고 있다. 또 의병 관련 류인석 국내유적지 활동과 해외 활동에 관한 두 책자를 만들어 자료집으로 활용하고 있으며 무료로 배포하고 있다. 그리고 주변 홍천강 주변 수상스키장과 캠핑장으로 찾아가 관광객들이 의암류인석기념관으로 찾아오도록 유도하여 지역 알리미 효과를 볼 수있다. 서로 협력하는 관계로 발전하여 관람객 유도를 추진하고 있다.

4) 성인, 노인을 위한 관람계층별 프로그램 제작

의암류인석기념관은 전문 해설 인원을 추가하지 않고 직원 6명이 모두 해설이 가능하다. 또한 어린이, 성인, 노인을 위한 프로그램에 차별화를 두어 진행하고 있지만 모두가 함께 할 수 있는 프로그램 개발에 집중하고 있다. 태극기 바람개비 만들기는 남녀노소 모두 좋아하는 프로그램으로 시간도 짧고 선호도도 아주 좋아 상설전시실에 배치하여 무료로 지행하고 있다.

5. 서비스업

1) 이사부 독도 관련 전문 서고 조성

이사부독도기념관은 장소를 확보하여 이사부 서고를 조성하여야 한다. 독도관련 책자를 기증받아 시민들이 언제든지 사용할 수 있도록 편리함을 제공하여야 한다. 물론 디지털 시대라고 하지만 많은 분들은 아직도 도서 중심으로 공부하고 있고, 자료수집도 진행하고 있다.

2) 이벤트 선물 등을 활용한 시민 참여 유도

의암류인석기념관에서 운영하는 모든 프로그램은 끝날 무렵 OX 퀴즈를 이용하여 학생들의 집중력과 참여도를 높인다. 국궁체험같은 경우 마지막 10분은 '류인석배 국궁대회'를 진행하여 최종 성적에 따라 이벤트 선물을 지급함으로써 많은 청소년들이 주말 가족프로그램으로 또 다시 참석하는 효과를 보았다. 그리고 토요의병놀이마당 보물찾기 미션은 가족끼리 경쟁을 하면서 가족의 화목과 여가문화를 즐기는 체험장으로 거듭 났다.

3) 전시관 내 가상현실(VR) 체험

이사부독도기념관은 가상현실 체험 프로그램을 설치하여 찾아오는 관람객들에게 추억의 즐길거리를 제공하고 독도를 실제로 다녀온 것처럼 꾸며 아직 독도관광을 하지 못한 분들께 위안과 희망을 가져다 줄 수 있다.

4) 관광해설사, 안내 서비스 교육 개발

의암류인석기념관은 주변지역 유적 유물에 대해서도 해설할 수 있는 가이북을 만들어 해설을 겸임하고 있다. 윤희순 생가와 묘역은 따로 떨어져 있지만 언제든지 현장에 도착하여 윤희순여사 관련 의병정신과 독립운동에 대해 해설을 진행하고 있다. 최근 학생아르바이트를 고용하여 박물관 운영, 수장고 정리 등 박물관 관련 일을 하고 경력을 쌓은 만큼 해설을 진행할 수 있도록 배양하고 있다. 지역주민, 관람객들에게 모두 커피와 물은 무료로 제공하고 있으며 필요한 기념관 책자도 무료로 배포하고 있다.

6. 타 기관과의 업무협약

1) 교류 기관과 업무협약으로 순환 전시 개최

의암류인석기념관은 춘천시교육청과 업무협약을 맺어 학생들의 체험학습에 버스를 제공받았다. 동해지역 주변 박물관, 수호 관련 박물관과 업무협약을 맺고 주기적으로 세미나, 간담회를 주최하여 박물관 운영의 애로사항을 공유하며 추후 발전방향을 모색하여야 한다. 2020년 기념관 발전방향에 대한 비대면 간담회를 조직하여 많은 의견을 모아 VR의 저렴한 설치와 홈페이지 신설, 코로나 시기 향후 발전방향을 공유하면서 박물관 운영에 대한 경험을 쌓을 수 있었다. 추후 의병자료가 많은 박물관과 업무협약을 맺고 자료대여와 순환 전시를 개최하고자 한다.

2) 교류 기관과 업무협약으로 교육 프로그램 지원

의암류인석기념관은 주변 기관인 강원학생교육원과 업무협약을 맺고 의병역사탐험대라는 학생프로그램을 제공하여 두 기관이 서로 협력하는 관계로 발전하고 있다.

Ⅵ. 결론

이사부독도기념관 건립에 가장 중요한 것은 유물수집이다. 삼척시는 빠른 시일내에 이사부장군이 505년 삼척 실직주 군주로 부임하고 512년 우산국을 정벌한 시기를 전후한 유적과 유물이 매장되었을 오화리산성을 비롯한 해변 및 내륙 고분군 일원 등지에 걸쳐 정밀한 고고학적 발굴 조사를 진행하여야 한다. 유물 100점 이상이 수집되어야만 박물관으로서의 역할을 할 수 있고, 국공립박물관에 등록할 수 있다. 다음으로 학예사 등 인력문제를 해결함으로써 이사부독도기념관을 효과적으로 체계적으로 운영할 수 있으며 프로그램을 개발하여 초·중·고 체험학습의 장으로 만들어야 한다. 마지막으로 이사부독도기념관 활성화 방안을 실행한다면 더욱 많은 시민이 참여하고 관심을 갖게 된다면 대한민국 대표적인 독도교육기관, 동해를 수호하는 영토수호관, 관람객들이 즐겨 찾는 최고의 기관으로 자리매김할 수 있을 것이다.

참고문헌

손승철, 『독도, 그 역사적 진실』, 경인문화사, 2017.

임정은, 「이사부기념관의 활용과 운영: 교육활동을 중심으로」, 『이사부와 동해』 13, 2017.

http://ryu.or.kr/

https://www.kywa.or.kr/business/business3.jsp

https://www.museum.go.kr/site/main/home